U0103257

徐復觀教授著

中國思想史論集

戴君仁敬題

我的若干斷想

茲當此書發行三版補編之際，以下面曾經在人物與思想上刊出過的一文，作為代序

七三、十一、十五

香港「現代研究輔導中心」，把我寫的各書裏面提到方法的文字，抽出來彙印在一起，以爲可供青年人治學的參考，並要我再寫幾句話在前面，這是非常使我感愧的一件事。我年來所作的是有關中國思想史這一方面的工作，這裏只能補充若干片斷地感想。

我國過去，常有借古人幾句話來講自己的哲學思想的，一直到熊十力先生的體大思精的新唯識論，還未脫此窠臼。所以他曾告訴我，「文字借自古人，內容則是出自我自己的創造」。所以新唯識論只能視爲熊先生個人的哲學，不能當作中國哲學思想史的典據。但在今日，我主張個人的哲學思想，和研究古人的哲學思想史，應完全分開。可以用自己的哲學思想去衡斷古人的哲學思想；但萬不可將古人的思想，塗上自己的哲學。

可是，上述的簡單要求，並不容易達到。我們了解古人，僅能憑藉古人直接留下來的文字。朱元晦讀書的精細，及態度的客觀，只要看過「朱子讀書法」的人，便不能不加以承認。但當他費最大精力注釋孟子時，對孟子中言心言性的地方，幾乎無不顚倒；因爲他自己有一套理氣的哲學橫在胸中，不知不覺的便用了上去。這裏便遇著一個難題，沒有哲學修養，如何能了解古人的哲學思想？有了哲學修養，便會形成自己的哲學，便容易把自己的哲學與古人的思想作某種程度的換位。在這種地方，就要求治中國哲學思想史的人，有由省察而來的自制力。對古人的思想，只能在文字的把握上立基，而不可先在自己的哲學思辨上立基。孔子自謂「夏禮吾能言之」，「殷禮吾能言之」，所謂「能言」

乃由周禮上推，以言其「禮意」；但因「文獻不足」，他終於不言。我讀論語，常常是在他生命的轉化中所自然流露出的「平凡中的偉大」的語言上受到感動。西方一套一套的形而上學，面對著孔子由生命轉化中所流露出的語默云爲，我不感到有多大意義。上面引的乃其一例。

治學最重要的資本是思考力；而我國一般知識分子所最缺乏的正是思考力，亦卽是缺乏在分析綜合中的辨別推理能力。連許多主張西化的人也不例外。思考力的培養，讀西方哲學家的著作，較之純讀線裝書，得來比較容易。我常常想，自己的頭腦好比是一把刀；西方哲人的著作好比是一塊砥石。我們是要拿在西方的砥石上磨快了的刀來分解我國思想史的材料，順著材料中的條理來構成系統；但並不要搭上西方某種哲學的架子來安排我們的材料。我們與西方的比較研究，是兩種不同的劇場，兩種不同的演出相互間的比較研究，而不是我們穿上西方舞臺的服裝，用上他們的道具的比較研究。我們中國哲學思想有無世界地意義，有無現代地價值，是要深入到現代世界實際所遭遇到的各種問題中去加以衡量，而不是要在西方的哲學著作中去加以衡量。面對時代的鉅變，西方炫學式的，與現實遊離得太遠的哲學思想，正受著嚴重的考驗。我們「簡易」的哲學思想，是要求從生命，生活中深透進去，作重新地發現，是否要假借西方炫學式的哲學架子以自重，我非常懷疑。我們在能與西方相通的地方，可以證人心之所同；我們與西方相異的地方，或可以補西方文化之所缺。這也和我們要吸收西方所有，而爲我們所沒有的，以補我們之所缺，是同樣的道理。做學問，只能求之於自己學術良心之所安，而不必先問西方人的能否接受；因爲接受不接受，是西方人的事情。孔子說，「古之學者爲己（爲了充實自己），今之學者爲人（做給他人看）。」今人治學的精神狀態，「爲人」的成份太多了。

談到方法問題，大體上說，是出自治學歷程中所蓄積的經驗的反省。由反省所集結出的方法，又可以導引治學中的操作過程。沒有適當的方法，很難得出有意義的結論。但懸空地談方法，可以簡括成幾句話。可是知道了簡括的幾句話，並不能發生什麼眞正作用。方法的眞正作用，乃發生於誠摯的治學精神與勤勉的治學工作之中。方法的效果，是與治學的工力成正比例。面對學問的自身而言，我還是一個幼稚園的學生；這便局限了我所提到的方法問題的價值。但我所提到的，雖各有根源；而我對它的把握，則是來自治學過程中的觸發和領悟，而不是出於抄襲，懸擬，這一點，或者勉強可以對答「現代研究輔導中心」的盛意。一九七一年一月三日於九龍寓所

再版序

本書第一版早經絕版。其中有關文學方面的三篇文章，已抽出編入「中國文學論集」裡面。我原來打算把「學術與政治之間」甲乙集重新編印，將其中論政與論學的文章，完全分開；而論學的文章，即編入本集之內。但因許多原因，此事尚有所待。現當本集再版時，只補進兩篇性質相同的文章；並另將性質不完全相同的四篇文章也一併收爲附錄。

在本集交付再版之前，我抽暇從頭到尾看過一遍，除了看出若干錯字，列爲勘誤表外，對內容有不甚妥當的地方，因將就原有版型的關係，不能改寫，便在這裡略爲指出：

1. 「象山學術」一文中，「八、陸王異同」一節，我把問題處理得太簡單，應完全去掉。我在「兩漢思想史」寫成後，對宋明理學，預定要寫幾篇文章，以了我原來的志願；對此問題當有進一步的交代。

2. 「中庸的地位問題」一文中的第二節，提出了五點論證，以證明中庸乃出現在孟子之前。現在看起來，只有將論語、中庸之知仁勇，與孟子之仁義禮知作對比之第二項證據，可堅確不移；其他四項論證，則稍嫌薄弱。此一問題，須在拙著「中國人性論史先秦篇」中而始得到解決。近來也有人以中庸上有「故大德必得其位」，及「國家將興，必有禎祥」等語，遂認定這是戰國末期的「受命」及「符瑞災異」的思想，因而認爲中庸是戰國末期的作品。我以爲孔子本有大德可以受命的想法，始有論語上「鳳鳥不至，河不出圖，吾已矣夫」之嘆；子思遂以之立萬世受命的準則。而「大德」受命，與戰國末期所流行的由鄒衍「五德運轉」而來的受命，有其本質上的分別。符瑞災異思想，源遠流長，不始於戰國。但戰國末期所流行之符瑞災異思想，皆徵驗於罕見之自然現象，無一以蓍龜爲徵驗的；因爲蓍龜在此時已極少在社會上層中應用。中庸則謂「見乎蓍龜」，尚保存蓍龜之神秘性，正可見其出於孟子之前。

3. 在「有關思想史的若干問題」一文中，談到孔老關係（九八頁）的地方，不够確切。此一問題，在拙著「中國人性論史先秦篇」附錄一「有關老子其人其書的再探討」一文中，始有精密的考查，應以之糾正本文的錯誤。同時，今春我在香港中文大學新亞書院研究所授課時，曾將莊子天下篇所述「老聃曰」的一段話，逐句與現行老子一書對照，發現無一字不是出自現行老子一書。是天下篇成篇時，老子一書已開始流行。雖然其中或不免有後來附益上去的東西；但基本形態，則形成於天下篇成篇之前，是決無可疑的。而莊子天下篇，我以爲是出於莊子本人之手（此另有考證）。因爲以後大概沒有機會專談此一問題，故附記於此。

4. 在「孟子知言養氣章試釋」一文中，我在幾個地方改了幾個字，列入勘誤表中；希望讀者在此等處，細心體察所以改動之故。

5. 在「中國孝道思想的形成、演變、及其歷史中的諸問題」一文中，我對孝經成書的考證，認爲它是出現於漢武帝、宣帝之際，這是錯誤的。年來我把兩漢的文獻完全讀過一遍，發現陸賈「新語」，已有兩處引用到孝經；在文、景時代，也有多人引用到。現在我認爲它是出於戰國中期以後；到呂不韋的門客集體寫「呂氏春秋」時，它已經流行。我有關本問題考證的最大缺點，在於太注重鑽材料的空隙，而忽視了廣大的背景；更忽視了古代對某些事情，不可能紀錄得完全；因紀錄得不完全而遽然斷定這些紀錄爲僞，這是非常冒險的考證方法。有關孝經問題，預定還有專文談到它。但在此文中對它內容的批評，却完全可以成立的。

我寫的文章發表後，非常希望學術界能提出負責的批評；但在目前環境之下，是一種很不容易的事。並且像陸王異同及孝經成書年代與孔老關係等問題，即使有人指出我的錯誤，我也容易找出逃避之所。在這種地方，只有靠個人不斷地繼續努力，並須要不把「愛假面子」當作維持自己地位的重要手段時，才會引起眞正的反省，因而在學術上可以減少對天下，對後世所犯的欺枉之罪。當然，寫文章的主要動機，到底是爲了個人的名位，還是爲了對天下、對後世的責任心，更是一個人有無反省力的決定因素。我回想到在寫陸王異同和孝經成書年代時，多少含着有點賣弄聰明、馳騁意氣的成分在裡面，這是立說容易流於武斷的最根本原因。我在這裡特別指出，以作治學的大戒。

把含有不少錯誤的文章重印出來，並不是爲了把它當作個人治學過程中的里程碑，而是爲了我的這些文章，都是在時代激流之中，以感憤的心情所寫出來的。對於古人的了解，也是在時代精神啓發之下，所一步一步地發掘出來的。所以我常常想到克羅齊（B. Croce）的「只有現代史」的意見，因此，在我的每一篇文章中，似乎都含有若干有血有肉的東西在裡面。而本集裡，對治思想史的方法與態度的不斷提出，及對於迷離惝恍的文字魔術所作的追根究底地淸理，這都可給下一代有志氣從事於學問的人以一點幫助。

現代特性之一，因科學、技術的飛躍進展，及國際關連的特別密切，使歷史演進的速度，遠非過去任何時代可比；關於人自身問題的看法，也像萬花筒樣地令人目光撩亂。最主要的是表現在西方傳統價值系統的崩潰，因而有不少人主張只有科學、技術的問題，沒有價值的問題；事實上則是以反價值的東西來代替人生價值。十多年來，我一方面盡可能的保持對這些時代風潮的接觸，一方面坐穩自己的研究椅子，從人類的過去以展望現在與未來，認定在科學、技術之外，還要開闢人類自己的價值世界，以安頓人類自己。有些沾點西方反價值者的餘瀝以標新立異，並百端詆巇我的人們，可謂盡變幻神奇的能事。但因爲我從人類古老歷史的殘渣中，早已看過這類的臉譜，和這類臉譜所擔當的角色，所以從未因此而阻擾到自己努力的大方向。而這種努力的大方向，今日又正從世界各個文化園地，以各種不同的語言、形態，發出在本質上是相同的呼聲，這又在說明什麼呢？站在人性根源之地，以探索人類運命的前程，這與新舊中西等不相干的爭論，是頗爲緣遠的。

五十六年孔誕節徐復觀記於東海大學寓廬

三版 重編 中國思想史論集目錄

研究中國思想史的方法與態度問題（代序）

一、

這裡所收的十一篇文章，都是已經在刊物上發表過的。因研究的對象——中國思想史——大體相同，所以現在略加補正，彙印成這本中國思想史論集。其中「象山學述」，是沒有到東海大學以前所寫的。我到東海大學，經已四年。前兩年所寫的這類的文章，已收入在「學術與政治之間」的乙集。僅乙集裡面「中庸的地位問題」一文，因與此集所收的「中國思想史中的若干問題」一文，有直接關係，所以也彙印在這裡。此外收集在學術與政治之間甲乙兩集的若干同性質的文章，未能放在一起彙印，實係一大缺憾。所以後面特附存一個篇目。同時，在這兩年內，除了收在這裡的九篇及收在東海學報一卷一期的「文心雕龍的文體論」一篇以外，尚有幾篇關於現代文化評論性的文章，或者更值得這一時代的人們看看；但因爲性質的關係，所以都未加收錄。至於這兩年內發表過的若干雜感性的文章，那本來是不足愛惜的。

二、

我的看法，對於中國文化的研究，主要應當歸結到思想史的研究。但一直到現在爲止，還沒有產生過一部像樣點的綜合性的著作。這一方面固然是因爲分工研究的工作做得不夠；但最主要的還是方法與態度的問題。

五四運動以來，時賢特强調治學的方法，即所謂科學方法，這是一個好現象。歷史上，凡是文化的開山人物，總多少在方法上有所貢獻。不過，憑空的談方法，結果會流爲幾句空洞口號。方法是研究者向研究對象所提出的要求，及研究對象向研究者所呈現的答復，綜合在一起的一種處理過程。所以眞正的方法，是與被研究的對象不可分的。今人所談的科學方法，應用到文史方面，實際還未跳出清人考據的範圍一步，其不足以治思想史，集中已有專文討論。

一個思想家的思想，有如一個文學家的文章，必定有由主題所展開的結構。讀者能把握到他的結構，才算把握到他的思想。西方哲學家的思想結構，常即表現爲他們的著作的結構。他們的著作的展開，即是他們思想的展開；這便使讀者易於把握。但中國的思想家，很少是意識的以有組織的文章結構來表達他們思想的結構，而常是把他們的中心論點，分散在許多文字單元中去；同時，在同一篇文字中，又常關涉到許多觀念，許多問題。即使在一篇文章或一段語錄中，是專談某一觀念某一問題；但也常只談到某一觀念，某一問題對某一特定的人或事所須要說明的某一側面，而很少下一種抽象的可以概括全般的定義或界說。所以讀的人，不僅拿著一兩句話推論下去，常會陷於以偏概全；容易把針對某一具體情況的說法，當作是一般性的說法；例如看到孔子曾主張「拜下」（註一），便誤認孔子係以卑下爲臣道，這當然是非常危險的結論。即使是把多數材料彙集在一起，但若不能從這些材料中抽出可以貫通各材料的中心觀念，即是若不能找出黃梨洲所說的學者的「宗旨」（註二），則那些材料依然是無頭無尾的東西。西方的思想家，是以思辨爲主；思辨的本身，必形成一邏輯的結構。中國的思想家，係出自內外生活的體驗，因而具體性多於抽象性。但生活體驗經過了反省與提鍊而將其說出時，也常會澄汰其衝突矛盾的成分，而顯出一種合於邏輯的結構。這也可以說是「事實眞理」與「理論眞理」的一致點，接合點。但這種結構，在中國的思想家中，都是以潛伏的狀態而存在。因此，把中國思想家的這種潛伏著的結構，如實的顯現出來，這便是今日研究思想史者的任務；也是較之研究西方思想史更爲困難的任務。我在寫「象山學述」一文時，先是按着象山的各種觀念，問題，而將其從全集的各種材料中抽了出來；這便要把材料的原有單元（如書札、雜文、語錄等）加以折散。再以各觀念，各問題爲中心點，重新加以結合，以找出對他所提出的每一觀念，每一問題的比較完全的了解。更進一步把各觀念，各問題加以排列，求出它們相互間的關連及其所處的層次與方位，因而發現他是由那一基點或中心點(宗旨)所展開的思想結構（或稱爲體系）。這種材料的折散與結合，及在再結合中所作的細心考量比較，都是很笨的工夫。此後我所寫的與思想史有關的文章，都是以這種笨工夫爲基底。當然，在這種笨工夫中，還要加上一種「解釋」的工作。任何解釋，一定會比原文獻上的範圍說得較寬，較深，因而常常把原文獻可能含有，但不曾明白說出來的，也把他說了出來。不如此，便不能盡到解釋的責任。所以有人曾批評我，「你的解釋，恐怕是自己的思想而不是古人的思想。最好是只敍述而不解釋。」這種話，或許有一點道理。但正如卡西勒（Carsirer）所說，「哲學上過去的事實，偉大思想家的學說與體系，不作解釋便無意味」（註三）。並且沒有一點解釋的純敍述，事實上是不可能的。對古人的，古典的思想，常是通過某一解釋者的時代經驗，某一解釋者的個性思想，而只能發現其全內涵中的某一面，某一部分；所以任何人的解釋，不能說是完全，也不能說沒有錯誤。但所謂解釋，首先是從原文獻中抽象出來的。某種解釋提出了以後，依然要回到原文獻中去接受考驗；即須對於一條一條的原文獻，在一個共同概念之下，要做到與字句的文義相符。這中間，不僅是經過了研究者捨象抽象的細密工作，且須經過很細密地處理材料的反復手續。

三、

戴東原曾說：「義理者，文章考覈之源也。熟乎義理，而後能考覈，能文章。」（註四）。此處的義理，可以泛解作「思想」，這本是很平實的話。但段玉裁却接着說「義理文章，未有不由考覈而得者」（註五），這便把他先生的意思完全弄顛倒了。今人表面上標榜戴氏，實則並不足以知戴氏，而僅承段氏之末流。凡研究與文獻有關的東西，必須先把文字訓詁弄清楚，這還有什麼疑問？但由段氏以至今日標榜考據的人所犯的毛病是：一則把義理之學與研究義理之學的歷史（研究思想史），混而不分；一則不了解要研究思想史，除了文字訓詁以外，還有進一步的工作。僅靠著訓詁來講思想，順著訓詁的要求，遂以爲只有找出一個字的原形，原音，原義，才是可靠的訓詁；並即以這種訓詁來滿足思想史的要求。這種以語源爲治思想史的方法，其實，完全是由缺乏文化演進觀念而來的錯覺。從阮元到現在，凡由此種錯覺以治思想史的，其結論幾無不乖謬。現在我引二十世紀語言學權威耶斯柏孫（Otto Jespersen）在Mankind, Nation and Individualfrom a Linguistic Point View（日譯爲人類與言語）大著中的幾句話來破除這種錯覺。他說「在下宗敎，文明、敎育等某些概念的定義時，多數人總愛先問『它的語源是什麼』？以爲由此而對於它本來的性質可投給以光明；這實在是最無意義的事。這是迷信名號之力的學者；他們與相信名號有魔術能力的（按如念眞言咒語之類）原始迷信有其關聯。我們即使知道『悲劇』（tragedy）曾經指的是『山羊之歌』，這對於悲劇本質的理解，不會前進一步。又知道『喜劇』（Comedy）的希臘語 Kōmos 的語源是『祭之歌』『宴饗之歌』的意味，對於喜劇本質的理解，更無所進步」（註六）。因中國文字的特性，從語源上找某一思想演變的線索，並不是沒有一點益處；但不應因此而忽略了每一思想家所用的觀念名詞，主要是由他自己的思想系統來加以規定的。即使不是思想家，也會受他所處的時代流行用法的規定。

四、

其實，決定如何處理材料的是方法；但決定運用方法的則是研究者的態度。有人強調科學方法，而常作陷於主觀的論證，這種令人困惑的情形，大概不是在方法上可以求得解答，而關係到隱藏在運用方法後面的態度。所以科學方法，與科學態度，是不可分的。但所謂態度，是整個現實生活的自然流露。在研究自然科學方面，因爲研究的對象和研究者的實生活，有一個距離，於是他的實生活的態度，和他走進實驗室時的態度，也可以形成一個自然的隔限，而不易受到實生活態度的影響。所以有不少的自然科學者，其實生活的態度，和在實驗室中的態度，無妨其有相反的現象；例如實生活是固執的，而作實驗時則是客觀的；在實生活中帶有迷信，而在實驗室中則全係理智。這也不大妨礙他的研究工作。並且自然科學的眞理，其證明是來自對象的直接答復。所以一經證明以後，便沒有多大的爭論。研究人文科學，則研究的對象與研究者實生活的態度，常密切相關；於是在實生活中的態度，常能直接干涉到研究時的態度。譬如假使有人對跳舞有興趣，便可以把孔子的『游於藝』解作即是他的進跳舞場；而不知孔子的游於藝，是和他的「志於道，據於德，依於仁」連在一起，所以和今人的跳舞，在精神上會有些兩樣：因此，便很難把自己的跳舞，解釋是在師法孔子。並且在人文這一方面的證明，常常是間接性的證明；任何簡單明白的道理，也可以容許人的詭辯。所以在這方面的困惑，許多是和研究者的現實生活的態度有其關連。要使我們的實生活態度能適合於研究時的態度，最低限度，不太干涉到研究時的態度，這恐怕研究者須要對自己的生活習性，有一種高度的自覺；而這種自覺的工夫，在中國傳統中即稱之爲「敬」。敬是道德修養上的要求。但黃勉齋稱朱元晦是「窮理以致其知，反躬以踐其實；居敬者所以成始成終也。謂致知不以敬，則昏惑紛擾，無以察義理之歸；躬行不以敬，則怠惰放肆，無以致義理之實」（註七）。這段話便說明敬乃貫徹於道德活動，知識活動之中的共同精神狀態。在求知的活動中，爲什麼須要這種精神狀態？因爲求知的最基本要求，首先是要對於研究對象；作客觀的認定；並且在研究過程中，應隨着對象的轉折而轉折，以窮究其自身所含的構造。就研究思想史來說，首先是要很客觀的承認此一思想；並當着手研究之際，是要先順着前人的思想去思想；隨着前人思想之展開而展開；才能眞正了解他中間所含藏的問題，及其所經過的曲折；由此而提出懷疑，評判，才能與前人思想的本身相應。否則僅能算是一種猜度。這本是很尋常的事。但一般人在實際上所以作不到這一點，只是因爲從各個人的主觀成見中，浮出了一層薄霧，遮迷了自己的眼睛，以致看不清對象；或者把自己的主觀成見，先塗在客觀的對象上面；把自己主觀成見的活動，當作是客觀對象的活動。這自然就容易作出指鹿爲馬的研究結論。此種主觀成見的根源，是因爲有種人在自我的欣賞，陶醉中，把自己的分量，因感情的發酵而充分的漲大了；於是常常會在精神的酩酊狀態下看問題，也在精神的酩酊狀態中運用方法；所以稍爲有了一點聲名地位的人，更易陷於這種狀態而不自覺。敬是一個人的精神的凝歛與集中。精神的凝歛與集中，可以把因發酵而漲大了的自我，回復到原有的分量；於是先前由漲大了的自我而來的主觀成見所結成的薄霧，也自然會隨漲大部分的收縮而烟消雲歛，以浮出自己所研究的客觀對象，使自己清明的智性，直接投射於客觀對象之上；隨工夫之積累，而深入到客觀對象之中，即不言科學方法，也常能暗合於科學方法。例如朱元晦本人，並不曾標榜什麼校勘學；但其校勘方法的謹嚴精密，正是出於他的居敬工夫。茲摘錄他「與張欽夫論程集改字」書以作一例證。

「夫所謂不必改者（按指程集舊本之文字而言），豈以爲文句之間，小小同異，無所繫於義理之得失而不必改耶？熹所論出於己意，則用此說可也。今此乃是集諸本（按指程集舊刻諸本）而證之；按其舊文，然後刊正。雖或不能盡同，亦是類會數說而求其文勢語脉所趨之便，除所謂疑當作某之外，未嘗敢妄以意更定一點畫也。……若聖賢成書，稍有不愜己意處，便率情奮筆，恣情塗改；恐此氣象亦自不佳。蓋雖所改盡善，猶啓末流輕肆自大之弊，況未必盡善乎。伊川先生嘗語學者，病其於己之言有所不合，則置不復思，所以終不能合。原註：答楊廸及門人二書，見集 今熹觀此等改字處按係指胡刻程集所改舊本之字，竊恐先生之意，尚有不可不思者，而改者未之思也。並非特已之不思，又使後人不復得見先生手筆之本文；雖欲思之以達於先生之意，亦不可得。此其爲害，豈不甚哉。夫以言乎己，則失其恭敬退讓之心；以言乎人，則啓其輕肆妄作之弊。以言乎先生之意，則恐猶有未盡者而絕人之思。姑無問其所改之得失，而以是三者論之，其不可，已曉然矣。……大抵古書有未安處，隨事論著，使人知之，可矣。若遽改之以沒其實，則安知果無未盡之意耶？漢儒釋經，有欲改易處，但云某當作某，後世猶或非之，況遽改乎。……竊以爲此字按指舊刻本程集中所用之「沿」字。決當從舊，尤所當改「泝」字按此指胡刻本將舊本「沿」字改作「泝」字，故朱子主張改從舊本。若老兄必欲存之，以見「泝」字之有力，則請正文只作沿字，而注其下云某人云沿當作泝字。不則云胡本沿作泝。不則云或人可也。如此兩存，使讀者知用力之方，改者無專輒之咎……豈不兩全其適而無傷乎。……計老兄之意，豈異於此。但恐見理太明，故於文意瑣細之間，不無闊略之處。用心太剛，故於一時意見所安，必欲主張到底。所以紛紛未能卒定。如熹則淺暗遲鈍，一生在文義上做窠窟，苟所見未明，實不敢妄爲主宰。……」

按胡刻二程全集，將舊本之「沿」字改爲「泝」字，將舊刻之「姪」字改爲「猶子」；張欽夫重刻程集，欲遵用胡刻所改之字，而朱元晦以長凡二千二百五十二字之書札爭之，其對校勘方法之謹嚴，可以概見。其所以能如此者，乃出自其「恭敬退讓」之心；亦即來自其居敬之精神狀態。今人好作毫無根據的翻案文章，乃至先存一種看假把戲的心情來標榜他的研究工作，其病根正在缺少此一敬字。說文「忠，敬也」；無私而盡己之謂忠。因不會無私而盡已，所以自會流於不敬；因爲肆無忌憚，所以也自然會不忠於所事。忠與敬是不可分的。

五、

儒家思想，爲中國傳統思想之主流。但五四運動以來，時賢動輒斥之爲專制政治的維護擁戴者。若此一顛倒之見不加平反，則一接觸到中國思想史的材料時，便立刻發生厭惡之情，而於不知不覺中，作主觀性的惡意解釋。這與上述的研究態度相關連，也成爲今日研究思想史的一大障碍。從歷史上看，學術思想若與現實的政治處於分離狀態，則其影響力常係局部的，慢緩的。若與現實政治處於對立狀態，復無有力之社會力量加以支持，以改變當時之現實政治，則現實政治之影響於學術思想者，將遠過於學術思想之影響於現實政治。若在本質上係與現實政治相對立，而在形勢上又須有某程度之合作時，則現實政治對學術思想之歪曲，常大過於學術思想對現實政治之修正。學術思想的力量，是通過時間的浸潤而表現；現實政治的力量，則在空間的擴張中而表現；所以學術思想常無法在某一空間內與政治爭勝。政治是人類不得已的一種罪惡，它是由現實中的權力關係生長起來，開始時並不靠什麼學術思想。而學術思想，則一開始便會受到現實政治的干擾。近代民主主義與社會主義，其所以能改變現實政治，是因爲先有了市民階級，工人階級，及立基於此種階級之上的強大政黨。換言之，即是結合上另一政治力量以改變原有的政治力量。至於可以不受到現實政治的干擾而自由發展其與人自身有關的學術思想，只有在民主政治之下，才有其可能。民主政治，在交通通信尚未發達以前，僅有在地小人少而又集中的城邦，始能實現。中國從古代以至近代，都是以散漫的農業生產爲社會經濟的基礎；而黃河流域的廣大平原的實力，使它可以向四周輻射，以建構一個龐大的農業帝國；這便促進了封建政治向大一統的專制政治的發展。而大一統的專制政治建立起來以後，雖不斷的改朝換代，但卒無一種社會力量可以支持建立專制以外的政治形式；於是中國專制政治的規模之大，時間之久，在人類歷史中殆罕有其匹。處於此種歷史條件之下，一切學術思想，不作某程度的適應，即將歸於消滅。五四運動以來，有人反儒家而崇尚道家，以爲道家富有自由精神；殊不知先秦各家思想，除法家本爲統治階級立言以外，最先向專制政治投降者即係道家。以出世爲目的，並主張不拜王者的佛教，傳入中國後，亦必依附帝王以伸張或保存其勢力，所以從前藏經的扉頁，首先要印上「皇圖鞏固，帝道遐昌」八個大字。儒家思想，乃從人類現實生活的正面來對人類負責的思想。他不能逃避向自然，他不能逃避向虛無空寂，也不能逃避向觀念的遊戲，更無租界外國可逃。而只能硬挺挺的站在人類的現實生活中以擔當人類現實生存發展的命運。在此種長期專制政治之下，其勢須發生某程度的適應性，或因受現實政治趨向的壓力而漸被歪曲；歪曲既久，遂有時忘記其本來面目，如忘記其「天下爲公」；「民貴君輕」等類之本來面目，這可以說是歷史中的無可奈何之事。這只能說是專制政治壓歪，並阻遏了儒家思想正常的發展，如何能倒過來說儒家思想是專制的護符。但儒家思想，在長期的適應，歪曲中，仍保持其修正緩和專制的毒害，不斷給與社會人生以正常的方向與信心，因而使中華民族，度過了許多黑暗時代，這乃由於先秦儒家，立基於道德理性的人性所建立起來的道德精神的偉大力量。研究思想史的人，應就具體的材料，透入於儒家思想的內部，以把握其本來面目；更進而了解它的本來面目的目的精神，在具體實現時所受的現實條件的限制及影響；尤其是在專制政治之下，所受到的影響歪曲，及其在此種影響歪曲下所作的向上的掙扎，與向下的墮落的情形，這才能合於歷史的眞實。梁啓超住在租界裡面寫「異哉所謂國體問題者」，却在「中國歷史研究法」中，大罵無租界可住的古人，何以會由臨文不諱，變而爲臨文有諱？今人常在他們所不願意的宣言上簽上自己的名，常在他們所不願意的場合說上連自己也不相信的話；却怪無外國可跑，無憲法可引的古人，何以不挺身而起，對專制政治作革命性的反抗？此皆由顚倒之見未除，所以常常拿自己在千百年以後所不能作之事，所不敢自居之態度，以上責於千百年前之古人，這如何能與古人照面呢？對古人的不忠不恕，正因爲今日知識分子在其知識生活中，過於肆無忌憚。

我中年奔走衣食，不會有計劃的做過學問。垂暮之年，覺得古代思想堡壘之門，好像向我漸漸開了一條隙縫，並從縫隙中閃出了一點光亮；所以這幾年作了若干嘗試性的工作。此一工作對我個人說，僅僅算是開端；就全般工作自身說，幾乎並未開始，而依然是一片廣漠的處女地。因此，我對下一代的人在此一工作中的期待，遠過對我自己的期待；所以當本集付印之際，不敢阿附時賢，而率直寫出這些感想。

徐復觀於東海大學　一九五九年十月二日

附註：

註一：論語子罕「子曰：拜下，禮也；今拜乎上；泰也。雖違衆，吾從下。」按此語乃針對當時魯之三家而發。
註二：見黃黎洲明儒學案凡例。此凡例對治思想史者極富有啓發性。
註三：An essay on man日譯本二五七頁。
註四：戴東原集段玉裁序。
註五：同上。
評六：日譯本三〇四頁。
註七：黃勉齋朱熹行狀。

茲將未收在本集中的有關中國思想史的論文附目如下：

儒家精神之基本性格及其限定與新生　民主評論三卷十期。有抽印本。
儒家政治思想的構造及轉進　學術與政治之間甲集。
中國的治道　同上
荀子政治思想的解析　同上
儒家在修己與治人上的區別及其意義　同上
中國自由社會的創發　學術與政治之間乙集。
釋論語民無信不立　同上
釋論語的仁　同上
儒家對中國歷史運命掙扎之一例
——西漢政治與董仲舒　同上
三十年來中國的文化思想問題　同上

有關中國思想史中一個基題的考察　同上
——釋論語五十而知天命
兩篇難懂的文章　同上
答毛子水先生的「再論考據與義理」　同上
考據與義理之爭的插曲　同上
國史中人君尊嚴問題的商討　同上

象山學述

一、小傳

陸九淵，字子靜。江西撫州金谿人。晚年講學於貴溪的應天山，經他改爲象山，自稱象山居士，又稱象山翁。他出身於一個九世同居的貧窮大家庭。而象山這一代是第五代。全家千餘人；除了「二百年古屋」之外，只有「蔬畦不盈十畝」。治理這樣的一個家庭，確是一件難事，而且也是一件大事。這是陸氏一門學問的起點。所以他曾說：「吾家合族而食，每輪差子弟掌庫三年。某適當其職，所學大進」。（語錄）朱子謂陸氏兄弟「專務踐履」（朱文公文集卷三一答張南軒書）；我想這和他的家庭也有關係。象山的祖父「好釋老言，不治生產，」（象山全集卷二七教授陸公行狀。）父親陸賀字道鄉，「酌先儒冠昏喪之禮行之家，弗用異教。」（同上）朱元晦曾謂：「自佛教入中國，治喪者一用其法。在唐惟姚文獻，在本朝則司馬公程張諸君子。近世張忠獻始斥不用」（朱文公文集卷八三跋向伯元遺戒）。所以「弗用異教」，在當時是一件難能可貴的事。道鄉六個兒子，長九思。次九敍，經營先世遺留的藥肆，「一家之衣食百用，盡出於此」（象山全集卷二八陸公墓誌銘）。次九臯，授徒家塾；晚爲鄉官，「吏不得以其權牟利」（同上陸修職墓表）。次九韶，字子美，號梭山，有梭山日記，中有居家正本及制用二篇，黃東發謂其「殆可推之治國」。次九齡，字子壽，學者稱復齋先生。「時方擯程氏學，先生獨尊其說」（同上卷二七、教授陸公行狀）。「文辭近古，有退之子厚之風；道學造微，得子思孟軻之旨」（同上）。有寇將及郡境，郡府委先生捍衛鄉里，門人皆謂「此閭里猥事，不足以累先生」。先生旣以「男子生以弧矢，文事武備，初不可析」；又以「甘家之禍，忍鄉之毒，縮手於所可得爲之事，此奚啻嫂溺不援者哉」（同上）。遂受命不辭。當時稱江西三陸，（連同梭山）或二陸（復齋及象山）。象山居末，生於南宋紹興九年二月（一一三九）。小朱元晦九歲（朱生於一一三〇）。卒於紹熙三年（一一九二）荆門任所，早朱元晦八年（朱卒於一二〇〇）。得年五十有四。乾道八年，他三十四歲。春中選南宮，夏五月賜進士，考官呂伯恭見其文，便斷定是他的手筆。是年七月還家，闢舊屋名「槐堂」，開始講學。此時從遊的重要學生，宋元學案列有「槐堂諸儒學案」。淳熙元年三十六歲，授靖安縣主簿。淳熙二年三十七歲，春末應呂伯恭之約，偕兄復齋晤朱元晦於鵝湖。淳熙四年三十九歲，丁繼母喪去職。淳熙六年四十一歲服除，授崇安縣主簿。淳熙八年四十三歲，春二月，訪朱元晦於南康，在白鹿洞書院講君子喻於義一章。淳熙九年四十四歲，除國子正。秋初赴國學，常講授春秋。淳熙十年四十五歲，冬遷敕令所刪定官，敕令所亦簡稱敕局。淳熙十一年四十六歲，上殿輪對五箚。淳熙十三年四十八歲。是年十一月廿九日改主管臺州崇道觀，遂歸故里。淳熙十四年四十九歲，登貴溪應天山講學；唐馬祖道一曾結廬於此山之陰；元豐中，僧瑩爲寺於此山之陽，名曰應天。陸氏以其山形似巨象，遂改爲象山。前後在此山五年，大約每年二月登山，九月始歸，中間亦往來無定。學徒在此結廬者甚衆，來謁者前後數千人。始繼梭山之後，與朱元晦辯論太極圖說。淳熙十六年，五十一歲，光宗即位，詔知荆門軍；紹熙二年五十三歲，是年七月赴荆門，囑傳季魯留山講學。九月三日至荆門。紹興三年五十四歲。十二月十四日以血疾卒於荆門。

二、象山學術思想的時代課題

象山的學術淵源，在宋元學案的象山學案中，全祖望謂「程門自謝上蔡以後，王信伯林竹軒張無垢至於林艾軒，皆其前茅；及象山而大成」。而在橫浦學案（張無垢）中，特註明「陸學之先」。是在全謝山心目中，以象山與橫浦的關連最爲密切。但象山集中，絕未提及橫浦；橫浦思想之中核，爲承上蔡之後，以覺爲仁，餘率多泛語。除重視心一點而外，與象山之精神面貌，並不相似，此讀兩家學案時所最易辯認者。象山雖不喜程伊川，但他承認「伊洛諸公，得千載不傳之學，但草創未爲光明」。（語錄）並且他對程明道則略無間然。明道謂學者當先識仁，不須防檢，不須窮索，其與象山思想之相貼切，更遠在橫浦之上。然全謝山不謂其淵源於明道者，蓋上蔡以下之信伯諸人，世多指其入禪，尤以橫浦爲甚。洪适刊橫浦之「傳心錄」，朱元晦謂其患烈於洪水夷狄猛獸；此與元晦的學生陳北溪之攻擊象山，口吻正復相似。在宋元學案中，黃宗羲之態度近於陸，全謝山受黃東發的影響最大，其態度偏於朱；他對陸學的考語爲「自成其是」（困學紀聞卷十五東萊象山學術條全注）。所以他所加上的「皆其前茅」及「陸學之先」等說法，無疑是受了朱陸異同的影響；不特對象山學術的淵源無所說明，且徒增加後人誤解。象山的學術，若就廣義的思想淵源說，則亦可謂與朱元晦同出於伊洛。若就狹義的師傳說，則陸氏兄弟「自爲師友」，可謂孤軍特起，不必另有所附麗。若就各人治學之所由啓發，亦即其所最得力處說，則他自己分明說是「因讀孟子而自得之」（語錄）。此語與其全部學術之精神，最吻合無間。

× × ×

其實，與其從學術淵源上去了解象山的思想，無寧是從時代課題上去了解他的思想，更爲適當。當時知識份子自身，擺在象山面前的有兩大課題，不能不引起象山的反省。第一是科舉制度，不僅破壞了士大夫的人格，並且破壞了文化精神，破壞了治國平天下的事業。一切學問及朝廷的爵位，在此一制度下，都化成了個人追求利欲的工具。讀聖賢書是爲作時文，作時文，是爲考科舉，考科舉是爲了做官，做官是爲了一人一家的享受。在這種情形下，士人口裏說東說西，都是虛語、廢話、謊言。說的內容與說的人的自身，毫無關涉。眞正相干的祗是利欲。所以在科舉下的知識份子，照朱元晦的說法，簡直是一個盜賊集團，最低限度也是一個謊言集團。（參閱拙著中國知識份子的歷史性格及其歷史命運一文，見學術與政治之間甲集。）象山對此更感到非常迫切。例如他最得意的學生傅子淵說：「夢泉(子淵字)向來只知有舉業，觀書不過資意見耳」。象山說：「今時士人讀書，其志在於學場屋之文，以取科第」。（象山全集卷十五與傅克明書）。又說：「取士之科，久逾古制。馴至其弊，於今已劇」（同上卷十九貴溪重修縣學記）。「後世弊於科舉，所嚮日陋。疾其驅於利欲之塗，吾身吾心之事，漫不復講」（同上卷二十送毛文善序）。「今天下士，皆溺於科舉之習。觀其言，往往稱道詩書論孟；綜其實，特借以為科舉之文耳」（同上卷十一與李宰)。「科舉取士人久矣。名儒鉅公，皆由此出，今為士者固不能免。然場屋之得失，顧其技與有司好惡如何耳，非所以為君子小人之辨也。而今世以此相尚。使汲於此而不能自拔，則終日從事者，雖曰聖賢之書；而要其志之所向，則有與聖賢背道而馳者矣。推而上之，則又惟官資崇卑，祿廩厚薄是計，豈能悉心於國事民隱，以能無負於任使之者哉」。（同上卷二十三白鹿洞書院論語講義）。全集中提到此點的甚多。於是象山第一個用力的地方，是要把士人的精神，從科舉時文中拯救出來，使他們憑藉聖經賢傳所說的謊言，變為自己良心的實話。所以他說「時文之說未破則不得，時文之說破則得之」（同上卷十四與姪孫濬）。這是從學術人心上說。又「大抵天下事須是無場屋之累，無富貴之念，而實是平居要研覈天下治亂，古今得失的人，方說得來有筋力。五哥心志精神儘好，但不要被場屋富貴之念羈絆，直截將天下事，如吾家事相似，就實論量」（同上卷六與吳仲時）。這是就事功上說的。又「僕處足下之館幾半載，而不能回足下眷眷聲利之心，此誠僕淺陋之罪」（同上卷三與童伯虞）。這是就他自己的教育目的與效率來說的。象山在這一方面所用的氣力，可由他的學生傅子雲記他在象山講學時的一段故事表現得最清楚。「有議論者（發議論之意），先生云，此是虛說。或云，此是時文之見。學者遂云，孟子闢楊墨，韓子闢佛老，陸先生闢時文。先生云，此說也好。然闢楊墨佛老，猶有些氣道。吾却只闢得時文。因一笑」（語錄）。

其次，是當時浮論虛說的學風。宋代重文輕武，政治上對士大夫的束縛較寬。加以唐代所發展的禪宗，至宋而在士大夫間流行極廣，使士大夫對於中國文化，不能不重新估價，因而導出濂洛的理學，也導出求新疑古的精神。且因印刷術大行，士大夫得書印書，皆較過去爲易。於是著書之風氣亦特盛。因此，宋代是一意見最多，議論最盛的時代。司馬光說：「近歲公卿大夫，好爲高奇之論。流及新進後生，口傳耳剽。讀易未識卦爻，已謂十翼非孔子之言。讀禮未知篇數，已謂周官爲戰國之書。讀詩未周南召南，已謂毛鄭爲章句之學。讀春秋未知十二公，已謂三傳可置之高閣。循守註疏者謂之腐儒，穿鑿臆說者謂之精義。且性者子貢之所不及，命者孔子之所罕言。今人發言秉筆，先論性命。乃至流蕩忘返，入於老莊。以此欺惑考官，獵取名利」（司馬公文集卷四五論風俗劄子）。朱元晦也說：「祖宗以來，學者但守注疏。其後便論道。如二蘇，直是要論道」（語類）。他提到當時解書註書，愛隨便發議論的地方很多。王順伯也說：「本朝百事不及唐，然人物議論遠過之」（象山語錄所引）。在此一風氣下，所包含的人物層次很多，但有一個共同之點，即是抱着書本子發議論；而此種議論，和時文一樣，都不是從各人的心坎中流露出來的，所以對於成就一個人的行爲而言，也都是虛說廢話。藏在虛說廢話後面的依然是利欲。象山的所謂學問，完全是繼承儒家的傳統，指的是做人，即是人格的完成。他說：「學者所以爲學，學爲人而已」（語錄）。又：「須思天之所以與我者是甚底，爲復是要做人否？理會得這個明白，然後方可謂之學問」（同上）。「諸處方嘵嘵然談學問時，吾在此，多與後生說人品」（同上）。所以他對於與做人無干，並遮蔽做人之路的這類議論，也要加以破除掃蕩。他說：「王澤之竭，利欲日熾。先覺不作，民心橫奔。浮文異端，轉相熒惑。往聖話言，徒爲藩飾。……依憑空言，傅著意見，增疣益贅，助勝崇私，重其狷忿，長其負恃。蒙蔽至理，扞格至言」（象山全集卷一與劭叔誼書）。又謂：「古之所謂小人儒者，亦不過依據末節細行以自律；未至如今人有如許浮論虛說，謬悠無根之甚」（同上與曾宅之）。「今人天資，去聖人固遠；輒欲以口耳剽竊場屋之餘習，妄論聖經，多見其不知量也」（同上卷七與詹子南）。又「先聖先師之訓；家藏其帙，人誦其言，而所汲汲者顧非其事」。（同上卷十九貴溪重修縣學記）。以上是說明當時人所發的議論，和藏在各人議論後面的利欲，完全是兩回事。由此更進一層，如朱元晦並「不沒於利欲」（象山稱晦庵語）。他祇認爲「爲學之道，莫先於窮理；窮理之要，必在於讀書」（朱文公文集卷十四甲寅行宮便殿奏箚）。但在象山看來，此種窮理的方法，只算是「支離」；依然會落到意見議論中去；依然是私見虛說。這一點在後面還要特別提到。他下面這類的話，是把朱元晦也說在一起的。「以學自命者，又復封於私見，蔽於私說；假先訓，封形似，以自附益，顧不知其實背馳久矣」（象山全集卷九與陳君擧書）。「學不至道，而日以規規小智，穿鑿傅會，如蛆蠹，如蟊賊，以自抱適，由君子觀之，正可憐悼」（同上卷十五與孫季和書）。他認爲在這種瑣碎學風之下，「天下雖有美材厚德，而不能以自成自達；困於聞見之支離，窮年卒歲而無所至止。若其氣質之不美，志念之不正，而假竊傅會，蠹食蛆長於經傳文字之間者，何可勝道。方今熟爛敗壞，如齊威秦皇之尸，誠有大學之志者，敢不少自强乎」？（同上卷十九貴溪重修縣學記）。他更以兩語概括當時的情形說：「愚不肖者之蔽，在於物欲。賢智者之蔽，在於意見」（同上卷一與鄧文範）。從當時物欲意見的風習中，透出中國文化的眞精神，以拯救當時的智識份子，這正是象山畢生的志業。

三、象山思想的結構——辨志，義利之辨，復其本心。

如前所述，象山的所謂學問，完全指的是做人，是要成就一個人的行爲。而眞正決定一個人的行爲的，是他的念慮初萌之處，即今日一般所說的動機，亦即中國古人所說的「志」。時文、意見，都是環繞着書本子說道理；這些道理，都是從外面，從半途摭拾得來，和各人內在的志，隔着有很大的距離。這些東西可以暫時遮蔽掩飾一個人的志，但最後還是受著志的驅遣。象山講求以做人爲目的之學，祇好從這些作掩飾、供利用的東西中直追進去，追到一個人決定行爲的「志」的地方，清查一個究竟根源，這就是象山的所謂「辨志」。辨志是把時文、意見，這些包裝品，一起戳穿，以露出一個赤裸裸的人；使是非善惡，無所遁形，因而迫人不能不在這種根源究竟之地，作一眞正抉擇，以決定各人做人的大方向。辨應當有一個標準。站在道德立場上簡單明瞭的標準，即是利己或利他。這就是象山的所謂「義利之辨」亦稱爲「公私之辨」。

「陳正已自槐堂歸，問先生所以教人者，正已曰，首尾一月，先生諄諄只言辨志」（語錄）。

「常云，傅子淵自此歸其家，陳正已問之曰，陸先生何言？乃對曰，辨志。復問何所辨？對曰，義利之辨」（同上）。

「阜民（詹子南）初見先生，不能盡記所言。大指云，凡欲學者，當先識義利公私之辨（同上）。

但是，一個人的志，祇有各人自己知道，所以辨志祇能靠各人自己去辨。人何以能辨別出自己所志的是義或是利？即使把義利辨清楚了，又有什麼保證會使人徙義而棄利？這便牽涉到一個更根本的問題，即是心與理的問題，亦即所謂「本心」的問題。

象山首先承認宇宙間有一個昭著的理。「此理在宇宙間，未嘗有所隱遁。天地之所以爲天地者，順此理而無私焉」（象山全集卷十一與朱濟道）。並且此理，天全盤都賦與於吾人而成爲人之心。「天之所以命我者不殊乎天」（語錄）。「天之所以與我者即此心也。人皆有是心，心皆有是理，心即理也」（象山全集卷十一與李宰）。「心即理」之心，名爲本心。本心爲人作主，則本心之所發——志，自然是與天地萬物「不限隔」，而爲「與天地相似」的理。因爲理是天地人三極所共，故理即是公，即是義。本心即是公即是義。但一般人因利欲或意見把本心遮斷了，本心不曾與人作主，而一讓人在利欲意見中打滾；象山說這種情形爲「主客倒置」，「如在逆旅」(同上卷一與曾宅之)。因爲利欲意見，是外來的，後起的，都非人本來所有，所以是客，是逆旅。現在一路闖過利欲、意見的關卡，而直透到人之念慮之所萌的地方，這便和主人接上了頭，主人便會出來作主；正如慧日澄空，陰霾自斂。義是人所固有，利欲意見是後來的；主客分明，於是在志的地方，自然有一個義利之辨。義利之辨，即是本心在那裏作主；所以義利之辨的同時，即「復其本心」了。本心既復，因爲本心即理，以後的理，便都從本心流了出來。而本心之理，是夫婦之愚可以與知的，所以說是「簡易」。如謂：

「此理本天所以與我；非由外鑠。明得此理，即是主宰眞能爲主，則外物不能移，邪說不能惑」(同上卷一與曾宅之)。

「聖人贊易則曰，乾以易知，坤以簡能。……孟子曰，夫道，若大路然，豈難知哉。夫子曰，仁遠乎哉，我欲仁，斯仁至矣。……孟子曰，堯舜之道，孝弟而已矣。又曰，人能充無欲害人之心，而仁不可勝用也。人能充無穿窬之心，而義不可勝用也。……又曰人之有是四端，而自謂不能者，自賊者也。古聖賢之言，大抵若合符節。蓋心，一心也。理，一理也。至當歸一，精義無二。……孟子曰，所不慮而知者，其良知也。所不學而能者，其良能也。此天之所與我者，我固有之，非自外鑠我也。故曰，萬物皆備於我矣。反身而誠，樂莫大焉。此吾之本心也」(同上)。

志是人的行爲的「端緒」。端緒是「始」是「本」，爲學應先著重這種本末先後的次序。

「學問固無窮已。然端緒得失，則當早辨。……物有本末，事有終始，知所先後，則近道矣。於其端緒知之不至，悉精畢力，求多於末，溝澮皆盈，涸可立待」(同上與邵叔誼)。

志是端緒，是起點；但由外面的時文、虛說、一路追進來，則「志」又可說是終點。所以辨志又稱爲「知止」或「知至」。同時，「心體甚大」，由辨志而復其本心，故亦名「先立乎其大」。

「知止而後有定，定而後能靜，靜而後能安，安而後能慮，慮而後能得。學不知止，而謂其能慮能得，吾不信也」（同上與鄧文範）。

「學者之不能知至久矣」（同上與侄濬）。

「必有大疑大懼，深思痛省，抉去世俗之習，如棄穢惡，如避寇仇，則此心之靈，自有其仁，自有其智，自有其勇。私意俗習，如見晛之雪，雖欲存之而不可得。此乃謂之知至，乃謂之先立乎其大者」（同上卷十五與傅克明）。

天地之理，全賦於人的心，故說「心即理」。心與天地共此一理，則是人的心乃與天地相通而同量，故謂「宇宙內事，乃已分內事。已分內事，乃宇宙內事，」（仝上卷二十二雜說）。又曰「宇宙便是吾心，吾心即是宇宙」（同上）。由外面摭拾來的意見，是無根的東西，是虛；由天地賦與人心的理，是有根的，是「實在」的，所以稱爲「實理」。同時象山所指的是倫理，倫理是以身心家國天下之所當然者爲其內容；所以理之本身即涵有身心家國天下之「實事」；此身心家國天下之實事，乃理之內容，亦即心之內容，是與人的生命連結在一起，所以自然對之而負起行的責任，以成其爲「實行」。由辨志，義利之辨，復其本心，一路下來的結果，便是「實理」「實事」「實行」。所以他說「宇宙自有實理。所貴乎學者，爲能明此理耳。此理苟明，自有實行，自有實事。德則實德，行則實行」（仝上卷一與曾宅之）。「非明實理，有實事實行之人，往往乾沒於文字間，爲蛆虫識見以自喜而已」（仝上卷七與胥必先）。他自稱其學爲「實學」，或自稱「樸學」。「十虛不博一實。吾平生學問無他，祇是一實」。（語錄）又謂「一意實學」（仝上卷十二與趙詠道）。又「臣才由拙短，學以樸專」（仝上卷十八刪定官輪對箚子）。由實理流出而爲實事實行，這是陸學精神之所在。

總之，辨志，義利之辨，復其本心，是一件事情的三個環節，是陸學的大綱維。亦即是他的思想的結構。其中尤以義利之辨爲其向內向外的總樞紐。由義利之辨向內，則本心自不同乎虛無寂滅之心。由義利之辨向外，則對社會人生，自不能安於消極苟且。且儒家以孝弟爲一個人的德性之所自發，故論語以「孝弟爲仁之本」，這是儒家的根本教義。但孝弟究係德性實現於家庭形式之中，人常易受此一形式之限制，而使儒家的道德，家庭意味常超過社會意味，流弊遂常自此出。象山則經常以義利之辨綰帶一切，使儒家道德，由家庭直接貫通於社會國家，這是儒家精神向前的一大伸展。鵝湖之會，二陸譏朱元晦爲「榛塞」「支離」，不歡而散。及象山在白鹿洞書院講君子喻於義一章，專講義利之辨，當時聽者「至有流涕」。天氣微冷，朱亦汗出揮扇。再三云「熹在此不曾說到這裏，負愧何言」。朱將詞刻之於石而誌其後謂「至其所以發明敷暢，則又懇到明白，而皆有以切中學者隱微深痼之疾，蓋聽者莫不悚然動心焉」。又朱與楊道夫云，「曾見陸子靜義利之說否？曰，未也。曰，這是子靜來南康，熹請說書，却說得這義利分明，是說得好」。由此不難想見義利之辨，亦即利已與利他之辨，是對當時智識份子靈魂救濟的大說教。要了解象山的思想，應先把握住義利之辨的總樞紐。

四、象山對書與事的態度

象山思想的特色，消極方面，是表現在他對於讀書的態度上面。在科舉制度之下，讀書只當作追求私人利欲的工具，這一點，朱元晦也承認。但朱元晦爲了補救此種流弊，主要是從讀書的方法下手。他說「自秦漢以來，士之所求乎書者，類以記誦剽竊爲功，而不及乎窮理修身之要」(朱文公文集卷七八徽州婺源藏書閣記）；於是他提出「讀書只是要見得許多道理」，而「以心體之，以身踐之」（語類）的讀書方法。他認爲讀書的方法改變，結果也便會兩樣。所以他一生教人，依然是以讀書爲主，即所謂「必由是（讀書）以窮其理」。但在象山看來，以讀書爲主的補救方法，依然是「只知病其末流，而莫知病其源」。是「抱薪救火，揚湯止沸」，（象山全集卷十二與趙然道）因爲他認爲這種方法，不僅達不到一個人病源所在的膏肓之地；且常被人利用爲諱疾忌醫的護符。所以他說「後世學者溺於文義知見，繳繞蔽惑愈甚，不可入道」（語錄）。「人有消殺不得處便是私意，便去引文牽義，牽枝引葉，牽今引古，爲證爲非」(語錄)。因此，他教人不先從讀書着手，而是要直追到一個人「志念」之所動處，「切己自反」，以「啓發人之本心」，已如上述。「周康叔來學問，先生曰，公且說扶渡子訟事來。曾宅之來學問，先生曰，公且說爲誰打關節來。只此是學」(語錄)。一個人的「志念」，亦即今日一般人之所謂「動機」，常常是由許多東西包裝着，不僅人看不清楚，自己也往往誤以虛僞的裝飾爲眞實，這是人心有了病。要治心病，須把包裹裝飾的東西剝落掉。「剝落得一番，即一番清明」(語錄)。他說朱元晦教人只是「添」，而他却只是「減」，減即是剝落，剝落是克己自反的過程；自反是由外向內的追索窮究；把裹脅着本心的各種虛誑的東西，一層一層的剝掉，剝到最後就是本心；先沒有這段工夫，則讀書祇是增加包裹的裝飾品。有了此段工夫，就象山來說，這也決非一超直入，一了百了。本心啓發出來，只是端緒。端緒只是「涓涓之流」。涓涓之流，祗「有成江河之理」，並非涓涓者即是江河(語錄)。「有學者聽言有省，以書來云，自聽先生之言，越千里如歷塊。因云，吾所發明爲學端緒，乃是第一步，……不可遽謂千里」(語錄)。自此以下，還有一番學問工夫。「大綱提掇來，細細理會去」(語錄)。「古先聖賢，無不由學……夫子天縱將聖，然自謂我非生而知之者，好古敏以求之者也」(仝上卷一與李省幹)。「雖如顏子，夫子猶曰未見其止。易知易從者，實有親有功，可久可大；豈若守株坐井然哉」(仝上卷五與戴少望)。「聖人教人，只是就人日用處開端。如孟子言，徐行後長者，可爲堯舜。不成在長者後行便是堯舜？怎生做得堯舜樣事，須是就上面着工夫」(語錄)。他這裏之所謂工夫，當然不僅指的是讀書，但讀書當然也包括在內。如詹阜民初見象山，聞公私義利之辨，不可溺於文義之教後，「遂屛棄諸書。及後來疑其不可，又問先生，則曰，某何嘗不許人讀書，不知此後有事在」(語錄)。又「前言往行，所當博識。古今興亡治亂，是非得失，亦所當廣求而詳究之」(與正己)。他嘗以「束書不觀，游談無根」，爲學者大病。與包顯道書，責其輕視讀聖賢書爲「可謂奇怪」。朱元晦對於他的教人之法，曾懷疑只是助成人的懶散；他的答覆是：「某從來勤理會。長兄每四更一點起時，只見某在看書，或檢書，或默坐，常說與子侄以爲勤，他人莫及。今人却言某懶，不會去理會，好笑」（語錄）。我們現在從他的文集中看他每與人解析書義，常精確不移，足見其平日讀書之入微入細。他說「文纔上二字一句，便要有出處」（語錄）。又說「在我全無杜撰」，此杜撰二字，固然是指非從本心出來的東西，但也可以包括一切沒有根據的東西。由此可知他對於讀書也是很注意的。在這裏，黃東發便提出了這樣一個疑問和解釋出來：

「象山之學，雖謂此心自靈，此理自明，不必他求，空爲言議。然亦未嘗不讀書，未嘗不講授，未嘗不援經析理。凡其所業，未嘗不與諸儒同。至其於諸儒之讀書，之講授，之援經析理，則指爲殘賊，爲陷溺，爲繆妄，爲欺誑，爲異端邪說……得非恃才之高，信己之篤，疾人之甚，必欲以明道自任而然也耶」（黃氏日抄卷四十一）。

黃氏這一段話，顯見他並不曾了解象山學術的眞正精神。象山的用心，是要先在人的根源上，即念慮初起之處，先作一種價值的轉換。有了這種價值轉換，則一切的東西，都在此一價值統屬之下，而皆成爲有價值，皆可以充實價值。此時不僅讀書爲有益，甚至考時文亦無大害。此種價值的轉換，即是由辨志的義利之辨以復其本心。在本心發用之下去讀書，考時文，則都是爲了義而不是爲了利，都是本心的發榮滋長，都是「從裏面出來」。他常說：「論語也有無把柄的話，如學而時習之，學些什麽」？（語錄）意思是說一個人的端緒未先弄清楚，而只泛泛的說學，這便會毫無目的，使人摸不着頭腦。又如「仲誠（徐仲誠）因問中庸以何爲要語？梭山曰，博學之，審問之，愼思之，明辨之，篤行之，此是要語。答曰，未知學，博學個什麽？審問個什麽？明辨個什麽？篤行個什麽？」（語錄）。中庸這五句話，本是象山所常引用的，而且認爲前四者在先，篤行在後，即是知先行後；所以梭山的話並不錯。但他認爲在這裏，一定要有一個大前提，即是辨志，辨義利，立其大本，從根基處把價值轉換過來，學問思辨行，才有着落。能如此，則不僅「引用經句，乃是聖人先得我心之同然」（全集卷一與曾宅之）。「中庸大學論語諸書，不可不讀之，以聽其發揚告教」（仝上卷五與戴少望）。並且「誠能立乎其大者，則區區時文之習，何足以汩沒尊兄乎」（仝上卷十一與朱濟道）。「此學之興，敢問所向。爲辭章，從事場屋，今所未免。苟志於道，是安能害之哉」（仝上卷十九宜章縣學記）。於此我們應當承認，學問思辨，固然可以得到一種知識；但此種知識對於一個人的行爲，到底是正號還是負號，依然是未定之天。所以 Nicolaus Cusanes 說，「悟性是賣淫婦，它不是可以委身於任何東西嗎？」(K. Jaspers著哲學與科學日譯本三三頁)。因此，悟性的後面，即知識的後面，應該有決定悟性的東西。就象山說，應該有義利之辨的價值轉換，使其屬於義，而不屬於利。象山這種用心，只要對照當前的時代看，便可了解其意義的重大。現在人類受到了原子武器的威脅，亦即是受到了科學成果的威脅。但是假定各國的政治家，在其內心都有此一價值的轉換，則原子能只會增加人類無窮的幸福。由科學所造成的矛盾，不是科學本身所能解決，只能靠人類行爲的動機。而科學對於這一點是無能爲力的。我國在千餘年科舉制度之下，士大夫變成了一個謊言的集團。而近三十年來，流行着兩句最確切不移的考語是「好話說盡，壞事做盡」。利用各種名詞，口號，想盡各種方法，揑造各種教說，假借各種制度，耗盡國家各種力量，剝落到底的說一句，只是爲了一二人權利之心。此一二人權利之心，不能作一個價值轉換，遂令人懷疑到古今中外一切的妙方靈藥，在我們這一代都變爲廢物，甚至是毒物。幾令人懷疑此一民族非萬世爲奴不可。其實，只要在漆黑的權利之心那裏，輕輕的來一個義利之辨，把個人權利欲的動機，轉爲悲天憫人的動機，使一切的事成爲「實事」，行成爲「實行」，則一切無用的東西，立刻可以變爲有用，國家立刻可以得救。中國的政治問題，不追索到這種地方，甚至以各種浮文虛說來辨護這種地方，則一切努力，只如象山所說的「抱薪救火」。所以就整個人類講，尤其就中國現勢講，象山所主張的這種價值轉換，實是起死回生的不二法門。可是正如象山所嘆息的一樣，「此道與溺於利欲之人言猶易，與溺於意見之人言却難」（語錄）。因爲溺於利欲之人，中無所恃，良心發現較易；而織成一套似是而非之浮說；甚至依靠一套積非成是的謊言體系的人，常自以爲有所依恃，得所捍衛，其窟宅愈深，破除便愈難。凡是自稱信什麽神佛，持什麽口號的人，假定他隱藏在念慮之間的是利而不是義，則這種人的得救；眞比駱駝穿過針孔還要困難。

象山是把義利之辨的價値轉換放在第一位，而把讀書放在第二位，這便與朱元晦爲學的次第不同，因而讀書的態度也隨之不同。象山讀書只看古註，要人只就書的本身去了解，而不可隨意推度，這與朱元晦是大體相同的。但朱子認爲理是在書上，讀書是爲了窮理，做學問是要把書上的理一點一滴的積了起來，絲毫不能放鬆，因此，讀書的態度便不能不十分嚴肅。如「看文字須似法家深刻，方窮究得盡」（語類）。「看文字如捉賊。須於盜發處自一文以上，贓罪情節，都要勘出，莫只描個大綱」（同上）。「讀書須立下硬寨，誓以必曉暢爲期」。「祇是勤苦捱將去，不解得不成」（皆同上）。但在象山則認爲心即是理。復其本心，則理從心內流出來；所以他常引用孟子源泉混混的幾句話。讀書不過是此心的一種印證，即所謂「六經皆我註脚」（語錄）。因此，書在象山思想中所佔的分量比較輕，讀書的態度也比較輕鬆。如謂「大抵讀書，訓詁既通之後，但平心讀之，不必强加揣量。……或有未通處，姑缺之無害」（全集卷七與邵中孚）。「先生問子直(楊子直)，學問何所據？云，信聖人之言。先生云，且如一部禮記，凡子曰，皆聖人之言也，子直將盡信之乎？抑其間有揀擇？子直無言」（語錄）。大抵朱元晦讀書，好像病人吃藥，吃得進固要吃，吃不進也得吃。象山讀書，好似養生家吃飯，能消化便吃；不能消化便不吃。朱元晦上孝宗劄子謂「爲學之道，莫先於窮理。窮理之要，必在於讀書。讀書之法，莫於循序而致精。而致精之本，則又在於居敬而持志。……聖賢復生，所以教人，不過如此」。可見朱元晦以讀書爲做學問的總樞紐，和象山以義利之辨爲總樞紐，恰可作一明顯的對照。

這裏還應附帶一提的，象山義利之辨的辨志，即是所謂「識病」。他說，「老夫無他能，祇是識病」（語錄）。識病不能靠死的書本而是要靠活的師友。於是象山勸人親師取友的意義，比勸人讀書的意義特重。如謂「人生而不求學，學而不求師，其可乎哉」（全集卷一與李省幹）。「以夫子之聖，猶曰學不厭，況在常人？其求師友之心，豈可不汲汲也」（仝上卷十與董元錫）？「楊子雲謂務學不如務求師，吾亦謂論學不如論師」（仝上卷四與符舜功）。「心學」重人與人的直接傳承，自然把文字視爲次要。

象山由辨志以正端緒的治學方法，由端緒下來，其主要工夫不落在書冊上而是直接落在「事」上。蓋他的所謂理，「皆吾身吾心之事，而達之天下者也」（全集卷二十送毛元善序）。故實理即有實事。他常說「道外無事，事外無道」。他所說的道，亦即他所說的理。他既認爲心即理，心與理是一；即可說心即事，心與事是一；因此，他一說到心，便常說到事。他與朱元晦辨太極圖說書（二）謂「古人質實，不尙智巧。言論未詳，事實先著。……所謂先知覺後知，先覺覺後覺者，以其事實，覺其事實。故言即其事，事即其言。所謂言顧行，行顧言」。又謂「日享事實之樂，而無暇辨析於言語之間」（仝上卷七與詹子南）。「古之學者以養心，今之學者以病心。古之學者以成事，今之學者以敗事」（仝上卷三與陳正己）。「復齋家兄一日見問云，吾弟今在何處做工夫，某答云，在人情事勢物理上做些工夫」（語錄）。他認爲「須是下及物工夫，則隨大隨小有濟」（語錄）。及物工夫他覺得並非容易。「孔子……至三十而立，明無出入明晦，警縱作輟之分矣；然於事物之間，未能灼然分明見得；至四十始不惑」（同上）。「學問於大本既立，而萬微不可不察」（同上）。他自己是「逐事逐物，考究練磨」。他對於讀書也要歸結到事上來。「後生唯讀書一路。所謂讀書，須當物理，揣事情，論事勢」（語錄）。他在荊州任所寫給羅春伯的書說「簿書所當整頓，廬舍所當修葺，道路當治，田萊當闢，城郭當立，武備當修者不少。朝夕潛究密考，略無少暇。……眞所謂心獨苦耳」。（全集卷十三）由此可見他對事的態度，和對書本子的態度，實大有出入。書是朱學的骨幹；而事是陸學的骨幹。象山在儒家精神中加强了社會性，自然也加强了事功性。朱元晦答沈叔晦書云「近日一派流入江西；蹴踏董仲舒而推尊管仲王猛」（朱文公文集卷五四）。象山似未曾蹴踏過董仲舒；但由此亦可知陸門重事功的精神實過於程朱。此點在論到他的政治思想時還要提到。總結一句，象山千言萬語，要道德的行爲，道德的生活，從各人的道德主體——心中流出，客觀化而爲實行實事，這才是眞的，實的，不是杜撰的。由此心推而上之，同時即是由此心推而外之；僅由此心去認識，去捉摸，其所認取捉摸得最好的，也祇如攝影所得的影像。這在西方，即是構成概念；概念的東西，祇構成知識，並不能眞正成爲一個人的行爲的推動力；照象山的意思說，這不是實理，所以也不會有實事實行。我們祇看中國知識分子的行爲，自科擧制度實行以來，以至於今日，其品格大體上皆不如愚夫愚婦；都市人的品格，大抵不如農村。不認識字者之中可以出一個金石爲開的武訓，但在知識分子中決出不出一個武訓型的人物。武訓不懂得許多道理，而祇有興學以救窮子弟之一念，自其心坎中流出，便有一生不容自己的忘己救人（興學，在他的心目中即是救人）的卓絕行爲。這類事實，只有在象山的學說中才可加以解說；即此，亦可以知道象山學說的眞價。

五、朱陸異同　朱子自身的矛盾

朱陸異同，爲九百年來未能解決的爭論。但不從這裏作一番比較，則對象山的思想還不能澈底明白。上面把兩人對於書的態度之不同，已略有敍述，這裏試作進一步的討論。

朱陸自鵝湖會後，直到朱元晦聞象山之訃，帥門人往寺中爲位而哭爲止，中間十七年，他們兩人雖欲互相說服，互有爭論，但始終是互相推敬。兩家的門人，亦常彼此往來問學，有的先朱而後陸，有的先陸而後朱；有的可立於兩家的門牆；有的則各守師說而不變。他們中間最大的關涉有三次。第一次淳熙二年（一一七五）是鵝湖之會，朱元晦四十六歲（陸三十七歲），正盛年大事著作之時；象山兄弟意氣正盛，賦詩譏朱爲支離榛塞，朱意不歡而散。然朱於別後致書，謂「警切之誨，佩服不敢忘」。而三年後的和詩，但云「舊學商量加粹密，新知涵養轉深沉」；又朱在五十四歲時通書謂「向來泛濫，眞是不濟事」。五十七歲時致書又謂「無復向來支離之病」。朱與他人通書時，亦常自責支離，或以支離爲戒；則此會陸所與朱的影響，究大於朱所與陸的影響。第二次是淳熙八年（一一八一）的南康之會，在鵝湖之會後六年。朱五十二歲，陸四十三歲。兩人見面之先，朱答呂東萊（呂氏即卒於是年）書謂「子靜近却說人須讀書講論。但不肯翻然說破今是昨非之意」。又謂「回思鵝湖講論時是甚氣勢，今何止十去七八耶」（朱文公文集卷三五）。是朱在未見面之前，以爲陸已受其影響而有所改變。但見面後又與東萊書謂「子靜舊日規模終在。熹因與說，渠雖唯唯，終未窮竟」（朱文公文集卷三五）。可見這次見面，雖「加款於鵝湖」（與朱元晦書中語）。然兩人意見終歸不合。但觀朱元晦將白鹿洞講詞刻石，謂「熹當與諸生共守，以無忘陸先生之訓」之語，則不可謂朱對陸無傾倒之意。及淳熙十四年（一一八七），象山四十九歲（朱五十八歲），初登應天山講學。與元晦通書，繼梭山後作太極圖說之辨。象山不僅不贊成「無極而太極」這一句的「無極」，他直是不贊成周濂溪形成太極圖說之骨幹的「主靜」（聖人定之以中正仁義而主靜）的思想，他以圖說爲濂溪之少作。象山本來很稱道濂溪，其原因，一在其光風霽月的氣象，一在其通書。太極圖說主靜，而通書則「主誠」；通書前四章第一句皆說誠，不復言靜，此乃濂溪思想上的一大轉變。象山承認存誠，而反對「持敬」。老實說，伊川的持敬，實在即是「主靜」；「伊川每見人靜坐，便嘆其善學」。靜之中而能不昏沉，「

常惺惺」，即是所謂持敬；所以他的大弟子謝上蔡就乾脆說「常惺惺」。「常惺惺」三字是禪宗提出來的。伊川以「主一無適」爲持敬，但這也可以作爲主靜的解釋，凡稍通禪者皆可了解。所以無極大極的爭論，實牽涉到這種根本問題，以後還要說到。此次爭論，前後三年，由朱元晦來書的「別紙」而告結束。別紙說，「如曰未然，則我日斯邁而月斯征，各尊所聞，各行所知，亦已矣，無復可望其必同也」（朱文公文集卷三六）。這可說是很不愉快的結束。同時，在往復辨論中，兩人的語氣都非常尖銳，對兩方門人及當時知識分子所引起的激動當亦較前爲大。他兩人辨論的內容，今日無須再轉入此一漩渦中；但觀朱元晦先謂「不言無極，則太極同於一物，而不足爲萬化根本；不言太極，則無極淪於空寂，而不能爲萬化根本」；是他認爲言無極乃非常重要的。但以後又謂「若於此有以灼然實見太極之眞體，則知不言（無極）者不爲少，而言之（無極）者不爲多矣」；是無極的分量，實已減輕了許多。而朱元晦註太極圖說，仍採用象山語意，（見象山學案顧諟案語）是元晦仍多少受了象山的影響。且朱雖給了象山這樣不愉快的「別紙」，（在是年正月）但象山得守荊州之命後，仍於秋七月四日致書朱元晦，絕未以此介意。朱元晦八月六日的復書謂「某春首之書，詞氣粗率，既發，即知悔之，然已無及矣」（朱文公文集卷三六）。同時「有學者（按此學者並非指的包顯道，乃朱元晦寫此信時，包顯道在側；宋元學案中黃百家因誤看象山語錄，遂指此人爲顯道。顯道乃象山門人，象山死後事朱，然並未叛陸。朱文集中有復包顯道書兩通，並無此書）因無極之辨，貽書（於朱）詆先生（象山）者，晦庵復其書云：南渡以來，八字著脚，理會著實工夫者，唯某與陸子靜二人而已。某實敬其爲人，老兄未可以輕議之也」。可見兩人雖學問上的意見不同，但始終是保持互相尊重的態度。

× × × ×

朱對陸的批評，自陸在象山講學以後漸多；「毛剛伯必彊云，當時先生與晦翁門徒俱盛，亦各往來問學。晦庵門人乍見先生教門（教人的門路）不合，不與解說無益之文義，無定本可說，卒然莫知所適從，無何辭去；歸語師友，往往又失其本指，遂起晦翁之疑」（語錄）。象山先朱元晦死八年，其門人楊慈湖傅子淵輩，向內開闢之力爲多，於是朱由對浙學（元晦謂浙東學者，多子靜門人）之不滿而晚年攻陸亦愈力，大率斥之爲禪。然此類話實多不得當。如謂「浙江一般學問，又是得江西（象山）之緒餘；只教人合眼端坐，要見一個事物如日頭，便謂之悟」（語類）。類此的話甚多。以此評禪尚不當，評陸更不可。如又謂「象山言告子論性，强于孟子。言荀子性惡之論甚好；如孝弟爲仁之本一章都不看；他只說一個心，上面便著不得一個字」（語類）等，這或出於傳聞之誤；或出於記錄之訛；或出於一時之意氣，評象山皆不得其實。至朱的學生陳北溪之攻陸，大半出於誣詆，更不足置論。朱元晦自言兩人異同，實以下面這一段話，最平實而恰當。

「大抵子思以來，教人之法，尊德性道問學兩事，爲用力之要。今子靜所說尊德性，而某平日所聞道問學上多。所以爲彼學者，多持守可觀，而看道理全不仔細。而熹自覺於義理上不亂說；却於緊要事上多不得力。今當反身用力；去短集長，庶不墮二邊耳」（朱文公文集卷五四答項平甫書）。

× × × ×

象山對朱元晦的批評是說他「泰山喬嶽；可惜學不見道」（語錄）。「此老才氣英特；平生志向；不沒於利欲；當今誠難其輩。第其講學之差，蔽而不解，甚可念也」（全集卷十三與鄭溥之）。他何以說朱未聞道，因爲朱雖「亦可受用，只是信心不及」（語錄）。因信心不及，便向外去窮理，結果「揣量模寫之工，依放假借之似。其條畫足以自信，其節目足以自安」（仝上與朱元晦書）。朱曾謂「取足於心者，佛老空虛之邪見」（朱文公文集卷八十鄂州州學稽古閣記）。程朱取足於理，而不認爲心即理；陸王認爲心即理，遂即取足於心。故程朱不可謂之心學，而一般稱之爲理學。兩相對照，則象山對朱信心不及的批評，可稱簡當。

若二人一往不同，問題還容易解決。但王陽明有朱子晚年定論之作，說「朱子晚歲，固已大悟舊作之非，痛悔極艾，至以為自誑誑人之罪，不可勝贖」。王氏此論，雖為其自學張目，實亦無異於為陸學張目。元明兩代，朱學為官學，此論一出，聞者嘩然，競斥王氏之誣。然黃宗羲于晦翁學案後加案語略謂「考亭之悟，畢竟在晚年。陽明為朱子晚年定論，雖或有出於早年者，其大意則灼然不失」。此猶可謂黃氏之學，出於陽明系統。但朱子言論，以讀書問題為中心，有顯係自相矛盾而無以自解者，則係難以否認的事實。故朱陸異同問題，實即朱子治學上所包含之矛盾問題。如謂「孟子言學問之道，惟在求其放心。而程子亦言心要在腔子裏。今一向耽着文字，令此心全體都奔在冊子上，更不知有己，便是無知覺不識痛癢的人」(朱文公文集卷四七答呂子約)。這可說與陸的意思完全相同。但他又說「論語不會說心，只是說事實。孟子說心，後來遂有求心之病」(語類)。又「如孟子之求放心，已說緩了」(同上)。「今說求放心，說來說去，却似釋老說入定一般」(同上)，這便與陸分明不同；亦與上引答呂子約書自相矛盾。又如既說「窮理之要，必在於讀書」(見前)。但又說「讀書為學者第二事」(語類)。「學問就自家身上切要處理會方是。那讀書的已是第二義。自家身上道理都具，不會外面添得來」(同上)。「洪慶友將歸，先生召入與語曰，於今要下工夫，且須端莊存養，獨觀昭昭之源。不須枉費工夫，鑽紙上語。……此等語不欲對諸人說，恐他不肯看文字，又不實了。且教他看文字，撞來撞去，將來自有撞着處」(同上)。這也却與象山的態度大抵相同，而與他平日許多語言矛盾。若謂此種矛盾為晚年與中年之矛盾，則朱之攻陸，不應至晚年而更甚。並且他在七十一歲那一年三月死的前三天，尚改大學誠意章。臨死時，遺書於其子在及門人范念德黃幹，拳拳以修正遺書為言。可見他對文字的工夫，直是用到死，何有晚年大悟之說。一個人的思想在他一生中會有演變；但朱子以「已發」「未發」問題為中心之演變，中年歸結到伊川之「涵養須用敬，進學在致知」，已成定局，此後更無大變更；所以朱子終身是學伊川。因此，從時間的先後，恐怕不能解決朱子自身所包含的矛盾問題。

六、朱陸異同——知識與道德界域的混淆與釐清

人的心，含有無限的可能，有各方面的作用。其中最主要的，心的知性的一面追求知識，心的德性的一面成就道德。西方觀念論者常將心的各方面的活動，說成是各層次的活動。我認爲在每一方面活動中，固各有其層次；但不可將各方面的活動共累成爲一高下的層次。因爲若果如此，則欲達到上一層次者，必先經過下一層次；欲完成道德者必通過科學，於是科學誠爲各層次——道德、藝術、宗教等——所必經之路；無論科學不甘居於最下的層次；且在理論與事實上，科學亦並非道德等所必不可缺之因素。所以我始終認爲與其說是心的各層次，不如說是心的各方面。統攝各方面者即爲心的自身的統一。因此，學問大體上可分爲兩大界域，知性的知識活動，以物理爲對象；德性的道德活動，以倫理爲對象。前者屬於實然的世界，後者屬於應然的世界。兩個世界，有其關連，但無必然的因果關係；道德未必能隨知識而增高，知識亦不能隨道德而俱進。公是先生弟子記：「劉原父云，永叔問曰，人之性必善，然則孔子所謂上智與下愚可乎?劉子曰，可。智愚，非善惡也」。知愚是知識，善惡是道德，二者固不可混爲一談。索諾根(P. A. Sorokin)在其「人性的再建」一書中，探求決定人類利他或利己的因素，他根據現代各種統計數字，證明生物學的本質及社會環境等，對道德問題，並無確定關係。談到知性方面，他說：「由上述的技術(按即知性係數，精神檢查的諸形式等)所測定的知性，看不出是使人成爲利他的或利己的要因。此兩現象間，(知性與行爲)當然存有若干微細的關係；即是高的知性，可稍稍助長利他主義。但此關係不是不變的，也不是一貫的」。(前書第五章)並謂「高談」利他主義與道德觀念者，並不顯示與此相應的行爲」(同上)。因爲「高談」

也是象山所謂的議論，最多也只是一種知性的活動。他同時指出現代的成人，其思想、言論、與其公開的行爲，毫不相干。到是天眞的幼兒，與一般單純的人們，「其觀念形態與公然行動，到是很密切的連在一起」。因爲那是「深植根」於其內部（同上）。所以他最後結論是要求在人格與行爲的四種不同的形式中，把最高的「超意識」（有似於象山之所謂本心）解放出來。於是他深深的寄望於印度的瑜伽（Yoga）行，希望由此種方法把人的超意識爆破出來爲人作主。而許懷徹(Albert Schweitzer)在其「文化沒落與再建」中，也特別把文化的命運歸結到倫理上面，歸結到人的心上面。從心上面，從倫理方面來解決人類文化的問題，這本是中國文化二千餘年以來開闢出的一條路，也是象山自認爲繼承孟子一千五百年的道統之路。要成就道德，成就人的道德行爲，不能在外面的各種不確實的關係中去找根據，而只能在各人的心上去找。並且從「孩提知愛長知欽」來看，人的心本是道德的心，亦即本來具備道德之理，於此而認定「心即理」，認定「心即理」之心是人的「大本」。應然的世界，價値的世界，只能從這個大本的地方流出來。不是不要知識，而係知識對於道德的行爲來說，只是處於補助的，被動的地位，它不過處於德性的印證和被選擇的地位，其對於道德行爲的分量自然比較輕。同時，知性的知識活動，是就客觀的對象上去探索；而道德主體的大本，則只有靠「返觀內照」，即是「反省」。卡西拉（Cassircr 1874-1945）也在其「原人」（An Essay on Man）的第一章中特別强調「以了解自然的方法，不能發現人自身的性質」。所以求知識的方法，和開闢大本的方法，並不相同；於是朱陸治學的門徑便不能相同，讀書的態度也不能相同。知性的活動，一個時代有一個時代的對象。在中國，書本子一向是成爲知性活動的唯一對象，一向是靠書本子來構成知識。朱陸環繞書本子所作的爭論，骨子裏面是由知性活動的方法，能否直接開闢出德性大本的問題的爭論。這一爭論，實際也深滲入於朱子內心生活之中，這便形成他一生的矛盾。

宋學一開始便負有一種消極的任務，即是要吸收佛老的成果，又要從佛老中轉出來。佛談三世，老談有無，而儒只談現在，這在理論構造的外型上，似乎比不過佛老的高大完整，於是儒家也不能不重新構建一套形而上學出來，解答宇宙人生的來龍去脈，以與佛老爭一日之長短。這種努力本是屬於知性的活動。其次，由天台、華嚴、尤其是禪宗，對人類的「心」，作了一番探險與墾荒的工作，把印度佛教的宗教性格，完全轉移於中國人文精神之中，而成爲「中國佛敎」。要從此種佛敎中完全轉出來，並不能否定他們在心的方面墾荒的成果，因爲這本是中國文化自己的方向；這裏便只有兩條路可走：禪宗開出的「寂照同時」的心，是冷冷的「無記」的，無善、無惡之心。把這種無善無惡的心，坐實爲道德主體的心，使其當下對人倫日用負責，這便回到儒家的身上來了。這是陸王所走的路。所以象山一定由義利之辨走進去，也要從義利之辨走出來。而當王陽明說無善無惡時是冥合於禪；當他認爲仁是心之本體，以「大人者天地萬物爲一體」立敎，以「知善知惡」立敎時，這又是儒的本位。其次，禪宗的，冷冷的，寂照同時的心，實際上是超認識範疇以上的知性之心，認識之心。因爲是認識之心，所以禪可以承認山河大地（現象界）。因爲是超認識範疇以上的，所以它對於山河大地，只能有一種「觀照」的態度，而不能下解析的工夫；因之，可以承認物，而不能由承認物之理以成就知識。使認識之心，確實定着於認識對象之上，以承認對象上之理；此對象上之理，可以是倫理，更可以是物理，這便也從禪宗轉了出來，一面回到儒家的本位，一面並補填了儒家精神隱沒不彰的另一面，即由知性活動以構成知識之一面。這是程朱所走的一條路。朱元晦說禪宗的人「最怕說一個理字」，這到非常中肯。程朱轉的經路，是把性比心提高一層，而說「性是理」、「性者心之理」（語類），心是以性爲理的。「性是許多理散在處爲性」（語類），「天下無性外之物」（同上）。這是把性推開一步，使其在心之上，同時亦即在心之外，而成爲認識之心的客觀之理的根據。此乃對客觀之理的承認；由此以爲知性活動奠定基礎，亦即爲知識奠定基礎；這是在中國文化中本來不甚彰著的一面，因而本是一個新的方面，在文化中本要算一件大事。所以朱元晦說「伊川先生言性即理也，此一句自古無人敢如此道。心則知覺之在人而具此理者也」（朱文公文集卷五八答徐子融）。具此理的「具」字，朱元晦在旁的地方又用作「應」字。實在，「應」字更可表現朱子的意思。心在程朱，總是認識的意味重，道德的意味輕。「虛靈而能應萬物者便是心。人心如一個鏡，先未有一個影像。有事物來，方始照見妍醜」（語類）。朱固然常說「心是管攝主宰者」，但此處不要誤解。象山說心是主宰時，是主人的主宰；朱元晦說心是主宰時，實際只是「總管家」的主宰。許多家當都歸總管家管，但它的本身，並不是家當。或者可說在朱子是勤儉成家的主宰，本無家當，只靠勤儉向外面去找。這是他與象山「心即理」的大區別。所以當他談到心常惺惺時，他的學生有問「佛家亦有此語，曰，其喚醒此心則同，而其爲道則異。吾儒喚醒此心，欲他照管許多道理，佛氏則空喚醒在此，無所作爲」。（語類）在朱子的精神中，實在很强烈的躍動着希臘文化系統中的知性活動的要求。但限於傳統的道德範疇，不能進一步的有此自覺。這樣一來，朱子便一面在構想的實然世界根源中（如太極說）去找應然世界的根源；這便成爲他的形而上學的性格。一面在分殊的事物上去「即物窮理」，要由這些理的積聚而得出「一旦豁然貫通」的「全體大用」。朱子意指的全體大用，是一以貫之的人生道德，而不是知識的統類；但他由即物窮理的方法，實際所能得的，只能是知識的統類。我們今日不僅驚訝於朱子治學的興趣，何以這樣的廣；不僅認爲應讀盡一切書，而且對天文地理醫藥音律兵農等，亦無不下一番工夫。同時，他所用的方法，明確謹嚴細密，不含糊，不朧統，尙疑崇證，完全合於知性活動的要求。我們讀朱子的著作，實不能不佩服他這種求知的學術精神的偉大。此一精神，若落在自然的對象上，便可成就自然科學。他說「積累工夫，迤邐向上去」（朱文公文集卷七四滄州精舍諭學者）「於這個道理發見處，當下認取，打合零星，漸成片段」。「夫道之極致，物我固爲一矣。……於其所謂一者必銖銖而較之，至於均而必合。寸寸而度之，至於丈而不差，然後爲得也。……今學之末博，說之未詳，而遽欲一言探其極致，則是銖兩未分，而意料鈞石；分寸未辨，而目計丈引；愚恐小差積而大謬。所謂鈞石丈引者，亦不得其眞矣」（同上卷六二答甘吉甫）。「一向就枝葉上零碎處做工夫」（同上卷答廖子晦）又「所謂窮理者，事事物物，各自有個事物的道理，窮之須要周盡」（語類）。又「以今日格一物，明日格一物，爲非程子之言者，不知何所病而疑之也」（同上）。「大無不該，細無不燭」(同上)。「旣莫不析之極其精而不亂，然後合之盡其大而無餘」。（黃勉齋朱子行狀）。以上所說的精神，方法，在知性追求知識的立場，都是很正確的。但中國文化中，沒有「爲知識而知識」的傳統，於是朱子雖有知性之强烈活動，但他並不在這上面落脚，不承認求知識之本身有一自足之價值。譬如他已經「覺到在考據上有另一門學問」，他也無形的做了若干考據工夫，故「沿其學者，一傳而爲勉齋九峯，再傳而爲西山鶴山，東發厚齋，三傳而爲仁山白雲，四傳而爲潛溪義烏，五傳而爲甯人百詩」（章實齋文史通義卷三朱陸），由此以開清代之考據。這是知性以書本爲活動對象的自然結果。但他自已決不在考據上落脚。考據與科學，本是出於人類知性活動的同一根據。但從考據學的本身，不能轉出近代西方的科學。因爲這在知性活動的方向上，須要有一個對象的大轉換。因而使知識的性質，種類，能發生一種轉換。John Maemurray在他的「從阿奎那斯到牛頓（From Aquinas to Newton）一文中指出，阿奎那斯在追求知識眞理的態度上，實比牛頓更爲純粹而偉大。但一個依然是代表中世，一個却開啓近代，主要是因爲所追求的知識的對象不同（見Some Makers of the Modern Spirit日譯本一五八—一六〇頁）。胡適們因爲在這一點上沒有弄清楚，所以他們想從考據的方法中帶進西方的科學方法；而不知觀察、實驗、演算等的自然科學方法，是和自然對象結合在一起的。再有一百個紅樓夢考據，也是兩無關涉。朱元晦已經知道有考據學，但他不走這一條路，不僅因爲他要在倫理上落脚；即在知性活動上，他是要在事事物物上求出事事物物之理；這是清代考據家乃至新漢學家所根本沒有的觀念。求事事物物之理，在時代限制上，他主要不能不落在書本上；但他之落在書本上，是要攢到文字訓詁的後面去找他所追求之理。假定他生於今日，他的這種精神只會走進實驗室裏去成一個科學家，決不肯攢進故紙堆的排比中去成一個考據家。清代考據學之出於朱子，一方面固然可以說是他的讀書方法落實下來的結果；一方面也是朱子窮理精神之未能得到正常發展，因而墮落下來的一種變形。朱元晦讀書窮理的工夫，如上所述，主要是知性追求知識的活動；用在實然的物理世界，可以成就科學；用在倫理的世界，可以成就關於倫理的一種知識。此種知識可能引發一個人的道德，但它並不是道德主體的本身，所以並不能因此而保證一個人的道德。朱元晦曾說，「讀書所以明理。而明理者，欲其有以燭乎微細之間而不差也。故惟考之愈詳，則察之愈密；察之愈密，則吾心意志慮，戞刮磨勵而愈精。吾心愈精，則天下之理至于吾前者，其毫釐眇忽不齊，則吾必有以辨之矣」（大學或問）。這一段話把讀書的知性活動及他平日以此為「操心之要」，說得眞是精透。但由此所磨刮出的「愈精」之心，依然是一明如鏡的認識之心，而不是對行為作主的道德之心。就他個人說，他一生的學問是「窮理以致其知、反躬以踐其實」，前者是知識，後者是道德，兩者都能融在一起，這是他的偉大處。但我們應特為留意的，「窮理以致其知」的向外活動，並不一定可作為「反躬以踐其實」的途轍或手段；更不能以此作為「反躬以踐其實」的保證。朱子之所以能兩面照管得住，是因為在他的知性活動的後面，尚有堅強的德性在那裏提撕作主；他之所謂「以心體之，以身踐之」，即是德性在後面提撕作主的證明。但一般的考據家，在其窮搜冥討中，並不感到有緊接「以心體之，以身踐之」的必要，此即證明「窮理以致其知」，不是「反躬以踐其實」的必經途徑。王陽明說「縱格得草木來，如何反來誠得自家意」（傳習錄下）？此一問，實在問到了問題的根本。所以由窮理以致其知，落到反躬以踐其實，實際是要回到心的地方作一個轉換，朱子自己在堅苦中是不斷的作此轉換。此即黃梨洲之所謂「縱使合得本體上，已費轉手」（姚江學案）。但他缺少此種轉換的自覺，而以為窮理以致其知，是反躬以踐其實的方法或手段，於是當他立教時，便常常要人以求得知識的讀書方法去發現道德的主體，而忽視一是向外，一是向內；由向外轉到向內，縱有此可能，也要轉一個大灣；這一個大灣，是可以不必轉，並且普通人常常轉不過來；所以象山說他是支離，他自己有時也覺得是支離，於是在他的立教中常常不免上述的矛盾，常常由向外求得知識的一條路，有時走向與象山直探本源的一條路上去，這也可以說是必然之勢。如說「覺得此心操存舍亡，只在反掌之間。向來誠是太涉支離。蓋無本以自立，則事事皆病耳」（朱文公文集卷四十答呂子約）。「爲學只是先要立本。文義却可且與說出，正宜令其寬心玩味；未可便令考校同異，研究纖密，恐其意見促迫，難得長進」（仝上卷二九與黃直卿書）。這便與象山讀書的態度相同。又如「示喻天上無不識字的神仙，此論甚中一偏之弊。然亦恐只學得識字，却不會學得上天。即不如且學上天耳。……中年以後，氣血精神能有幾何，不是記故事時節」（仝上卷四六答潘叔昌）；此與象山之「某則不識一個字，亦須還我堂堂的做個人」（語錄），有何分別？凡朱子晚年定論所錄三十五條，大體皆與象山相合，無可置辨。在語類中此類話更多，如云「看來別無道理，只有個是非。若不理會得是非分明，便不是人。若見得是非，方做得人。這個是處便是人立脚的地盤。向前去雖然更有裏面仔細處，要知大源頭只在這裏」（語錄）。這與義利之辨，也並無分別；只義利之辨更實際一些。但正如象山所說，「後生唯讀書一路」（語錄），所以象山也不輕說「文義溺志」的話（見與曾宅之）。而朱子亦感到「只理會上達，即都無事可做，恐孤單枯燥」。於是人性的另一面的知性，依然在不自覺的狀態下，以書爲對象而發生强烈的要求。一個人，能自覺其本有此兩面的分途，而由心自體之統一以保持其諧和，則兩成而不互礙。若不能自覺得有此兩方面之分途，則常因互相混雜而互相牽制。這是人類文化中很久的矛盾，也是朱子一生的矛盾。我更引黃梨洲的一段話以相參證：

「先生（陽明）憫宋儒之後，學者以知識爲知；謂人心之所有者，不過明覺，而理爲天地萬物之所公共。故必窮盡天地萬物之理，然後吾心之明覺，與之渾合而無間。說是無內外，其實全靠外求聞見以塡補其靈明者也」（明儒學案姚漢江學案一）。以聞見所塡補之靈明，祇是心的知性的一面，而不是德性的一面。黃氏也感到這種分別了。

× × × ×

關於因學問的方面不同，而方法亦應因之不同，我再引一個明顯的例子。前面引的朱子答吉甫書的「必銖銖而較之」的一段話，象山恰有與此相反的一段話可資對照。「石稱丈量，徑而寡失，此可爲論人之法。且如其人，大概論之，在於爲國爲民爲道義，此則君子人矣。在於爲利己，爲權勢，而非忠於國，殉於義者，則是小人矣。若銖稱寸量，校其一二節目而遺其大綱，則小人或得爲欺，君子反被猜疑」（語錄，又輪對劄子中亦提及此點）。這話在知人上是相當的正確。但若在物理上去求知識，則當然以朱子上一段話爲是。象山對此區別，自己似乎亦已感覺到，如說「仁義忠信，樂善不倦，此夫婦之愚不肖，可以與知能行；聖賢所以爲聖賢，亦不過充此而已。學者當以此爲根本」。所以他在這種地方說簡易，論「寬平之樂」。但接着說「若夫天文地理，象數之精微，非有絕識，加以積學，未易言也」（全集卷十五與陶贊仲）。這是窮物理，這是朱子的窮理以致其知，他並不曾把簡易的工夫，認爲是萬應膏，因而拿到窮理致知的上面。如又云「學問之初，切磋之次，必有自疑之兆。及其至也，必有自克之實，此古人格物致知之功也。……物則所在，非達天德，未易輕言也」（仝上卷一與胡季隨）。他這裏所謂物則，即是物理；窮物理與窮倫理，實有難易之別。日本人喜歡說希臘系統的文化是「學」，而中國系統的文化是「敎」，是一種對人自身的敎，我覺得這對陸王而言，更爲恰當。象山雖站在人本的立場以求物理爲末，但他既由實理而直接落在實事上以成就實行，則他必在倫理之外更追求物理，在道德之外更追求知識，所以他的一生，實際也曾在這方面致力；只因年命不長，有志不逮，所以傳季魯的祭文中有云，「莫大於曆，夜觀星象；莫神於易，晝索蓍卦。考禮問樂，遠稽古制。曾不畢究，今則墜矣」。因爲象山能將二者分清界域，所以他的思想不像朱子那樣混淆夾雜。

同時，在事實上，凡是在心上立脚的，行誼莫不卓然有以自立。如朱子所極不喜之張横浦，宋元學案稱「以風節光顯者，莫如横浦」。朱子稱象山弟兄爲「操持謹質，表裏不二」。（朱文公文集卷三一答張南軒）稱象山的門人謂「今浙東學者，多子靜門人，類能卓然自立。相見之次，便毅然有不可犯之色。自家一輩朋友，又却覺不振」（語類）。又云「子靜之門，如楊簡輩，躬行皆有可觀」（同上）。這在象山門人各學案中，皆可覆按。即以禪宗而論，他們所發掘的是知性自體的心，對道德只能有消極性的成就；但朱子雖好闢佛，依然說「若人識得心，大地無寸土；看他（禪）是甚麽樣見識。今區區小儒，怎生出得他手」（語類）。又「或問朱子，今士大夫晚年，都被禪家引去者何故？答曰，是他高似你」（同上）。又「嘗見畫底諸師，人物皆雄偉，宜其傑然有立如此」（同上）。此無他，學問在心上立脚，即是自己抓住自己的主體，人的脚跟才站得穩，才眞能自尊自信。而劉慢堂復楊德遠書謂「朱氏書年來盛行，立要津者多自謂嘗立先生之門，而趨向舛錯，使人太息」。由此可見中國文化，在每個人的心上顯發價值的根源，道德的主體，因而成就一個人的人格的這一條路，是信而有徵；而象山之孤軍特起，風動一時，決非偶然之事。不過學問上的兩大界域，西方進入到二十世紀後，若干大思想家才慢慢探索到一點端緒；在這以前的三百年，尤其是十九世紀，則正與中國相反，許多思想家，想用自然科學的方法來解決人的一切問題。而中國一知半解的西化人物，今日猶拿他一知半解的自然科學方法來衡論中國的文化，遂認爲一無是處。則朱子當日的艱辛磨練，正是値得後人欽佩的。

七、朱陸異同——由對心性認識的不同而來的修養功夫之各異

上述的朱陸異同，可以說是由心即理，與性即理，所引起的以讀書爲中心的方法論上的異同。現在再說到因對於心性的觀點不同所引起的修養工夫上的不同。

首先，程朱將心性分作兩層，前面已經提過。黃梨洲下面這段話，正是指出此中消息。

「凡氣象成形，無一物帶來；而親親敬長，最初只有這些子。後來盛德大業，皆原於此，故曰孝弟爲仁之本。集註（朱子論語集句）爲仁猶曰行仁。謂性中只有個仁義禮智，曷嘗有孝弟來。蓋以孝弟屬心，心之上一層方是性。有性而後有情，故以孝弟爲行仁之本。愚以爲心外無性，氣外無理。如孟子曰，惻隱之心仁也。蓋因惻隱羞惡恭敬是非而後見其爲仁義禮智，非是先有仁義禮智而後發之爲惻隱羞惡恭敬是非也。人無此心，則性種斷滅矣。」

朱子的意思，仁義禮智是理，是屬於性。孝弟是心的作用；心只能以此作用去實行性上的仁義禮智之理；心與性屬兩層，孝弟與仁義爲兩事。這是他把倫理的理，也當作物理的理，而推到心的外面去了。如此，則道德將掛空無根，有如象山所說的「揣量摸寫」而不「實」。同時，一面由心向上一層去追取一個在上面的性，在上面的理，這種在人身之內，由這一層去把捉另一層的情形，勢必如象山所說的「艱難其途徑」，如黃梨洲緊接上一段話說的；「其弊必至於語言道斷，心行路絕而後已。」程朱的這一看法，是由前述的强烈知性向外活動的要求所引起來的，與孔孟的原意實有很大的出入。象山則心性不分，心就是性，因此，對於道德的主體可以當下認取，非常現成，非常簡易。所以他不以「把捉」爲工夫。他告訴李伯敏謂「是自家有的物事；何嘗硬把捉」（語類）。因爲心是人自己的，心即理，理也是自己的。當李伯敏問「性才心情如何分別？先生云，如吾友此問，又是枝葉……且如性情心才，都只是一般事物，言偶不同耳」。這和朱子常常作心性等類的辨別，是顯然異趣的。

其次，孟子道性善，凡性皆善，更無二性；但程朱則分性爲二，便較孟子多出一層糾葛，因而也影響到修養的工夫方面。朱元晦謂：

「孟子之論，盡是說性善。至有不善，說是陷溺。若如此，却是論性不論氣，有些不備。却得程氏說出氣質來，接一接，便接得有首尾，一齊圓通了」（語類）。

這是指伊川把性分爲義理之性與氣質之性而說的。何以這樣才有首尾？大概是因爲程子把性通到外面去，爲人物所共；人物分明不同，便不能不說一個氣質之性，從氣質的偏與全上面去分別人與物。氣質之性雖不可說是惡，但惡是由氣質之性而來；氣質與義理同爲性，則善與惡亦同爲性，而不復如孟子及陸王視惡爲後起的東西；所以伊川說過「惡亦不可不謂之性」的話。這樣一來，程朱在根本的地方，便常有天理與人欲之對立，這就多少帶着有點宗教性的「原罪」感。於是在程朱方面，艱苦之情，常多於樂易之意。朱元晦嘗自言，「某舊時用心甚苦，思量這道理，如過危木橋子，相去只在毫髮之間，才失脚便跌下去。」同時，中庸「喜怒哀樂之未發，謂之中，發而皆中節，謂之和，」及樂記上「人生而靜，天之性也」一段，給宋儒以鉅大影響。於是由已發以求未發之中，由感物之動以求天性之靜，想以此來達到存天理而去人欲，常爲程朱系統中的大事。如何下手，在伊川是「敬義夾持」，即「持敬」與「致知」。由致知而誘發知性的活動，上面已經提到。伊川對於敬的解釋是「主一無適」，這本是一種心理狀態。爲了保持此種心理狀態，於是常須收斂人身的生理活動，以使視聽言動合於禮的方法，便在程朱的工夫中站有非常重要位置。伊川有視聽言動四箴，主旨是在「制之於外，以安其內」；這就自然而然的形成道學家的容止法度。當時道學家的衣着行止，就當時有關的文獻看來，確與一般人不相同。朱子「一生法伊川」，而闢佛過於伊川。他嘗說「此個道理，纔理會深處，又易得似禪」。對於持敬也常常不敢向裏向深處說，於是制外以安內之成分更爲加重。因爲惡係由氣質之性而來；而所謂氣質之性，對人來說，即是具體的人；這便形成對人自身不能有完全的信賴，而益增加戰兢惕厲的精神。他對於孟子「若火之始然，泉之始達」，「源泉混混」的說法，並不十分相信。他不很鼓勵人讀孟子。明道「識仁篇」謂「學者須先識仁。……識得此理，以誠敬存之而已。不須防檢，不須窮索」。這是理學開宗的一篇大文章。但朱子以此乃地位高（天資高之意）者之事，所以不敢收入近思錄中；蓋他不敢相信「不須防檢，不須窮索」。他在臨死時告訴他的學生說「但相倡率下堅苦工夫」；「堅苦」二字，正是他一生偉大的寫照。

× × × ×

由伊川到朱子的這一條路，在實際上會發生兩個問題：第一、因「制外」大過，容易使人的生命力受到束縛。一般說道學家爲拘迂，即係由此而來。第二、由此等細微末節下手，並不能眞正保證一個人的大節無虧；並且有時還因枝節的拘牽，反忘記了本心的顯發；甚或以此爲作僞之資具。世人所罵的「假道學」，主要是從這些地方做假。象山自謂「自幼聞伊川語，若傷我者」。他欣賞明道沒有失掉見濂溪後「吟風弄月而歸」的情趣。朱子平生討厭人問論語上「吾與點也」的一段話；象山則常講到「浴沂之志，曲肱陋巷之樂」，常將「戒愼恐懼」，和「顏曾之樂」合在一起，總是由戒懼轉到和樂上的意味多。他斥「持敬二字乃後來杜撰」（全集卷一與曾宅之）。認古今言敬，總是結合着某一對象講，如敬事，敬王，敬兄之類，「未曾有言持敬者。觀此二字，可見其不明道矣」（同上）。因爲他認爲僅僅說敬，只是一種精神收斂，其本身並無內容。若不先由辨志以立乎其大，則敬反可爲藏奸慝忒之地。所以他說「是心之良莠，萌於交物之初，有滋而無芟，根固於怠忽，末蔓於馳騖，深蒙密覆，良苗爲之不殖。實著者易拔，形潛者難察，從事於敬者，尤不可不致其辨」（仝上卷十九敬齋記）。蓋象山緊承孟子性善之說，形色即天性，撇開了伊川所加的義理之性，氣質之性的這一種糾結，在根源上不承認有理氣之對立，及天理與人欲之對立。他認爲天理人欲之言，出乎樂記，而樂記之言根於老氏（見語錄）。又說「天理人欲之分，亦極有病。自樂記有此言，而後人襲之。記曰，人生而靜，天之性也。感於物而動，性之欲也。若是，則動亦是，靜亦是。豈有天理人欲之分？若不是，則靜亦不是，豈有動靜之間哉」（語錄）？他根本不捲入已發未發這一公案中去摸索。根本不在動靜上去費工夫。他說「何適而非此心？心正則靜亦正，動亦正。心不正則雖靜亦不正矣」（全集卷四與潘方叔）。因此他只從「存心」「養心」「求放心」處用力，以「復其本心」。本心在內作主，則一切道理「從裏面出來」，如源泉混混不竭，而無事從外面去「把捉」。他說「我治其大而不治其小，一正則百正」（語錄），並認爲「詳細處未可遽責於人。如非禮勿視聽言動，顏子已知道，夫子乃語之以此。今先以此責人，正是躐等。視聽言動無非禮，不可於這上面看顏子」（語錄）。他不主張從形跡上去觀人，因爲形跡是末。他以爲「記言后稷其辭恭，其欲儉，只是說末」（語錄），沒有多大意義。他說「元晦似伊川，伊川固蔽深」。又說「晦翁但在氣象上理會，此其所以錙銖」（語錄）。他又說「某之說，正吾人大趨向，大指歸。……此而不辨，而規規然以聲音笑貌爲道，眞……養其一指而失其肩背，孟子所謂不知務」。（全集卷十二與劉伯協㈡）他把「梏於末節細故」，視與「溺於聲色貨利」同科。他的情形有點像獲得良心自由後的馬丁路德，從宗教的煩瑣儀式中解放出來，以向世俗中大踏步走去，這便在精神上爲近代的各種現實活動敞開了一條大路。所以象山在這一點上，可說是對程朱理學系統在精神上之一大解放。但他自己却經常是儀容整肅，也教學生留心「九容」。一位學生吃飯撓起脚來，他一樣的加以指摘。這爲甚麼？也和讀書問題一樣，不是束書不讀，是要在立其大本的前提條件下去讀。「知道，則末即是本」（語錄），所以他不從末下手，並不是忽視末。朱子固然不喜歡「洒落」二字，但無本之「脫洒」，亦爲象山所不許。「若只管從脫洒等處思之，終不能得其正」。（全集卷一與曾宅之）。同時，朱子由外向內的艱苦工夫，若一朝成熟；由「心」去把捉「性」的工夫若一朝成熟，也自然有一個內外合一，心性不分的可以受用的境界。此時他也一樣有曾點浴沂之意。象山聞朱子「川原紅綠一時新，暮雨朝晴更可人。書冊埋頭何日了，不如抛却去尋春」的詩而色喜，說「元晦至此有覺」；其實朱子詩中表現此種意境者很多。這是說明只要工夫用得實，則進路雖有不同，到達點還可一致。總之，貫通於道德的內發性，則自然趨於樂易。所以孔子「成於樂」，「樂以忘憂」；孟子「無日不樂」。不過就一般人說來，必先經過堅苦階段後所得之樂易才是眞的樂易。而以堅苦爲入德之門，乃能根基結實，流弊較少。所以由「堅苦」而成爲「泰山喬嶽」的朱子，其精神人格，始終可爲千秋景範，這裏不容發生誤解。象山也說「莫厭辛苦，此學脈也」（語錄）。又說「優游寬容，却不是委靡廢放，此中至健至嚴，自不費力」（全集卷六與包詳道㊄）。

× × × ×

再要稍爲一提的，象山似係把孔門的學術，分爲內外兩派，而他自己是內派，程朱是外派。內派的理是自內流出，而外派則是由外打入。如曰「顏曾從裏面出來，他人從外面入去」。又謂「告子之意，不得於言，勿求於心，是外面硬把捉的。要之，亦是孔門別派。將來也會成，只是終不自然」（皆見語錄）。照這種意思說，則象山是孟子，而朱子勿寧近於告子。但朱子何以却說象山是告子？因爲象山不認心與性，理與氣等的分別，認爲心即是性，性並非在心的上一層，朱子便以此有同於告子之所謂「生之謂性」。其實，這完全是誤解。象山思想的總關鍵，已如前述，是要在念慮起處，作一價値之轉換，由此而復其道德主體之心，使此心作主宰。此心作了主宰，則一切作爲，皆由此心流出，即是孟子之所謂「踐形」，即所謂「形色性也」；即一般所說的「即身是道」。這從表面看有似乎告子之「生之謂性」，但前面有一段復其本心的工夫，所以內容絕對是兩樣。若不先經過眞正復其本心的工夫，則程朱一套持敬的工夫，固然未爲見道；即象山所說的寬平樂易，也只是摸擬形似，同樣毫無眞實意義。象山在這種地方，分得很淸楚。例如他說：

「必謂不假推尋爲道，則仰而思之，夜以繼日，探賾索隱，鈎深致遠者爲非道耶？必謂不假擬度爲道，則擬之而後言，議之而後動，擬議以成其變化者爲非道耶？謂『即身是道』，則是有身者即爲有道耶？」（全集卷六與傅聖謨）。

由此，不僅可以了解象山與告子的分別，並且也可以了解孟子「形色性也」與告子『生之謂性』

的區別。

八、陸王異同

朱元晦的向外窮理，本來是學問中通向科學的一條大路。當時雖缺少此一自覺，不能眞正向科學方面發展，但朱元晦的這條路，還可旁通於詞章考據，故其枝葉易於蕃衍。加以元代經許衡等的努力，朱學成爲官學，聲勢乃益盛。象山的心學，其傳承在人而不在書，故不百年即漸歸銷歇。加以異同之爭，挾官學之勢以爲定論，社會上遂益視陸學爲禪，爲異端。結果正如黃梨洲在明儒學案中所謂「從前習熟先儒之成說，未嘗反身理會，推見至隱。所謂此亦一述朱耳、彼亦一述朱耳」(明儒學案姚江學案)。及王陽明出，始太息於「晦庵之學，既已若日星之章明於天下，而象山獨蒙無實之誣，於今且四百年，莫有爲之一洗者」。他「欲冒天下之譏，以爲象山一暴其說」(答徐成之書㈡)。遂斷以陸氏之學爲「孟氏之學」(象山先生全集叙)，係儒而非禪。聲應氣求，陽明有功於象山不小。後人遂以陸王並稱，此就兩人皆取足於心而言，決無不當。然陽明謂象山之「純粹和平，」不逮於宋之周程二子(同上)。則其對象山之評價，殆在濂溪明道之下；所以他又說「濂溪明道之後，還是象山。只是粗些。……他心上用過工夫；但細看，有粗處。用功久，當見之」(傳習錄下)。因此，後之叙錄學術思想史者，遂以此爲定論。實則陸王之異同，決非精粗問題，而係思想上之根荄問題；其關係於學脈者甚大。我在這裏雖不能詳論王學，但應就陸王同異之處，略加指出。

首先我們應該了解，孟子雖言「心之官則思，思則得之，不思則不得也」，這是心的「知」的一面。但他主要係由道德的發見處言心，即所謂惻隱，羞惡，是非，辭讓之心等是。與道德之心的發見的同時，自必隨着有一個「知」的作用；然此時之「知」，係附麗於四端之心的裡面，或平列而爲四端中之一端，——是非之心，而非將它當作一種獨立的活動；(知當然可作獨立的活動，那是另一問題）因此，心也只會在道德上落脚，而決不能在知的本身上落脚。象山承此學脈，由辨志，義利之辨以復其本心；在辨的同時，當然也有一個「知」的作用；但此知亦係附麗於義利的決定點上；於是象山所復的本心，依然是在心的道德這一面落脚，而不是在「知」上落脚。陽明開始雖以知行合一立教，其中固含有挽救空言不行之弊之意；然其立言本旨，乃在指出知的發動處即是「意」，意即是行，要人在這種地方用力把不好的一點念頭克掉，以爲拔本塞源之計。所以他說「我今說個知行合一，正與人曉得一念發動處便即是行了。發動處有不善，就將這不善的念克倒了。須要澈根澈底，不使那一念不善，潛伏胸中，此是我立言宗旨。」陽明常說「工夫到誠意始有著落處」；他的知行合一，即是誠意的工夫；他說這是「知行的本體」，和一般常識中所說的行爲的「行」，尙有一段很大的距離。而其立言的精髓則是安放在「知」上；所以黃梨洲對此的解釋是「本心之明即知，不欺本心之明即行也」（姚江學案一）。陽明自己也分明說「吾良知二字，自龍場以後，便已不出此意，只是點此二字不出」（錢德洪刻文錄叙說）。他又在大學古本序上說「乃若致知，則存乎心悟。致知焉，盡矣」。由此可見陽明的思想，究極的說，是從心的知的這一方面走進去，也係在心的知的這一方面落脚。所以他和朱子一樣，愛以靈明說心，喜以明鏡喻心。如謂：「聖人之心如明鏡，纖翳自無所容」。又謂「聖人之心如明鏡，只是一個明，則隨感而應，無物不照」（傳習錄）。明鏡照物之心，其自身是「無記」的心。他說：

「目無體，以萬物之色爲體。……心無體，以天地萬物感應之是非爲體」（傳習錄下）。

照陽明這一段話的意思，色是在萬物而不在目，萬物感應之是非也在萬物而不在心；心只是一個知，所以他乾脆說「知是心之本體」（傳習錄上）。「知是心之本體」的觀點，出於禪宗神會的四傳弟子圭峯宗密，他在禪源諸詮集都序中，一則說「知之一字，衆妙之門」。再則曰「知即是心」。因此，陽明最後的致良知，不是繼承孟子的良知，而實是禪宗「寂照同時」的轉用。孟子的良知，只是不慮而知的道德的見端；與四端之說，是一而二，二而一的，是非常現成的東西。但陽明的良知，則「是學者究竟話頭」，是「從百死千難中得來」（均見傳習錄）。直截的說，這即是圭峯宗密所說的「尅體直指靈知，即是心性」（禪源諸詮都序卷上）的靈知。尅就靈知(良知)的本身分位來說，則他對於道德而言，只是「無記」的狀態。即是超善惡的無善無惡的狀態；因此，陽明在天泉答問的四句教中，不能不說「無善無惡者心之體」，這在當時已引起爭論。陽明自已以這是接利根與接鈍根者的方法來作解釋，但並沒有解決此四句話所包含的困難問題；因爲既以無善惡爲心體，則下面「有善有惡者意之動，知善知惡是良知，爲善去惡是誠意」，很不容易接下去。但若不接下去，則和儒家的道德精神，人倫生活，完全脫了節。無善無惡的心體，是烱然獨照的心體，是知的心體。陽明之達到此一心體，可能是由道德上的知善知惡，爲善去惡的工夫，層層轉進，結果達到了超越於相對善惡之上，便有如禪宗之轉汚成淨一般；而非如禪宗之跳過道德範疇，直接由知的迴光返照，一超直入；因此，在陽明自已或者是能將四句話和合在一起的。但禪宗可不歷階位，或將階位之過程，一齊掃淨；陽明則不能教人把爲善去惡作一過程，因而將善惡一齊掃淨。所以由爲善去惡以上達無善無惡，畢竟是一大曲折。此一曲折，是由以德性爲目的，而以知性爲底子所無法避免的。因此，良知之教，畢竟不能不成爲王學的一大爭論，致使黃梨洲有「致良知一語，發自晚年，未及與學者深究其旨；後來門下，各以意見攙和，說玄說妙，幾同射覆」（姚江學案）之嘆。陽明自已說「良知只是個是非之心，是非只是個好惡。只是好惡就盡了是非。只是非就盡了萬事萬變」（傳習錄下）。「是非」是知，「好惡」是行。說是非不說好惡，則人對是非並不負責；把是非好惡融在一起，在這種地方，陽明的良知，較之上述的靈知是落實了一層，這正是陽明苦心之所在。但論語上說「惟仁者能好人，能惡人」，則是孔子以仁來決定好惡。而在陽明則好惡是非乃決定於知。一般底說，知的本性，總要分能所。分能所，則心與理爲二。禪宗要能所兩忘，只是烱然自照，不另立理境。陽明之心理合一，固即可能所兩忘。但知是心的本體，如何而能心理合一？所以他必說「良知即是天理」，或「天理即是良知」。何以見得良知即是天理？因爲「良知是天理之昭明靈覺處」。此語若解釋爲天理如一房屋，良知乃此房屋之門戶；（易傳，乾坤其易之門戶耶）房屋須由門戶而通內外，天理須由良知而始得昭著，此固圓融無病。但與陽明良知即天理之意，不能無若干距離。與「知是心之本體」之意，亦不能無若干距離，因爲天理須待良知而始昭著，則知僅係心之一德。知是心之本體，則知乃心之全德。知係心之一德，則知以外之德，如仁義禮諸德，皆爲心所固有，可自心中流出。若知爲心之全德，則仁義禮諸德，均係由心之「知」所照射而出，不能與知，一起融和在心上。所以他以此諸德爲「表德」，這和象山之以此諸德爲「實德」，實可作一明顯之對照。如：「澄問，仁義禮智之名，因已發而有？曰然。澄曰，隱惻，羞惡，辭讓，是非，是性之表德耶？曰，仁義禮智，也只是表德」（傳習錄上）。仁義禮智爲表德，則陽明的心與理合一之心，只是知的自體冥合，只是知識之心。此一心的本身，實近於朱元晦而遠於孟子陸象山。如徐愛謂「近世格物之說，如以鏡照物，照上用功（按此乃朱的系統），不知鏡尚昏，何能照。先生（陽明）之格物，如磨鏡而使之明，磨上用功。明了後亦未嘗廢照」。（傳習錄上）。一在照上用功，一在磨上用功，其下力處固有本末之殊；而心爲明鏡之心，爲知識之心，則元晦與陽明，並無二致。元晦與陽明，在把握道德的主體性上，一則失之於遠，一則易流於虛，皆不若象山之直承孟子，現成結實而少流弊。黃梨洲下面的一段話，雖意在爲陽明疏解，實則亦露出此中消息。「乃後之（陽明以後）學者，測度想像，求見本體，只在知識上立家儅，以爲良知；則先生何不仍窮理格物之訓，先知後行，而必欲自爲一說耶」（同上）。若在知上立基，則站在儒家的立場，誠如梨洲所說，應走朱元晦向外窮理格物的一條路；其實，王陽明開始也正是走的這一條路。但因這一條路，在中國文化中係一條生路；朱元晦以一生堅苦之力，尙未走通；陽明天才橫溢，更沒有走這一條路的耐心，遂因格庭前之竹，格出病來，「

於是出入於二氏者久之」(以上皆見姚江學案)。據陽明自己說，他出入於二氏者實有三十年之久。如前所述，禪宗之心，與朱元晦之心，同爲明覺之心；所以陽明由朱元晦轉入二氏，在心的歷程上並無不同；只不過因此一轉而將向外窮理，「無所得入」(同上)之理，一齊從外面收歸心下，於是在「心即理」的這一點上，離開朱元晦而會於陸象山。三百年來，遂只稱「陸王」，而不復有人了解他和朱的脈絡。更無人了解他與象山，因入路不同，立足點不同，其在心與理的認證上並不完全一致。此種不一致，縱係只在毫釐之間，但其流衍之影響，實不可忽視。這種不同，在其先與陽明爲友，後來成爲他的學生的黃綰的晚年，也窺破了一點：如說「乾以易知，坤以簡能，象山常與門人言曰，吾知此理即乾，行此理即坤。知之在先，故曰乾知大始；行之在後，故曰坤作成物。近日朋友有爲象山言者，以爲知即是行，行即是知，以知行合爲一事而無先後，則失象山宗旨矣」。(明道編一頁)黃氏看出了兩人的不同，而不知其不同之根源，乃在二人所認定的心的性格有出入，因而所謂行也非一事了。

並且，如前所述，象山繼承「天命之謂性」的遺說，認爲人心之理，是由天命而來，「天之所以命我者不殊於天」(語錄)，因此，人之心與天地，乃共此一理。復其本心，即是顯發不殊於天之理，不與宇宙相限隔，而人即與「天地相似」。所以他說「宇宙即是吾心，吾心即是宇宙」，「滿心而發，充塞宇宙，無非此理」(語錄)，此皆係由心與天地共此一理而言。他既認心之理係由天地而來，自然要認「此理乃天地所固有」(與朱元晦辨太極圖說)。因此，他只說「心即理」，他決沒有說過「無心外之理。」因爲他不說無心外之理，則倫理之外，還可承認有物理；所以他意識到在立大本之外，還另有一套學問之存在(說見前)。王陽明則進一步說「心即理也。天下又有心外之事，心外之理乎？」(傳習錄上)。又謂「無心外之物」。(同上)又謂：「我的靈明，便是天地鬼神的主宰……。天地鬼神萬物，離却我的靈明，便沒有天地鬼神萬物了……。今看死的人，他這精靈游散了，他的天地萬物尚在何處」(傳習錄下)？又「先生遊南鎮，友指岩中花樹問曰：天下無心外之物，如此花樹，在深山中，自開自落，於我心亦何相關？先生云：爾未看此花時，此花與爾心同歸於寂；爾來看此花時，則此花顏色，一時明白起來，便知此花不在爾的心外」（傳習錄下）。由象山的「心即理」而到陽明的「無心外之理」，這與其說是一大演進，無寧說是一大轉變，把物理一起轉變而爲倫理，把客觀一起轉變而爲主觀。站在純倫理的立場，可以說此理是專屬於人的主觀的，人之外，無所謂倫理。而陽明之所謂「物」，亦只是倫理中之事，所以他說「意之所在爲物」，並不牽涉到純客觀存在之物。象山將此理平鋪於人與天地萬物之間，似乎依然有點夾雜；陽明對於象山，雖尊之而尚有微詞，原因或即在此。但象山的理，是包攝着身心家國許多實踐的「事」。事爲吾心所主宰，但亦須受客觀的限定；因此，當吾心的理在實踐而爲「事」的過程中，客觀的限定，與吾心互相連貫。則此時之理，儘管僅爲吾心所主宰，但亦不妨，主客相融，內外共此一理。象山將此理平鋪於主客之間，經事的媒介，依然是混融無間，並不夾雜；並且由此而可使吾人主觀之精神，落實於客觀之上，能向事上切實用力。傳習錄下有這樣的一條公案：「又問心即理之說，程子云，在物爲理，如何謂心即理？先生曰，在物爲理，在字上當添一心字，此心在物爲理」。若使象山斷此一公案，則將曰：「在物在心，同爲一理」。依我看，若不承認「在物爲理」，則心所關連到的事物的客觀的一面，將無確定之地位；於是吾人對於事物之用力，亦無確切之要求與意義。且即使完全站在倫理的觀點看，若不承認心與天地萬物同爲一理，則陽明之所謂「大人者天地萬物爲一體」，這種一體，只是人的片面恩惠；對於天地萬物之自身，或且不承認爲實有，如此，則所謂一體者，亦無確定之意義。或雖承認其爲實有，亦係毫無價値之實有，如此，則在一體之後面，亦可轉出一我慢之心。不僅狂禪之弊，由此而出；且無心外之理之心，獨往獨來，常易不感覺須受客觀之任何限定，遂與政治上獨裁者之精神，易相含混，於是良知之敎，或者可假借爲恣睢好惡，以爲違法亂紀之資。加之，因不承認有心外之理而不受客觀限定之良知，若不曾眞正經過一番「百死千難」工夫，人且將混同於原始生命力之衝動；此種衝動之渾沌性，且將冒瀆而假充為陽明之無善無惡。此在陽明本身，固不能負此咎；但在以義利之辨為總樞紐的象山，承認心與天地共此一理，則上焉者固可滿心而發；次焉者亦可因對客觀之制約感而不致中風狂走，其流弊自無王學之大。且因陽明認為無心外之理，無心外之事，故彼雖緊承心學的踐履精神而言「須在事上磨」（傳習錄上），但「事」「物」在陽明的思想中，祇認為是「意之所在」，於是他所謂「在事上磨」者，依然是從心意的本源上用力者多，在客觀對象上用力之意甚少。這與象山的「及物工夫」，實有天淵之別。如：

「鄭朝朔問，至善亦須有從事物上求者。……且如事親，如何而為溫凊之節，如何而為奉養之誼，須求個是當，方是至善，所以有學問思辨之功。先生曰，若祇是溫凊之節，奉養之誼，可一日二日講之而盡，用得甚學問思辨。惟於溫凊時，也祇要此心純乎天理之極……此則非有學問思辨之功，將不免於毫釐千里之謬」（傳習錄上）。

此在象山，固然須先有個孝養之心；但如何去溫凊奉養，以完成孝養之心，正須下一番工力，決不如陽明看得如此輕鬆。陽明家庭環境遠非象山可比，故對一事一物之安排，自無象山締造經營之親切感；然推之國家社會，則在事物上所須要之學問思辨者實將更感到其重要。象山在此點上之精神貫注，決非陽明可比，這在前面已略有敍述，可資比較。又：

「澄常問象山在人情事變上做工夫之說：先生曰……事變亦祇在人情裏，其要祇在致中和，致中和祇有謹獨」（傳習錄上）。

象山承認理貫穿於心之內外，故立其大本以後，正其端緒以後，還須向外用力；其所謂人情事變上做工夫，分明是指向外用力而言的。全謝山城南書院記以為槐堂論學之宗旨，以發明本心為入門而非其全力。正獻（袁燮，陸的學生）有言曰「學貴自得，心明則本立，是其入門也。入門以後，正須向外用力」。在心外之理，亦即在心內之理；故向外用力，亦即為盡吾心之理之量。但陽明謂無心外之理，則自然減輕向外用力之意義，於是將象山向外用力的意思，一轉而全爲向內的。陽明或者於此等處覺象山爲粗，實則此種「粗」，乃儒釋大防之所在。陽明常謂聖人與二氏之別，祗在秒忽之間，遠非象山界劃嚴明者可比(見後)。象山直承孟子，受禪之影響輕。陽明則由禪轉手而來之跡，宛然具在。彼係豪傑之士，固亦不以自諱。他的學生黃綰說「予昔年與海內一二君子講習，有以致知爲至極其良知，格物爲格其非心者。……以身心意知物，合爲一物，而通爲良知條理。格致誠正修，合爲一事，而通爲致良知工夫。……又令看六祖壇經，會其本來無物，不思善，不思惡，見本來面目：以爲合於良知之至極……予始未之信。既而信之，又久而驗之，方知空虛之弊，誤人非細：」（明道編一頁）。

以上僅就王學之究極點以論陸王的異同。但陽明既從心上轉回儒家，則其對人倫之綰帶密切，與夫知善知惡，爲善去惡的一大段工夫，與象山同其血脈精髓者正復不少。若更謹愼的說，此處所涉及的王學，也和前面所涉及的朱學一樣，或僅爲其一面或一端。若即以此爲概括了他們的全體，則我將感到自己內心的惶恐。尤其是中國的學問，其觀念常互相牽連：例如陽明提出知行合一之說，當時即與一般行爲之行的觀念相牽連。所以順着一條理論的線直追下去，總不能無遺漏之感。「曹溪一滴」，惟賴好學深思者之能識味而已。

九、象山與佛老

宋代理學，受老的影響小，受佛的影響大。所以象山敍當時的情形說「浮圖老氏之教，遂與儒學鼎列於天下；天下奔走而歸嚮者，蓋在彼而不在此也。愚民以禍福歸嚮之者則佛老等。以其道而收羅天下英傑者，則又不在老而在於佛」（全集卷二四策問）。周濂溪太極圖出於道家，然道家以此圖表鍊丹之術；周子則以此圖表宇宙生成之過程，由此以安設仁義之根據，故與道家原意並無關涉。太極圖第一句「無極而太極」之無極二字，雖出於老子，但朱子對此的解釋是「無形而有理」（據宋史周傳，朱子此一解釋，與周原意並不相合，那是另一問題）。老氏之意，「無極」衹是「無形」。經無形而「有理」的這一轉語，其精神便完全由老氏轉過來了。濂溪在此圖說上謂「聖人定之以中正仁義而主靜」，靜與道家有關，但中正仁義，則與道家無關。不過老氏「和光同塵」以「全身保命」之術，則在專制政體之下，很影響了士大夫之實際生活態度。象山對此說得非常清楚：「周歷之季，人私其身，士私其學，橫議蜂起，老氏以善成其私，長雄於百家，竊其遺意者猶皆逞於天下……大學不傳，古道榛塞，其來已久；隨世而就功名者，淵源又類出於老氏」（全集卷十九荆國王文公祠堂記）。所以象山與老氏，最爲緣遠。老氏言「無」，象山最惡言無。他說「老氏以無爲天地之始，……惟其所蔽在此，故其流爲任術數，爲無忌憚。此理乃宇宙之所固有，豈可言無。若以爲無，則君不君，臣不臣，父不父，子不子矣」（與朱元晦辯太極圖說第二書）。這裏也可以了解象山較之出入於「二氏」甚久，因而也承認仙家所說之虛無的陽明，在思想中實少此一因素，因之也少此一糾結。

× × × ×

宋代的所謂佛，即是佛教中的禪宗。禪宗把由印度所搬進來的大小經論，一脚踢開，專在自己的心性上立脚，這實在是由印度文化回歸向中國文化的產品。但它畢竟是承認印度的傳承，保持宗教的形式。由此作再轉進一步的工作的，始於唐代的韓愈李翶。韓愈特提出孟子、大學；李翶特提出中庸；因爲這三部書都言心言性，可以和禪宗所倡導的「明心見性」的風潮相抵抗。所以李翶曾說「性命之書雖存，學者不能明，故皆入於莊列老釋。不知者以爲夫子之徒，不足窮性命之道……。」由此可知站在中國文化的立場；並不能否認禪宗之言心言性；且欲與禪宗爭一日之長短，亦必自心性下手。既須自心性下手，則問題的對象相同，而禪宗對此問題經數百年之窮探力踐，其所得之成果，亦必無法加以抹煞。所以宋代理學，可謂是受了禪宗的啓發，幾無一人與禪無關，無一人不受禪之影響。這在前面已經提到。但這種關涉影響，也決無害於他們從禪宗中跳了出來，以樹立新的儒學。站在文化思想發展史的立場來看；人類某一眞精神，一經顯露，即非給繼起之文化以影響不可。所謂影響，乃指與新因素之相互關係而言。既有新因素，則繼起者自非故物。所以說宋儒是「陽儒陰釋」，這是不通之論。

禪宗所給與宋學之影響，第一爲涵養「工夫」。在中國過去亦稍有此意，如孟子之「養氣」，荀子之「治氣養心之術」；但將其明確化而形成學問之基礎，這分明是由印度瑜加，經過禪宗數百年之實踐而來。其次，孟子言心言性，大學言心，中庸言性，此一心性之學，爲章句之學所遮斷者幾及千年。若承認人同此心，而禪宗所明之心，並非虛誑，則在此心的原有位置上，自然與儒家有其默契會同之點。程伊川曾說，佛祇有敬以直內，但缺少義以方外；此即承認在心上之默契會同點。伊川是想在心與性之間分一層次，以與禪之心性合一者相區別，所以他說「性即理」。由此一區別而開闢出向外窮理致知的一條路。但如前所述，要由這一條路來啓發道德主體之心，便特別感到迂回曲折，此即象山之所謂「艱難其途徑」；因之，伊川有時也說「心即理」。而他的學生，依然常在儒佛之間徘徊。伊川歸自涪州，見學者多從佛學，嘆曰：「惟有楊(龜山)謝(上蔡)二君長進」。後來黃東發對此事說：「嗚呼！亦豈料……他日之從佛能動人者，正今日之楊謝耶」(黃氏日抄卷三十三)。由此可見要從禪宗完全轉出來的艱苦。但程學決非禪學，因爲他承認一客觀之理，所以他便於持敬之外，接上「致知」，持敬與致知結合在一起，則其歸宿決爲儒而非釋。朱子十六歲時，會「談一個昭昭靈靈的禪」。十九歲成進士的文章，便係綴揖與某一禪僧的談話而成。二十四歲見李延平，延平告以「理未嘗不一，此與異端(佛老)所同；所難者在分殊耳」。由此漸漸轉出，一生由「分殊」處致力，闢佛遠過於伊川；他比伊川將心與性分得更明顯。他說佛以作用爲性；蓋他常以知覺言心，又以情屬於心，而知覺與情，只是心的作用，不是理；理才是永恆不變的；因此，他常把心說成一個流轉之心，極少說心體；但他并不是不承認有「體」，在他是認爲體在性而不在心。若全不承認有一個永恆立極之體，則中國的文化精神便一齊垮掉，豈可因「神無方而易無體」之言，遂認中國學問中不能承認有「體」；且「神」與「易」即是體。但其內容自與西方的本體論不同，即中國一定在心上或性上說體。朱子愛以「虛靈明覺」說心，虛靈明覺四字，正是禪宗所常用的。他又認爲禪宗之「觀心」是以心觀心，是有二心，這也非常勉强。由周程一脈相承的「驗喜怒哀樂未發的氣象」，驗與被驗，到底是一是二？其實，禪在朱子一生的心目中，所佔的分量很重，所以闢之特力。他有許多話不敢徹底的說，因爲怕「近禪」。他對於人讀中庸孟子，皆存戒心；覺得孟子把道德說破了，不如論語之不說破。熊十力先生常謂，宋儒如不闢佛，則其成就將更大，此眞卓識卓見。

× × × ×

象山在當時，不僅朱門說他是禪，（但太極圖說辨論之前，朱子很少說象山是禪）當時的人大概有此印象的不少。如「先生言吳君玉自負明敏，至槐堂處五日，每舉書句爲問，隨其所問，解釋其疑。……再三嘆云，天下皆說先生是禪學，獨某見得先生是聖學」（語錄）。槐堂講學是早年的事。又「讀第二劄論道，（輪對共有五劄子）上曰，自秦漢而下，無人主知道；甚有自負之意。其說甚多說禪。答臣不敢奉詔。臣之道不如此。生聚教訓處便是道」（語錄）。按孝宗對禪，皈依頗篤，大約他誤以象山爲同調。象山自稱曾看過「楞嚴、圓覺、維摩等經」。而他的語錄中，「仰首攀南斗，翻身倚北辰，舉頭天外望，無我這般人」的一首詩，實係唐智通禪師「舉手攀南斗，迴身倚北辰。出頭天外見，誰是我般人」之詩；由此可以推想他是看了這一類語錄而平時喜歡讀此詩的。但這在當時是極尋常的事。他的家庭自其父親起，可說與佛的因緣最少。從他的全集看，從禪宗有意張大門戶，因而敍述許多與禪有關的士大夫的著作，如居士分燈錄，佛法金湯編，續燈存稿這一類的書看，他與禪宗的關涉，較之宋代其他大儒，可以說是少而又少。陳北溪答趙季仁書曰，「象山本得自光老（道光號佛照）」；凡儒者與禪僧來往，爲儒籍所不載者，上類禪籍皆載之。或稱過其實，以相標榜。獨無象山出自光老之記載。通觀北溪議論，殆係誣詆之辭。象山集中有贈僧允懷，是贊嘆他建藏修橋，精誠勤苦，希望士大夫能以此精神治家治國。其贈疏山益侍者，乃因疏山益侍者「出紙求余言甚力」，他只記一路所觀察的天文現象，不涉及宗門一語。對於其兄復齋鵝湖之會的詩「古聖相傳只此心」之句，覺得「微有未安」。這較之朱子誦佛經詩「了此無爲法，身心同晏如」者，似更爲謹愼。聞陳正已與劉淳叟有疏山之行，與書責之曰「雖儒者好闢佛氏，絕不與交談，亦未爲全是。……第不知其與棲棲乞憐其門者，其優劣又何如耶？」在象山文集中，皆以義利之辨爲中心，幾無一禪語。朱子謂其輪對劄子「未曾撥着向上一路」，彼殊不以有向上一路爲然。他曾譏朱子「不屬有無，不落方體，迥出常情，超出方外」等語，「莫是曾學禪宗所得如此」（與朱元晦）。其語錄乃集七人所錄而成。傅子雲（季魯）所錄者，與文集之精神最相吻合。以包顯道所記者多禪語，詹阜民所記者亦頗有禪之意味。劉後村謂包氏好談禪；其所記不能謂之假托，殆亦記其性之所近。蓋如前所述，在心性上立脚，任何人固不能與禪全無關涉。惟在根源處稍有輕重之殊，在流衍上遂有渺隔山河之感，此乃學者所當明察。

然當時多說他是禪學，大約有下述幾個原因：第一、他認爲「心即理」，在心上落脚，不認心與性有何分別，此似與禪之明心見性相同。朱元晦謂「上蔡云，佛所謂性，正聖人所謂心。佛所謂心，正聖人所謂意。心只是該得這理；佛氏元不曾認得這理一節，便認知覺運動做性」。蓋禪宗亦心性不別。第二、他教人要先由辨志以立其大本，不主張由語言文字及形式入手，此與禪宗之不立文字，直指人心相似。第三、要由辨志以先立其大本，則敎導人須先從辨心術下手，即所謂「識病」。心病是由於被利欲意見等所裹脅遮斷而來；要治心病，便須把裹脅着心的利欲意見打掉，即所謂「剝落」。要剝落，不免須要些與禪宗擎拳豎拂相類的「手勢」。他說，「與朋友切磋，貴乎中的，不貴泛說，亦須有手勢」（語錄）。如語錄中記「臨川一學者，初見問每日如何觀書，學者曰，守規矩。忽呵之曰，陋說……」一段，即其一例。學者挾其利欲意見之私而來，教者首以「手勢」將所挾者打揮，所以象山說「這裏是刀鋸鼎鑊的學問」（語錄）。此與禪宗「聞塗毒鼓，喪身失命」的教人方法相似。第四、象山是豪傑之士，平生不好作儒釋之辨。（與王順伯書㈢「儒釋之辨，某平時亦少所與論者。」）他看到當時「之攻異端者，但以其名攻之，初不知自家……在他下面，如何得他服你。須是先理會了我底是，得有以使之服方可」（語錄）。傅子雲謂「世排異端，惟名是泥；而吾先生，即同辨異」（祭文）。由此可知象山對於與禪之同者，即承認其同；而不拘於名跡之辨。他在象山講學，即自稱其所居爲「方丈」而不避嫌。第五、他常說孔子之所謂「攻乎異端」的異端，並非指的佛老。他認爲「若此理不明，私有頭緒，即是異端，何祗佛老」（全集卷十五與陶贊仲㈡）。這無異於罵朱子乃及其他不由辨志入手之人爲異端，此不僅引起當時之反感，且無形中容易被人誤會這是袒護佛老。

不過，象山在其根本的立脚點，斷然與禪不同，故其精神即與禪全異。所以他雖承認有與禪相同之點，但決不像王順伯等樣，作三教調和之論。他說「諸子百家，說得世人之病好。只是他立處未是。佛老亦然」（語錄）。說得病好，則治病之方，亦多可取；尤其是象山之所謂病是利欲，意見，私智，有如禪之所謂「貪嗔癡三毒」，必將這些東西剝落盡淨。但站在什麼立場說這些是病，站在什麼立場要治這些病，此即所謂「立處」。象山儒釋之辨，是從這「立處」下手，所以他說：

「某嘗以義利二字判儒釋，又曰公私，其實即義利也。儒者以人生天地間，靈於萬物，貴於萬物，與天地並爲三極。天有天道，地有地道，人有人道。……人有五官，官有五事；於是有是非得失，於是有教有學。其教之所從立者如此，故曰義曰公。釋氏以人生天地間，有死生，有輪回，有煩惱，以爲甚苦，而求所以免之。其有得道明悟者，則知本無生死……故其言曰生死事大。……其教之所從立者如此，故曰利曰私。惟義惟公，故經世。惟利惟私，故出世。儒者雖至於無聲無臭，無方無體，皆主於經世。釋氏雖盡未來際普渡之，皆主於出世」（全集卷十一與王順伯）。

儒者之無聲無臭，無方無體，當與佛之境界同。但不可以此之同，便如王順伯之流，謂儒佛同。他與傅聖謨書謂「大抵學者自當論志，不必辨論所到」，「志」是「立處」，「所到」即是到達的境界。由此我們可以了解義利之辨，實貫穿於象山思想之一切。由義利之辨，向內探索進去，其所顯出者必爲道德之心。此道德之心，較朱子「虛靈明覺」之心，爲更是儒家的。熊十力先生曾說：「程朱猶近於佛，陸王反合於儒，此前儒所不審耳」（十力語要卷二與周開慶）。當是從這種地方立論的。（但陸王的區別，熊先生似亦未詳論）。由義利之辨，向外發展出來，其所成就應爲「舉而措之天下之民，謂之事業」（象山常引用此易傳語）。所以孟子的民本思想，中絕者千餘年，僅象山能完全擔當。象山內外兼管，恰到好處。其學生惟傅子雲最能了解他。楊慈湖輩則向內的傾向比較重；然象山門下，無流入狂放一途者，此正可證明象山係眞正代表儒家基本精神，故其思想之流弊爲最少。

十、象山的政治思想

象山義利之辨，即爲民爲己之辨。他說：『大抵今時士大夫議論，先看他所主。有主民而議論者，有主身而議論者。邪正君子小人，於此可以決矣』。（全集卷七與陳倅）這是義利之辨的最明白的解釋。所以他的學術思想，是以對國家人民直接負責爲出發點。因此，他對於政治，當然是採取積極的態度。敕局的删定官，是一個閒官，他前後在那裏四年，深感無事可做。與尤延之書謂『吾今終日區區，豈不願少自効。……職事間又無可修舉。覩見弊病，又皆須自上面理會下來方得。在此但望輪對可以稍展胸臆，對班尚在後年，鬱鬱度日而已。』親朋勸他應當早退，他說：『往時面對，粗陳大義，明主不以爲非。思欲再望淸光，少自竭盡。』（年譜）及距第二次輪對五日，當政的怕他講直話受不了，便調爲將作监丞，旋又周主管台州崇道觀，遂歸，在象山講學。與王子淵書謂『寬恩俾祠，歸伏田畝。……舞雩詠歸，不敢多遜。然此心之靈，此理之明，周嫠之憂，益所不能忘。』由此可知其憂時之切。

民主政治的精神基礎，是人格的尊嚴。人格的尊嚴，係來自人性的自覺；人性自覺，是儒家學說的中心，至孟子而特爲深透，故孟子有民爲貴，社稷次之，君爲輕的主張，爲我國民主思想之先導。但孟子生於七雄並立之世，知識份子所受的政治壓力較輕，浮出民貴君輕之思想亦較易。自秦完成專制的大一統後，漢人爲適應此專制一統的要求，創爲『三綱』之說，摻雜到儒家思想中去，於是『君爲臣綱』的政治的『綱』，捆綁着每一知識分子的精神，此後只有愛民的思想，再無一人敢有民貴君輕的想法；而孟子在千年之間，亦實同湮沒。韓愈受禪宗談心性的激刺，重新提出孟子，直至宋儒而孟子與論語並列。象山則更以上承千五百年孟子之傳自任，倡導『心即理』的學說。象山認爲理是人與天地之所同有，人能信得自己的心即理，即可信得自己能與『天地相似』；這是人格的高度完成，也是人格尊嚴的高度表現。象山常常以誘導人自覺其人格之尊嚴爲敎人之方法。語錄上此類的話最多。如說『學者須是宏毅。小家相底人得人憎。小者他起你亦起，他看你亦看』。『此是大丈夫事。么麽小家相者，不足以承當』。『大世界不享，却要占小蹊小徑子。大人不做，却要爲小兒態。可惜』。『上是天，下是地，人居其間，須是做得人，方不枉了』。『要當軒昂奮發，莫恁地沉埋在卑陋凡下處』。『自得，自成，自道，不倚師友載籍』等皆是。眞正有了人格尊嚴的自覺，而此自覺所憑依的內容是『心即理』，則由此而轉到政治問題上去，自然只見每一『生命單位』，同爲頂天立地的存在，而不能容許一二專制之夫，恣肆於羣生之上；自然一切皆以理爲依歸，而不能承認由專制政治所培養出來的精神枷鎖。於是象山政治思想的第一義，是在發揮孟子民貴君輕之說，以重正君臣的『職分』。并發揮合理的精神，以掃蕩千餘年來作爲政治精神枷鎖的所謂『名分』。這不僅在當時是一大革命，即在獨裁自喜，宦妾爭妍的今日世界中，依然要使良心尚未全黑的人，慚愧汗下。

他首先認定政治組織，一切是爲了人民。『天生民而立之君，使司牧之，張官置吏，所以爲民也。民爲大，社稷次之，君爲輕。民爲邦本，得乎丘民爲天子，此大義正理也』(全集卷五與徐子宜(二))政治上的罪惡，主要是來自爲人君的頭腦發昏，以爲天下是他的家當，他是覆壓於羣生之上的最偉大之人；這便完全失掉了人君所以存在的立場；所以他說『後世人主不知學，人欲橫流，安知大位非人君所可得而私』(語錄)。『自周衰以來，人主之職分不明。……孟子曰，民爲貴，社稷次之，君爲輕，此却知人主職分』(語錄)。人主失掉了職分，他覺得乾脆應當把它去掉。中國之所謂革命，就是指去掉這種『不知人主職分』的獨夫而言，決不是指由這種獨夫來革人民社會的命。所以語錄上記載着一段很有趣的故事：『松(嚴松，他的學生)常問梭山云，孟子說諸侯以王道……後世疑孟子敎諸侯篡奪之罪。梭山云，民爲貴，社稷次之，君爲輕。先生再三稱嘆曰，家兄平日無此議論。良久又曰，曠古以來，無此議論。松曰，伯夷不見此理。先生亦云。松又曰，武王見得此理。先生又曰，伏羲以來，皆見此理』。由他們兄弟師弟之間的這種私下議論，可以窺見在他們胸中所蘊藏的政治見解是什麼。所以他說『湯放桀，武王伐紂，即民爲貴，社稷次之，君爲輕之義。孔子作春秋之言亦如此』(語錄)。『成湯放桀於南巢，惟有慚德……此是湯之過也』(語錄)。以革命的手段來去掉專制獨裁之夫，以達到民爲貴的目的，在他認爲是天經地義，所以覺得湯不應當有慚德。

× × × ×

中國歷史中爲暴君汚吏張目的，乃是所謂上下『名分』之說。覺得是非不在理而在上下的名分，以下對上的服從，代替客觀是非的標準。象山對這種爲虎作倀的『名分』，眞是深惡痛恨。

『來示所謂犯名分之語，甚未當理！名分之說，自先儒尚未能窮究，某素欲著論以明之。流及近世，爲弊益甚。至有郡守貪墨庸繆，爲厲民之事，縣令以義理爭之，郡守輒以犯名分劾令。朝廷肉食者不能明辨其事，令竟以罪去，此何理也？理之所在，匹夫不可犯也！犯理之人，雖窮富極貴，世莫能難，當受春秋之誅矣！當此道不明不行之時，羣小席勢以從事，亦何常不假諸道理以爲說。顧不知彼之所言道理者，皆非道理也』（全集卷十二與劉伯協㈡）。

『窮富極貴』，當然指的是人君。所謂『席勢以從事』，是指黑了良心的人，以各種方法造成刼持之勢，使人民搭上了强盜船以後，莫可如何，然後來一套符咒，使大家承認他是黑心寨的寨主。此種符咒，在過去是『名分』，在近代是極權主義式的所謂革命。鏟盡古今中外，人之所以異於禽獸的一切堤坊，以成就一己權利之私，殆無不藉口於名分或革命。象山却認爲去掉專制獨夫，才是眞正儒家的『正名』之義。他說：

『惟器與名，不可以假人，只當說繁纓非諸侯所當用，不可以此與人。左氏也說差却名了，是非孔子之言。如孟子謂聞誅一夫紂矣，乃是正名。孔子於蒯聵輒之事，乃是正名。至於溫公謂名者何？諸侯卿大夫是也，則失之矣』（語錄）。

象山認爲政治的器與名，任何人都可以取得，只要合於民爲貴之理。朧統說一句『不可以假人』，將以成就後來獨夫專制之私，所以象山覺得這不是孔子的話。

象山對於人君的職分，已經與以明白的規定。對於在專制之下，陷於卑微苟賤的人臣，他也要求能夠堂堂正正的站了起來，像一個人臣的樣子。他再三說設官是爲了民而不是爲了君，所以官吏是人民的僕人，而不是人君的僕人。官吏是要聽人民的話，把人民的話轉達給人君。而不是要聽人君的話，拿着人君的話去唬嚇人民。因此，在象山心目中的君與臣，只不過是分工合作的關係，大家站在自己的崗位上，堂堂正正的各做各的事，更無所謂『聖德如天，皇恩浩蕩』。『天王明聖，臣罪當誅』的那一套。宋代以王安石變法爲中心的黨爭，因爲程伊川是站在司馬光的那一邊，所以在伊川學統中，王安石一直是居於被詛咒的地位。象山作『荆國王文公祠堂記』，自謂斷定了當代一大疑案。他的伸張王安石，約有三端：第一、是因爲士大夫『隨世而就功名』，陰柔圓滑，只成就一己之私，孟子『言必稱堯舜』（即是平天下之意）的士人對國家社會的責任感，久已湮沒；獨王氏有致君堯舜的大抱負，大責任心，這是公，是義。第二、他雖認爲王氏變法，有點本末倒置（見後），但他根本是肯定法總是要變的。第三、他讚嘆王氏在專制政治之下，獨能知君臣的大義。在上述記文中說：『裕陵（神宗）之得公（安石），問唐太宗何如主？公對曰，陛下當以堯舜爲法。裕陵曰，卿可謂責難於君。然朕自視眇然，卿宜悉意輔朕。君臣議論，未嘗不以堯舜相期。及至委之以政，則曰，有以助朕，勿惜盡言。又曰，須督責朕使大有爲。……秦漢而下，南面之君，亦嘗有知斯義者乎。後之好議論者之聞斯言也，亦嘗隱之於心，以揆斯志乎。曾魯公曰，聖知如此（言神宗對安石之知遇），安石殺身以報，亦其宜也。公（安石）曰，君臣相與，各欲致其義耳。爲君則欲自盡君道，爲臣則欲自盡臣道，非相爲賜也。秦漢而下，當塗之士，亦嘗有知斯義者乎。後之好議論者之聞斯言也。亦嘗隱之於心，以揆斯志乎』。這是說明君臣之間，不應該有『知遇之感』的這類卑鄙的觀念。

這幾年常常有關心我的朋友向我說：『你的意見是對的，但最好是不公開發表，只向私人寫信』。又常聽到人說：『某公近來的局量很好，有意見只要當面向他說，而不向外發表，他還可以聽得下去。』目前中國的政治，大體是進步到這種階段。但在八百年以前的象山的看法則是：

『三代盛時，言論行事，洞然無彼此之間。至其叔末德衰，然後有「爾有嘉謀嘉猷，入告爾后於內，爾乃順之於外曰，斯謀斯猷，惟我后之德」。前輩之論，以爲成王卒爲中才之主，以流言疑周公，難以言智。自此而降，周德不競矣。入告出順之言，（在人君面前講點直話，在外面則一味恭維，謂之入告出順）德不競之驗也。後世儒者之論，不足以著大公，昭至信，適足以附人之私，增人陷溺耳（全集卷十七與致政兄）。

象山認爲談政治問題，不是談人家的家事；談政治問題的人，不是爲了當人家的家奴；所以應該堂堂正正的公開的談。『入告出順』，使人君裝腔作勢，極其量，也不過是專制時代的『中材之主』；

而實際則只會以人臣的卑屈，養成人主狂悖之私，求爲中主而不可得。人君的獨裁專制，也是人臣阿諛逢迎促成的，所以象山說這是「增人陷溺」。而當時朱元晦的奏劄，曾抄寫給象山看；象山的奏劄，也抄寫給朱元晦看；可見他們對政治的意見，是實行公開的。假定他們生於今日，一定站在十字街頭，將其政治意見，求證於國人，而決不會僅採取竊竊私語的方式。他們之所以如此，除了認定政治非一人一家之事，應與天下共之的基本觀點以外，還有他們一致都主張，每一個人都應該是堂堂正正的人；做了官，依然是人；做了官而變爲鬼鬼祟祟的『不是人』，這在理論上是說不通的。至於「入」（在人君面前）則更加倍的恭順，出外則偷偷發點牢騷，這在朱陸的心目中，更不成其爲人了。

其次，他對於君道，可歸納爲下列幾點：

第一、他和孟子一樣，主張先格君心之非。『君心未格，則一郡黜，一郡登；一弊去，一弊興。如循環然，何可窮也。』（全集卷十與李成之）君心在過去是政治的總發動機。發動機壞了，當然一切談不上。所以朱元晦在政治上也第一主張人君應正心誠意。

第二、人君要能知人，而知人的要點則在於人君有知識。他說：『人之知識，若登梯然。進一級，則所見愈廣。上者能兼下之所見，下者必不能如上之所見』（仝上卷十八輪對劄子㊂）。他以桓公之用管仲，漢高祖之用韓信，孫權之用陸遜，劉備之用諸葛亮，爲知人的實例（同上）。因爲從古今中外的歷史看，在侍從之臣中打圈子，這是最沒有出息的事，決無知人之可言。上述四例，都是用仇用疏的例子。能用仇用疏，才算得能知人。何以敢用仇用疏？因爲有知識，看得通，看得透，所以能有胸襟氣魄。假定人君自己的知識有了問題，如象山所說的，『若猶屈鳳翼於鷄鶩之群，日與瑣瑣者共事，信其俗耳庸目，以是非古今，臧否人物，則非臣之所敢知也』（同上）。『後世人君，亦未嘗不欲辨君子小人。然卒以君子爲小人，以小人爲君子者，寸寸而度、銖銖而稱之過也』（與致政兄）。庸耳俗目，只知看儀表，聽小話。要這種人能知人，好像教一位剛學畫的學生來主持美術展覽，選出的東西當然不問可知。『寸寸而度，銖銖而稱』，大概指的是注重儀表整潔，口齒伶俐之類的知人術。

第三、人君只要動機好，（把不可告人之隱的『非』格掉）不可多管事。『今天下米鹽靡密之務，往往皆上累宸聽。……荀卿曰，主好要(要領)，則百事詳。主好詳，則百事荒。臣觀今日之事，有宜責之令者，令則曰我不得自行其事。有宜責之守者，守亦曰我不得自行其事。推而上之，莫不皆然。文移回復，互相牽制。其說曰所以防私，而行私者亦藉是以藏奸伏慝，使人不可至詰；惟盡忠竭力之人，欲舉其職，則苦於隔絕而不得以遂志。……臣謂必深懲此失，然後能遂求道（大經大法）之志，致知人之明。陛下雖垂拱無爲，而百事詳矣』（輪對劄子㈤）。這裏所說的，即是今人鬧不清楚的「分層負責制」。

× × × ×

變法，是宋代政治上的一大公案。象山對此的態度是：應先定大的趨向，再一步一步的來改變法度。所謂定趨向，有如今日到底是走民主的路？或走極權的路？這是應當先決定，而且可立刻決定於念慮之間的。趨向定後，才可在此趨向之下去變法。他說：『天下之事，有可立至者，有當馴至者。……定趨向，立規模，不待悠久，此則謂可立至者。至於救宿弊之風俗，正久墮之法度，雖大舜周公復生，亦不能一旦盡其意。惟其趨向既定，規模既立，徐圖漸治，磨以歲月，乃可望其丕變。……凡事不合天理，不當人心者，必害天下，……(言弊法之應變)然或智不燭理，量不容物，一旦不勝其忿，驟爲變更，其禍敗往往甚於前。日後之懲之者，乃謂無變更之理，眞所謂因噎廢食者也』（輪對劄子㈣）。他在這裏批評了王安石，也批判了反對王安石的一般人。又他在上述祠堂記中，批評王安石說：『勉其君以法堯舜，是也。謂事當以爲法，此豈足以法堯舜者乎』。他這裏有兩種意思，第一是當法古人之心，而不必法古人之法。第二是『人者政之本也，身者人之本也，心者身之本也。不造其本，而從事其末，則末不可得而治矣。』（同上）安石主要的失敗，在於他所用非人。門象山的意思，還是心理建設第一。這在人民沒有控制政治力量的社會，負政治責任者的動機（心）當然是決定的因素。學盡古今中外的制度，以成就一己之私，不僅制度的本身因此失靈，並且每一制度皆變質而成爲有毒的因素，這是鐵的事實。民主制度，是人民控制統治者的制度。此種制度之建立，即所以控制統治者的動機，所以自私的統治者對於這種制度，總是逃避畏懼，決不敢眞正的將其建立起來。因此，民主制度是本而不是末。在民主制度未建立起來以前的所謂制度，其作用都決定於統治者的心的黑和白，都可適用象山所提出的論點。

象山對於當時政治的具體主張，本來他預定在第二次輪對時進一步的提出，可惜他終於未得到此一機會。現在就其全集中，大概可以歸納爲兩點：一是復仇，一是整頓當時的吏治。

象山少時聞長上道靖康間事（徽欽被金人捉走的事），乃剪去指爪學弓馬。在敕局的閒曹時，特講究武略，訪求智勇之士，與之商榷，益知武事利病形勢要害。將家子李雲因得他的教誨，才沒有去打刼起事，後來爲國家在軍事上出力。在荆州時，也特別奬勵這一方面的人才(以上皆見行狀年譜)。他在國學時，主要是講春秋。現在從他所遺留的不完全的講義看，一是講明『君者所以爲民』之義，更主要的是講明聖人貴中國，賤夷狄的道理。語錄上有一段說『午間一人問虜（金）使善兩國講和。先生因讚嘆不用兵，全得幾多生靈是好。然吾人皆士人，曾讀春秋，知中國夷狄之辨。二聖（徽宗欽宗）之仇，豈可不復；所欲有甚於生，所惡有甚於死。今吾人高居無事，優游以食，亦爲可恥。乃懷安，非懷義也』。他深嘆千年間對華夷之辨不明。『子雲（楊雄）之太玄，錯亂蓍卦，乖逆陰陽，所謂君不君，臣不臣，父不父，子不子。由漢以來，胡虜强盛，以至於今，尙未反正。而世之儒者猶依玄以言易，至可嘆也』（全集卷十五與吳斗南）。他想爲易與春秋重作傳註，因早卒未果；

其目的，便是想藉此以正君臣的職分與華夷之辨。他輪對第一劄子，首論復仇，這與朱元晦上孝宗封事的精神完全一致。他在第一劄子中說：『版圖未歸，讎恥未復，生聚教訓之實，可爲寒心。執事者方雍雍于于，以文書期會之隙，與造請乞憐之人，俯仰酬酢而不倦。道雨暘時若，有詠頌太平之意，臣竊惑之』。

宋代重內輕外，吏治廢弛。最嚴重的就是地方政治的實權，都操在胥吏（當時亦稱『吏人』或『公人』）手上，把一切朝廷的政令都隔斷了，人民一任胥吏與豪民之蹂躪，即良吏亦無可如何。象山說：『公人世界，其來久矣。而尤熾於今日。公人之所以得志，本在官人不才。十數年來，公人之化大行，官人皆受其陶冶。沉涵浸漬，靡然一律』（仝上卷五與徐子宜㈡）。所以象山對於吏治，第一是要去胥吏之害。但胥吏何以得勢，因爲案卷（簿書）在他們手上，一切的情形祇有他們知道，而做官吏的反不知道，並且想方法使官吏不知道。『官人常欲知事實，吏人常不欲官人之知事實』（仝上卷八與趙推）。象山欲去胥吏之害，首在於官吏能知事實，所以他說：『弊之難去者，多在簿書名數之間。此姦貪寢食出沒之處，而吾人之所疏者。比嘗考究此等，頗得其方。蓋事節甚多，難以泛考，要須於一事精熟，得其要領，則其他有緣通類擧之理』（仝上卷五與趙子直）。又說：『大抵不知節目名數之詳，鮮有不爲其所欺者。……世儒恥及簿書，獨不思伯禹作貢成賦，周公制國用，孔子會計當，洪範八政首食貨，孟子言王政亦先制民產，正經界，果皆可恥乎？』又說：『簿書整齊明白，吏無所容奸，則奸民懼而奸事理，良民下戶畏事之人，不復被擾矣』（同上）。

象山之所謂『須於一事精熟』，主要係財賦問題，其次是獄訟問題。他說：『爲守宰者固不可以托催科政拙之言，而置賦稅之事，一切不理。易曰，理財正辭（正獄訟之辭），禁民爲非，曰義。必指簿書期會爲非吾所當務，此乃腐儒鄙生不聞大道，妄爲繆悠之說，以自蓋其無能者之言也。今簿書不理，爲長吏者難於稽考，吏胥與奸民爲市，使長吏無窺其蹤迹，此所當深思精考，覈其本末，求其要領，乃所謂理財正辭，禁民爲非者也』（同上）。又說：『賁象亦曰，君子以明庶政，無敢折獄。賁乃山下有火，火爲至明，然猶言無敢折獄，此事正是學者用工處』（全集卷八與趙推）。他在幾封書扎中，與人談田賦等問題，莫不原原本本，將其利弊之所在與其所由來，說得委曲盡致。（如與張春卿論輸納，與宋漕論金谿輸納，與蘇宰論括民屯戶等。）可知他實在是對自己所說的下過一番工夫。

其次，爲了整頓這些奸吏，他反對當時以弛廢包庇爲寬仁的風氣。他主張爲政要論是非，不應在寬嚴上去論長短。對於猾吏奸民，他是主張依理嚴辦的。朱元晦在南康時，也是痛抑猾吏，力排弛廢，當時許多人批評他失之於嚴。象山獨爲其抱不平稱，『元晦在南康，大節甚偉』。他對於當時吏治的實況說：『縣邑之間，貪饕矯虔之吏，方且用吾君禁非懲惡之具，以逞私濟欲，置民囹圄，械繫鞭箠之間，殘其支體，竭其膏血，頭會箕歛（收賦稅時的剋扣方法），搥骨瀝髓，與奸胥猾徒厭飫咆哮其上。……上之人或浸淫聞其髣髴，欲加究治，則又有庸鄙淺陋，明不燭理，志不守正之人，爲之緩頰，敷陳仁愛寬厚有體之說，以杜吾窮治之意。百里之宰，眞承宣撫字之地，乃復轉而爲豺狼蝎蟲之區，日以益甚，不可驅除，豈不痛哉』（全集卷五與辛幼安）。他又曾與梅守書，詳論猾吏豪家之害，及爲治貴能去惡揚善之義。左傳「去惡務盡」的話，是他所常引用的。但他與今日之論寬嚴者相反；他是嚴於官吏而寬於人民；並不是主張嚴於人民而寬於官吏。這一點是應當弄清楚的。

此外，他對於社會的問題也很重視。梭山居家之法，在隨貲產之多寡，制用度之豐儉，而常使其稍有餘，這與朱元晦社倉的用意正合。所以他在敕局看到朱對社倉的建議，『與同官咨嘆者累日』（全集卷一與趙監）。他在這封信裏，特提到『道外無事，事外無道』。這類有益於民生之『事』，在他看來，即是身心性命。他與陳教授兩書，都是討論社倉應兼置平糴倉的問題。在一個農業社會裏，財、獄、食三大問題解決了，吏治的問題也就解決了。

大概象山對當時政治上疲滞玩愒，一無作爲的情形，非常憤慨。本他一貫的要知道輕重本末，而不以形跡去繩墨人的觀點，所以在事功方面對人的尺度，比朱元晦要放寬得多。朱元晦不喜歡講事功的陳同甫，他對陳同甫的文章却很欣賞，很想和他見面（見呂伯恭與陳同甫書）。我在前面已經說過『事』在象山面前的分量比在朱元晦面前的分量重。朱說：『古來無不曉事的聖賢』，『曉』的意思是了解，所以元晦一生上下求索的是在求了解，即是所謂『即物窮理』。象山則站在身心家國天下的這種『實事』的立場，要求其能『有用』。了解的東西，不一定是有用的東西，所以他的重點不放在朱元晦求了解的態度上。朱子對邵堯夫很傾倒，因爲堯夫有一套知識的構造（皇極經世）擺在那裏，不管在現在看來，其知識是否是眞的。象山則乾脆說：『堯夫只是個閑道人，聖人之道有用，無用便非聖人之道』（語錄）。他常與樞密使王謙仲語及『孟子闢土地，充府庫一段。因云，方今正在求此輩而不可得，謙仲爲之色變』。因爲孟子說這種人是民賊，當時的人不管孟子說話的對象是甚麽，也隨着認爲是民賊。所以謙仲一聽到象山稱讚這種人，連臉也嚇變了。但在南宋，正需要這種事功上有用之人。『他又議柳子厚棒土揭木，而致之廟堂之上，蒙以絨冕，翼之徒隸，而趨走其左右，豈有補萬世之勞苦哉。聖人之道，無益於世，凡以此也。謙仲默然』。科舉制度下所養成的士人，口稱聖賢，但都是絕無靈魂而徒有軀殼的木偶，根本無所謂無益於世的觀念，所以謙仲聽了說不出話來。『先生常云，當時諸公見上下相安，內外無事，便爲太平氣象。獨鄭溥之有一語極好，而今只要爲（向）虜人借路登泰山（封禪頌功德）云耳』（以上皆見年譜）。他死的前一月，告訴他的姐姐（女兄）說：『先教授兄（復齋）有志天下，竟不得施』，蓋亦以自道。槐堂學案中諸人，居官皆有以自立，決非偶然。

× × × ×

象山在淳熙十六年（五十一歲）時，奉知荊門軍之詔，到紹熙二年（五十三歲）七月四日才赴任，九月三日到荊門，紹熙三年（五十三歲）十二月十四日便死去了。在郡凡十六月。他以講學的態度來做官，延見僚屬如朋友，每日同官稟事，辨爭利害於前，他默聽其是非，加以讚嘆，以養其殉公之意。這在今日即是所謂民主風度，民主作風。教民如子弟，雖賤隸走卒，亦諭以義理。下情盡達無壅，郡境之內，官吏之貪廉，民俗之習尚，忠良材武，與猾吏強暴，皆得於無事之日（上皆見行狀）。

他在荆門的建樹具體可述者略如下：

一、整理簿書：『嚮來郡中公案，只容收軍資庫……元無成規，殆為虛說（疑說為設字之訛）。近方令諸案就軍資庫，各檢尋本案文字，收附架閣庫，存亡登諸其籍，庶有稽考』（全集卷十七與張監）。

二、新築城：『荆門素無城壁，先生以為此自古戰爭之場，今為次邊……而倉廩府庫之地，麋鹿可至，累議欲修子城，憚重費不敢輕舉。先生召集義勇，優給傭值，躬自勸督……纔費緡銀三萬（初設計預計須二十萬）。初，習俗偷惰，人以執役為恥，吏惟好衣閑視。至是此風一變，督役官吏布衣，雜役夫佐力』（見年譜）。

三、整理財稅：荆州連歲困於迎送，藏庫空竭，調度倚辦商稅，手續煩苛，而門吏取賄，商多由僻途，收入日減。象山罷去各種煩苛手續，並減少稅率，逃稅之風既絕，稅收增倍。酒課亦如之。荆門原來用銅錢，後因近邊改用鐵錢，但輸納還是要用銅錢，人民受無謂的麻煩和損失；象山請仍舊收納鐵錢（以上見行狀）。

四、整理武備：湖北諸郡軍士多逃徙，視官府如傳舍，緩急無可使。象山乃信捕獲之賞，重奔竄之刑。又數閱射，中者受賞，役之加傭值，無饑寒之憂。相與悉心弓矢，逸者絕少。他日兵官按閱，獨荆門整習，他郡所無。郡民平日亦可參與按射，中亦同賞（同上）。

五、重視治安：保伍之制，州縣以非急務，多不檢覈，盜賊匿藏其間，近邊尤以為患，象山「始至即修煙火保伍，盜賊之多少賴其力。近忽有刦盜九人……遲明為煙火隊所捕。……義勇之外，煙火隊令亦可恃』（全集卷十七與鄧文範）。

此外興學校，勸耕稼，置醫院官等，皆簡易有效。『政教並流，士民化服』（朱元晦來書）。時相周必大謂『荆門之政，可以驗躬行之效』。

象山的作爲，是從「本心」的發用流露出來；本心是道德之心；由本心流露出來的作爲，亦即是道德自身的建構。此與普通之功利主義，有其本質上之分別。並且因平時本心之『信得及』，可以破除由善惡對立觀念而來之心理底艱苦性，及由此艱苦性所發生之對於行爲之拘束力；因此，象山之心學，一面爲個人國家社會之融合點；一面爲人對國家社會事業負責之一種生命力的解放，使人眞能感到「滿心而發，充塞宇宙」之生命力量的偉大。然在專制政治下之社會，人對「事」之建構，常受客觀上之極大限制，而缺乏個人之主動性。於是此被解放之生命力，常不能向外盡量伸展，而只得由迴光返照，在其本心之原有位置，建設一精神之王國，以安頓溶解自己之生命力量；至此而心學與禪宗之境界，自然有一會合之點；而象山學術之事業精神，亦常隱而不見，以走向楊慈湖一路，此亦爲客觀情勢之所不得已。然此並無害於道德主體性之自我完成。亦即無害於人格之圓滿實現；於是宗門古德，以及心學大師，雖一若無用於世；而其圓滿之人格，固爲人類之鉅靈慧日，照徹於利欲攘奪之陰霾世界，以顯露其本心，以恢復和平之生活；則向外事業之成就，實僅爲心學之一面。近代實存主義，立於人的實存之上，或走向社會，或走向上帝，但亦可走向人類野性之解放。禪宗墮落下來，亦常流於狂禪。但以義利之辨爲總樞紐的心學，則只會走向上帝，或走向社會，決不能有野性之解放與狂禪之流弊。在象山個人，則走向社會之意味較多。陸學之所以最足以表現中國文化之基本精神而有其獨立之地位者在此。

中庸的地位問題

—謹就正于錢賓四先生—

民主評論六卷十六期，刊有錢先生「中庸新義」（以後省稱新義）一文，謂中庸易傳，係「滙通老莊孔孟」。但我讀後發現錢先生乃以莊子的一部份思想，來解釋全部中庸；在此一解釋中，中庸與孔孟，並無關涉，私心頗爲詫異。適先生來書問我對此文的意見，遂坦率陳述期期以爲不可之意。函札往復，至三至四。因深感錢先生在「新義」中所提出的問題，關係於我國思想史者甚大，爰就另一角度再提出我的看法，以就正於錢先生；並希關心此一問題者的指教。

四十五年二月十五日於東海大學宿舍

一

錢先生在答復我的書信中，認爲他以莊子解釋中庸，是他的一新發現；而在答復黃彰健先生「讀錢賓四先生中庸新義」的「中庸新義申釋」一文（俱見民主評論七卷一期）中，亦謂「中庸本書，據鄙見窺測，本是滙通莊子以立說」。最近我讀錢先生所著的莊子纂箋，始知錢先生的見解，有下面一段的來源；莊子齊物論：

「惟達者知通爲一，爲是不用而寓諸『庸』。庸也者用也。用也者通也。通也者得也。適得而幾矣」。

錢先生在此段下加以按語曰，「穆按，中庸之書本此」。我常覺得古人用字不甚嚴格，其表達思想之方式亦不夠組織；所以在許多地方，只能根據某一人，某一書中前後互相關連的話，以確定一個字或一句話的意義。此在讀「謬悠之說，荒唐之言，無端崖之辭」（天下篇）的莊子，更須如此。因此，古今治莊者雖無慮數百十家；而今人對於莊書的校刊訓詁，頗多補前人所未及；然眞能得莊生之旨者，仍無過於郭象。因爲他所處的時代，正是莊學的時代；而他用的方法，是融會貫通的方法。即如「庸」字的通釋爲「用」爲「常」；然上引齊物論之「庸」字，只有郭象以「自用」作解釋，始能與上下文相連貫而較合於莊子的本意。此外率多附益猜度之談；而此種附益猜度，又多出於一種不很成熟的預定結果；章太炎氏之「齊物論釋」，即其一例。因此，莊子此處「庸」字之直接意義，與中庸之「庸」字，實大有出入。（現按此處之「庸」字應作「功」字解，即功效之意。四八、十、補誌）

按「中庸」一詞之「庸」字，三見於尚書堯典；此雖爲庸字之最早出現，但在思想上與中庸似無關連。至於中庸一詞之「中」字，則始於堯之命舜，即所謂「允執其中」（論語）。中庸謂舜「用其中於民」，當即本此。「庸」之通釋爲「用」，則舜之「用中」即爲中庸，故劉寶楠論語正義謂「中庸之義，自堯舜發之」（正義卷二十三堯曰章）。此說縱有推演太過之弊，然「中」爲儒家思想中之重要觀念，此在先秦儒家典籍中屢見不一見，乃無可爭辯之事實。而中庸一書裡面，「中」之觀念，實重於「庸」之觀念，此乃通讀全書而即可發見者。由上所述，可見僅由齊物論中之「庸」字而推論中庸思想之來源，何若由儒家典籍中的許多「中」字以推論其思想之來源，豈不更有根據？

且莊子齊物論中有「庸」字，有「中」字，但莊子全書中，決無連「中庸」爲一詞者。有之自論語始。論語上說：

「子曰，中庸之爲德也，其至矣乎。民鮮久矣」（雍也）。

若不能證明論語此文之晚出於莊子；又不能證明論語之「中庸」一詞，與莊子之「庸」字涵義相同，則僅從文獻上之關連上說，中庸一書之出於論語，實已昭然若揭。況中庸上之「子曰，中庸其至矣乎，民鮮能久矣」，分明即論語此文之轉用。且中庸中言「中和」；而周官大司樂即以中和祗庸孝友爲六德。而鄭康成即以「中和之爲用」釋中庸。又禮記喪服四制篇謂：

「此喪之所以三年，賢者不得過，不肖者不得不及，此喪之中庸也」。這分明是中庸的觀念，在儒家典籍中的實際應用。由此可知「中庸」一詞，乃儒家故物，固不必取莊子中不易捉摸之單辭隻義以爲中庸一書出處之證。

且不僅中庸一辭，明見於論語；全書中，與論語上詞氣相同相合者所在多有，茲略舉如下：

一、論語：「子曰，生而知之者上也。學而知之者次也。困而學之，又其次也。困而不學，民斯爲下矣」（季氏）。

中庸：「或生而知之，或學而知之，或困而知之。及其知之一也」。

二、論語：「子夏曰，博學而篤志，切問而近思，仁在其中矣」（子張）。

中庸：「博學之，審問之，愼思之，明辯之，篤行之」。

三、論語：「子曰，溫故而知新，可以爲師矣」（爲政）。

中庸：「溫故而知新，敦厚以崇禮」。

四、論語：「子曰，邦有道，危言危行。邦無道，危行言孫」（憲問）。

中庸：「國有道，其言足以興。國無道，其默足以容」。

五、論語：「子曰，夏禮吾能言之，杞不足徵也。殷禮吾能言之，宋不足徵也。文獻不足故也。足，則吾能徵之矣」（八佾）。又：「子曰，周監於二代，郁郁乎文哉，吾從周」（同上）。

中庸：「子曰，吾說夏禮，杞不足徵也。吾學殷禮，有宋存焉。吾學周禮，今用之，吾從周」。

六、論語：「子曰非禮勿視，非禮勿聽，非禮勿言，非禮勿動」（顏淵）。

中庸：「非禮勿動，所以修身也」。

七、論語：「子曰，內省不疚，夫何憂何懼」（顏淵）。中庸：「故君子內省不疚，無惡於志」。

至孟子離婁篇中與中庸幾乎完全相同的一章，在黃彰健先生文中已經提到，此不再及。在論語中，分明有中庸的名詞，分明有這多相同的辭句，若錢先生認爲尙不足以證明二者的關係，却以莊子中的一個庸字而即斷定中庸出於莊子，這是不合於考據推論的常識的。總之，就文字的格調詞氣上說，中庸易傳，顯係與論語孟子爲同一類型；而莊子之格調詞氣，完全屬於另一類型，完全屬於另一系統；此乃一經比較而即可明瞭斷定之事。吾人硏究思想史，應從一個人，一部書的全部思想結構，文字結構，以推論其淵源流變。斷不可截頭去尾，從中執著一二字以下斷語。莊子一書中，其詞氣如偶有與論孟相似者，則其所表達之思想必屬於儒家而不屬於道家，如齊物論之「春秋經世，先王之志」。及天下篇「大道將爲天下裂」一段，都說的是儒家的話。因此，有人說莊子出於田子方，即是出於儒家，雖未必可靠；但其受了儒家的影響，且儒家及孔子，在其心目中的分量甚重，乃不容疑之事。但其基本精神，乃出於道家而非儒家；而儒家與道家在思想所到達之某一點上，固有其若干相同之處；然其思想之根基及其向上努力之途徹，二者斷然不可混淆；此在與錢先生之往還書札中已稍有論列，此處不贅。

二

自史記漢書以迄漢代各經師，皆以中庸出於子思；淸儒對其篇章考訂加詳，亦略無異說。惟葉西，袁枚，兪樾諸氏，因中庸中有「車同軌，書同文」，及「載華嶽而不重」等詞句，遂以爲係秦統一天下以後之作品，近人多信其說。錢先生旣以中庸出於莊子，則在年代上自亦必後於莊子。關於中庸之年代問題，陳槃庵先生在其「大學中庸今釋」的「敍說」，及「中庸辨疑」（民主評論五卷二四期）中，會反復申論，以證中庸與大學，皆出於孔門，決非出於秦漢之手，其立論多確鑿可據。我現在再從思想之發展上，以證明中庸乃論語與孟子之間的作品。莊子既約略與孟子同時，即斷然是莊子以前的作品。

首先我應指出先秦古籍，經秦氏博士之傳承整理，因而雜入傳承整理者當時的思想與資料，乃極合於情理之事實，此不獨中庸爲然。且禮記中各篇，皆由纂輯而成。在纂輯的時候，大概會採用以類相從的方法。因此，每篇之中，總有某種問題，或某種思想，以形成一篇的中心；但這和出於一人之手的著作不同，裡面的材料，在性質與時間先後上，皆有滲雜出入。中庸「愚而好自用，賤而好自專，生今之世，反（復）古之道，如此者災必逮夫身」一段，分明是法家責備儒家的話。又談舜周公大孝的兩節，也與上下文無關。載華嶽而不重的一段話，可能是秦博士整理時加進去的。僅憑一兩句話來斷定其時代或內容，這都是不了解此種文獻的特性。應當抓住全篇思想的脈絡，以發現其中心點之所在，來作批評衡斷的根據。玆從中庸思想發展之脈絡上，列舉數端，以衡斷其主要部分成立之時代。

第一、君臣父子夫婦兄弟朋友的五倫，在論語皆已提出，但並未將其組織在一起，使其具備一完整的形式。將五者組織在一起，始於中庸與孟子，這便可以看出由論語到中庸孟子的發展之跡。但中庸之五倫，係以君臣爲首；而孟子之五倫，係以父子爲首。在中庸，無形中是君臣重於父子；在孟子，則意識地，父子重於君臣。此種輕重之分，實含有社會背景及政治思想之重大演進。論語孔子答齊景公之問謂「君君，臣臣；父父，子子」。係將君臣列於父子之上；而「出則事公卿，入則事父兄」（子罕），亦係將政治關係置於家庭關係之前，此皆反映在孔子的時代，現實政治所加於個人之影響，實大於孟子的時代。中庸之以君臣爲首的五倫，這說明它在形式上比論語前進了一步，而在社會之背景及思想之內容上，與孟子尙隔一間。孟子將君臣一倫，列於父子一倫之下，實係繼承中庸之進一步的發展。

第二、仁義禮知信之德目，在論語中亦皆已分別提出；但未將五者組成為平列之一組。論語一書，常「仁」「知」對稱；仁知在論語中乃平列之兩個概念，其餘則多屬次一級之概念。又論語憲問章「子曰，君子道者三，我無能焉。仁者不憂，知者不惑，勇者不懼」；此處將知仁勇三者並稱，在全書中，亦常稱及勇之重要。中庸一書，既經常「仁」「知」並稱，與論語相同；而以知仁勇為三達德，尤與論語相符合。至孟子，則發展而為仁義禮知之四端；至董仲舒則發展而為仁義禮知信之五常，遂成為儒家之定格。孟子以後，儒家無復繼承論語而將知仁勇平列；且甚少以勇為一重要德目者；則中庸為直承論語之思想，在孟子之前，豈非昭然若揭。

第三、論語言仁，主要為就個人之自覺向上處說；至孟子，則多以愛人言仁，此後直至二程為止，皆繼承此義而未改。（自二程起，其言仁始更向內轉進一層去講）中庸之「修道以仁」及「力行近乎仁」，其涵義特與論語為近，即此亦可證明其直承論語而早於孟子。

第四、論語「性相近也」之性，仍係泛泛之詞；與子貢所謂「夫子之言性與天道，不可得而聞」之性，二者自別。我覺得「性與天道」，乃承「五十而知天命」之天命而來。孔子之「好古敏求」，「信而好古」，係在外在經驗界中的追求；至五十而知天命，乃進一步對於外在的經驗，賦與以內在而先天的根源與根據。此天命既非傳統之「死生有命，富貴在天」的天命，亦非如朱元晦所謂賦於物的「事物所以當然之故」；而指的係道德的先天地內在地性質；（此點請參閱拙文「有關中國思想史中一個基題的考察」，見學術與政治之間乙集）此一性質，至中庸始進一步指出為「天命之謂性」，將論語中實際上已連在一起，但形式上尚未連在一起的「性與天道」，切實連在一起，此係思想上的一發展。「天命之謂性」，其性自然是善的；但中庸尚未將此「善」字點出；中庸中之所謂「善」，仍是外在的意義重；至孟子乃點出「性善」，使天命之性，有進一步的明顯而具體的表達，此係繼承中庸之又一發展。

第五、論語重言忠信，忠信發展而爲中庸之誠，前人多已言之。論語言「默識」，言「內省」，此係向內的沉潛；至中庸而言「愼獨」，則內在之主體性更爲明顯；至孟子則更進一步言「求放心」，「存心」「養性」「養氣」，較中庸之愼獨表現得更爲具體而明白。其一步落實一步的發展之跡，宛然可見；則中庸爲在孟子以前，亦即在莊子之前，應當可以斷定。

且中庸與易傳之血緣爲最近，錢先生亦將二者並稱。因此，易傳亦當在莊子之前。錢先生的莊子纂箋，在天下篇的篇目下所引諸家之說，皆以此爲莊子自序，我亦深以爲然。天下篇有「易以道陰陽」之語；然卦辭爻辭，無一字道及陰陽者，至易傳則始道陰陽。易原爲卜筮之書，由易傳而賦與一新地意義與價值，因而成爲儒家之經典。莊生此言，當即指易傳而言。若非易傳在莊子之前，則天下篇何由能作此簡括之敍述？

我謂中庸與易傳，皆出於莊子之前，此乃漢人之通說，亦即儒家有關其自身思想傳承之通說；我僅將此通說重新與以肯定而已。中庸出於莊子之前既可斷定，則中庸出於莊子之說亦不攻自破。

三

中庸一書，在儒家思想系統中所以佔一重要地位，就我所了解，當不出於下列數端，都發生着承先啓後的作用。

首先，儒家思想以道德爲中心；而中庸指出了道德的內在而超越的性格，因而確立了道德的基礎。「率性之謂道」，此道即係後面所說的五倫的達道。這與老莊之所謂道，絕不相同。且在語言的順序上，道家之道在天之上，而中庸之道則在性之下，性又在天命之下，雖然在實質上三者是一而非二。五倫係外在的人與人的關係。但此人倫關係之所以形成，亦即人道之所以成立，據中庸的說法，乃根源於每一人內在之性，而非僅依靠來自外在的條件。若如經驗主義者，以道德爲來自外在的條件，則道德將決定於條件，而不決定於人的意志，人對道德便缺乏了主宰性；嚴格的說，無主宰性，即無所謂道德不道德。同時，外在的條件，總有其伸縮與轉移性，與人身總有或多或少之距離；因此，人對於道德，沒有必然地關係，道德即在人的身上生不穩根。中庸說「率性之謂道」，乃指出道即係每人的內在地性；有是人，必有是性；有是性，必有是道。所以下面接着說「道也者，不可須臾離也，可離非道也」，以見人不能自外於性，即不能自外於道，而道乃眞正在人身上生了根。故必由道德的內在性，而後始可言道之不可須臾離，而後人對道德乃有眞正之保證。

然若僅指出道德之內在性，固可顯見道與各個人之必然關係，但並不能顯見人與人，及人與物之共同關係。人我及人物之共同關係不顯，則性僅能成爲孤明自照，或僅成爲一生理之存在，而道德之普遍性不能成立，於是所謂道德之必然性，亦成爲無意義的東西。所以中庸在「率性之謂道」的上面，要追溯出一個「天命之謂性」。天的本身即是普遍的具體化；因此，由天所命之性，也是人我及人物所共有，而成爲具體的普遍。作爲道德根源之性，既係內在於每一個人的生命之中，而有其主宰性，有其必然性；同時又超越於個人生命之上，而有其共同性，有其普遍性。人性因爲具備這兩重性格，才可以作道德的根源。從純生理的觀點去認定性，性便不能超越出來以成就人類生活的共同規範；若性僅係孤明自照，依然不能發生對人物的眞切責任感，其結果還是一樣。順着此一路推演下去，只能看到一個四面不通風的個體；但是人實際是要生活於群體之中的；而這種四面不通風的個體，總不能形成一個相資相保的群體。道德必在群體中顯見。不能形成群體，遂極至於不承認道德存在的權利，這便是今日的純經驗的個人主義所發生的問題。從純超越的觀點去認定道，道便不能內在於每一個人生命之中以成就個體的價值；順着此一路推演下去，常要求無限地犧牲個體以成就群體或某一較高的**價值，結果，群體和某種較高的價值，皆成爲脫離現實生活的抽象而空洞的名詞；再由少數人掌握住**

此類名詞以君臨恣睢於萬人之上。中世紀的宗教，固然是如此。而今日則將更爲獨裁專制的政治所假借。人類歷史，一直是在上面兩極的對立搏鬪之中，互相激盪，互相起伏，看不出一條根本解決的道路。從純文化理念的觀點來說，中國內在而超越的道德性的文化，將個體價值，與群體要求，融和在一起，實際爲人類提供了此一道路。在此一內在而超越的文化中，一個人的生理與理性合爲一體；流到外面的作用上去，個體與群體同時得到和諧。中庸之所謂中和，即指的是這種內在與超越合一的「性」，及由此性所發生的成己成物的和諧作用。內在所以「成己」，超越所以「成物」。內在與超越非二物，即成己與成物非二事。則二者自然得到諧和。由此而言「致中和，天地位焉，萬物育焉」，乃有其眞實地內容與其確實地條貫，而不是浮言泛語。這是中國文化的核心，這是中庸承先啓後的第一貢獻。就我目前所了解的莊子來說，他當下承認了各個的個體，因之也承認了聚各個個體而成的群體。但他的承認，並不是承認個體的價值，最大限度，祗是以無價值爲價值。同時，在個體與個體之間，不是發自德性之互相涵融，而只是出於一種無可奈何的相安之感。所以在他心中的個體，都是冷冰冰地孤零零的個體；而他內心的深處，對此孤零的個體，實不勝其悲凉凄愴之情；於是他不能在個體之自身去「道通爲一」，而只好在個體之上去求一個「有未始有始也者，有未始有夫未始有始也者」的「無」的，「無無」的，「無無無」的境界，去「道通爲一」；而以「有以未始有物者」爲知之「至矣盡矣」；面對現實，則只好「知止其所不知」。這是以不解決問題爲解決問題的想法；此種想法，未嘗不可使精神上暫時得到一點輕鬆；但現實並不因此種精神上的輕鬆而便不發生問題；於是齊物論在人生中所發生的影響，一面是個體的恣睢自喜，一面是個體由現實中的退避。兩者都是互相因緣的。這與中庸由內在而超越以成己成物的德性，在精神上完全是兩回事。

於此，還應補充說明一點的，「天命之謂性」的「天」，不是泛泛地指在人頭頂上的天；而係由向內沉潛淘汰所顯現出的一種不爲外界所轉移影響的內在的道德主宰。因此，這裏的所謂天命，祗是解脫一切生理束縛，一直沉潛到底時所顯出的不知其然而然的一顆不容自己之心。此時之心，因其解脫了一切生理地，後天地束縛，而只感覺其爲一先天地存在，亦即係突破了後天各種樊籬的一種普遍地存在，中庸便以傳統的「天」的名稱稱之。並且這不僅是一種存在；而且必然是片刻不停的發生作用的存在，中庸便以傳統的「天命」的名稱稱之。此是由一個人「愼獨」的「獨」所轉出來的；其境界極於「無聲無臭」；中庸即以此語爲其全文的收束。無聲無臭者，不爲後天一切所干擾之謂；這便很有形而上學的意味；但實與西方一般由知性的思辯所推衍上去的形而上學不同。借 Wilhelm Dilthey（1833-1911）的話說，這是「基於心的生命構造而來的內地傾向所生出來的」。Dilthey 在其「精神科學序論」中說：「形而上學（思辯地）即使死亡，但人類精神的形而上學地傾向 Metaphysischer Eng 不會絕滅。知性縱然禁止，但心情總會要求」。Dilthey 所認定的心，依然不過是「感情與衝動之束」，即是生理之心；他還未能從生理之心中透出德性之心；所以他說這種話，只能顯出西方知性的文化中由某一欠缺所發生出的要求，只有一負面的意義；而沒有從另一面來肯定人生的價値，亦即缺乏正面的意義。我不過借此以指出中庸係由另一途徑以顯出另一性格的形而上學；這種形而上學與科學所走的路不同，並不會覺到科學的威脅因而須有所避忌。其實，錢先生在其「中國思想史」中已經說過「道家觀念重於虛，虛而後能合天。儒家則反身內求，天即在人之中，即性是命，即就人文本位充實而圓滿之，便已達天德，便已順天命。」這很說得恰到好處。而「新義」中由對誠所下的解釋，却把天和天命一起都說向外面去了。

四

其次，論語主要是就下學而上達的下學方面立敎，故最爲切實。而中庸則提出道德的最高境界與標準，指出人類可由其德性之成就，以與其所居住之宇宙相調和，並進而有所致力。論語中雖屢提到聖人，但對聖人未作明顯的敘述；中庸則對聖人之所以爲聖人，敍述得相當的詳盡。同時，論語對修己以安人，修己以安百姓這一類的問題，談得不少；中庸承繼了這一方面的思想而進一步加以系統化。但論語幾乎沒有談到人與天的關係。而人類文化發展到某一階段，對於其所居住的宇宙，由原始性的猜疑畏懼；常進而要求與之有一種調和的關係，或對之有一種責任感，而希望將其歸納於自己生活範疇之內。人類可以從宗教這一條路來滿足此種要求，可以從藝術這條路來滿足此種要求，可以從科學這一條路來滿足此種要求；而儒家則係從道德這一條路來滿足此一要求；中庸一書，在這一點上有了充分的發揮。中庸以聖人爲最高道德的標準，認爲由聖人「峻極於天」之道，與天地同功，因而盡其對天地萬物的責任，以得到人與天地萬物的和諧。而其確切可靠的天路歷程，乃在於聖人之「能盡其性」，即是能圓滿實現其內在而超越的道德主體。如前所述，此主體因其有超越的先天的一面，所以在能將其圓滿實現的這一境界上，自己的性，與人之性及與物之性，係合而爲一；因此，盡己之性，同時即係盡了人之性與物之性。己之性與人之性及物之性的總和，即是天地化育之實，因而盡性即是「贊天地之化育」，「與天地參」。這是性的高明、精微的一面，即所謂「達天德」。在另一方面，「率性之謂道」，而中庸之所謂道，即指五倫的人道而言，此即所謂「天下之達道五」。性由五倫的人道而見，於是「盡倫」即所以盡性。每人皆在人倫的關係中生活，每人在人倫生活中，總會或多或少盡了一分義務，所以說「夫婦之愚，可以與知焉」。這即是所謂「極高明而道中庸，致廣大而盡精微」。由盡倫盡性而上達天德，在此一分限上始可說「天人合一」；始可說「魚躍鳶飛」。而此一分限，在中庸只能歸之於盡性盡倫的聖人。只一「盡」字，便含有多少切實的工夫在裡面。抹煞這種切實的工夫，則在「無一法可得」的禪宗，尚要斥爲「自然外道」，何況站在中庸「修道之謂教」的立場。譬之一個偉大的藝術家，當他說某一自然風景是偉大地藝術作品的時候，實際是他自己的藝術精神正在向某一自然發生構造的作用。因藝術精神的高下或內容有所不同，他們在自然中所認取的藝術性亦因而不同；因之，在同一自然背景之下所產生的作品亦因之不同。此即可證明藝術家的觀照，有其主觀的構造性。藝術家由觀照而對於自然的契合，這是藝術上的天人合一；假定沒有其眞實的藝術精神以作其內容，則這類的話，只是不負責任的廢話。莊子以觀照的態度來齊是非，一生死，也要假定「聖人」「至人」「眞人」「神人」等才能夠如此。人格的平等；與人格價值的等級性，這是不可混淆，而又不可分離的兩個概念。只要承認價值觀念，便必須承認價值之等差觀念。必如此而後始有精神之向上可言，有人道之可言；有文化之可言。中庸中之「小人」，「夫婦之愚」，「君子」，「聖人」，分位分明；而君子與小人對舉者凡四，單稱君子者凡二十七；此與論語之以「君子」爲現實努力向上之目標者正同，其意義不可隨意抹煞。至於程伊川所謂「聖人之道，必降而自卑，不如此，則人不親」，這是出自聖人向社會接引之仁心；不可因此而即以衆人視聖人。又如由價值的最高成就，即由盡性盡倫而物我一體，在德性之主體方面，將客觀之等差性完全消解，此時乃顯現一眞正一切平等之境界，即中庸所說的「萬物並育而不相害，道並行而不相悖」的境界，亦即程伊川所謂「將這身放在萬物中一例看，大小大(多麼)快活」的境界，但這須經過精神上的一大轉進；假借禪宗的話來說，這是「悟」後的「山河大地」。萬不宜因此而抹煞道德價值，人格價值的最高標準，因而杜絕了人類向上之機。錢先生因爲不承認道德中的修養工夫，於是便否定由道德成就而來的人格上的等差，這豈特與中庸是南轅北轍，與莊子的眞意也距離得很遠。

五

尤其重要的是，中庸提出了道德價值，人格價值的最高標準，以爲人道立極，使人生成爲一上達的，無限向上的人生；同時，更爲走向此最高標準而提供了一條大路。所以在「率性之謂道」的下面，必須接上「修道之謂教」。無此一「修」字，一切便都會落空。中庸之所謂道既是人道，則所謂修道，便不是如錢先生所說的，對於一般存在的承認，而是切着人自身的生活。儒家的理想，本不離開現實生活；但決不如錢先生樣，僅因爲現實生活爲一存在而即承認其都是合理，而即承認其爲符合於天命之性。所以大學是以「修身爲本」，中庸也是以修身爲本；中庸說「修身以道」，而「率性之謂道」，是修身即係復性。不承認現實生活中，有與道不合，即與性不合的，則無所謂修道，即無所謂復性。復性於現實生活之中，使現實生活符合於天命之性，此即中庸之所謂「誠」；亦謂之「純」。誠與純，是說人經過修與復的工夫以後，即經過「擇善而固執」的工夫以後，能眞正實現其內在而超越之性，而不雜以後起的人欲之私的狀態。因此，深一層的說，誠即是性。凡大學中庸易傳孟子之言誠，皆就人之內心而言。中庸首先出現誠字是「順乎親有道，反諸身不誠，不順乎親矣」。此與錢先生以「誠皆屬天」，而天又爲外在之天，恰恰是相反。錢先生或者是因對中庸「誠者天之道也」一語的解釋，與我所了解的不同，故有此說法。就我的了解，「誠者天之道也」，是就人完全實現了其天命之性而言；所以接着說「誠者不勉而中，不思而得，從容中道，聖人也」。此處的「天之道」，實等於「天之命」；當時「天道」與「天命」二詞常常互用。由此可知「誠者天之道」，與孟子「堯舜，性之也」同義，即孔子「七十而從心所欲不踰距」的境界。先秦儒家若就天地而言誠，亦係由人身之誠而推擴言之。且所謂天地之誠，乃指天地所以能生物之精神而言，而非就生物之結果而言。中庸說「天地之道，可一言而盡也，其爲物不二，故其生物也不測」，「不二」即是誠。錢先生以「群星眞實有此群星，地球眞實有此地球」言誠，此不僅與所引朱熹注「誠者眞實無妄之謂」的意思不合，且與大學中庸易傳孟子之言誠皆不合；以原意解之，地球之所以有此地球乃由於誠。蓋當時除老莊對自然之存在，已稍露有虛幻之感外，一般對自然界皆未發生眞實或不眞實之問題。在中國發生此一問題，乃出於老莊盛行及佛教入中國之後，而開始有晉代之「崇有論」，以至宋儒之強調「體用不二」。至錢先生以「喜怒哀樂，亦眞有此喜怒哀樂」，此同於「魚虫鳥獸，眞實有此魚虫鳥獸」，將人格中的質的問題，化爲物質界的量的問題，以希由此而證成其「能實有其好惡謂之仁」之說，此種「化質歸量」之說法，不僅根本否定了中庸的道德意義，且當時亦無此科學思想以爲之先導，當甚難成立。

中庸假定聖人是生而即誠的，其餘的人，則係由一套工夫（修）所積累的成果。中庸所提出的工夫，可以說是由內外兼顧，而內外合一。即「尊德性」與「道問學」的兼顧與合一。向內的工夫是由「戒愼乎其所不睹，恐懼乎其所不聞」的「愼獨」，朱子以「人所不知而己所獨知之地」釋「獨」，與中庸後面所說的「君子之所不可及者，其惟人之所不見乎」正合。程朱之「敬以直內」，即由此而來。以後王陽明之所謂「無聲無臭獨知時，此是乾坤萬有基」，也是由此而出。但錢先生以「存在與表現」解釋誠，於是把「不睹」「不聞」也解釋到外面去了。

向外的工夫是由「明善」而「擇善固執」。中庸說：「不明乎善，不誠乎身矣」。因有對立於善的惡，而始須要去明善擇善。明善即是義利之辨。義與利，天理與人欲，固然都是存在，但儒家不認爲在人類生活的範疇之內，可以說凡存在皆合理，而必須把它辨別淸楚，以免「認賊作父」。不承認有天理人欲之辨，即無進德修業之工夫可言。凡屬道德精神的文化，不論以任何辭句，必須表現此二者之對立，因之，對於人之「情」，不能不下一番工夫以尅服此對立。此在儒家爲尤甚。何晏與王弼，以老莊思想釋論語與周易；然對於此種大坊所在，仍未敢突破。何晏論語集解解釋「不遷怒」謂：

「凡人任情，喜怒違理。顏淵任道，怒不過分」。

彼固不像錢先生樣，以喜怒哀樂，皆因其爲存在而即認其當理。王弼釋乾文言「利貞者性情也」謂：

「不性其情，何能久行其正。……利而正者，必性情也。」

彼固不認爲情即是性，而要求以情合於性。又釋无妄之卦辭曰：

嚴威剛方正，私欲不行，何可以妄。使有妄之道滅，无妄之道成，非大亨利貞而何」？

彼固以去私欲釋無妄，而私欲乃一感情之存在。易傳謂「庸言之行，庸行之謹，閑邪存其誠」；「閑邪」乃所以存誠，而「閑邪」之正面即是「明善」。既須閑邪明善，即不能像錢先生樣，承認「凡存在而表現的」即是誠，即是善。因爲自然之存在，無善惡可言。對自然而言善惡，亦係以人爲中心以形成一種人爲之尺度。故善惡之問題，乃人自身之問題，不必與自然相涉。因人身有惡，故必須明善。明善乃所以擇善。擇善而固執，即存天理而去人欲，即內外合一之橋梁。「尊德性」與「道問學」，在此等處合攏。此乃中庸全書中心點之所在。我現在把這一段完全抄在下面：

「在下位，不獲乎上，民不可得而治矣。獲乎上有道，不信乎朋友，不獲乎上矣。信乎朋友有道，不順乎親，不信乎朋友矣。順乎親有道，反諸身不誠，不順乎親矣。誠身有道，不明乎善，不誠乎身矣。誠者天之道也。誠之者人之道也。誠者不勉而中，不思而得，從容中道，聖人也。誠之者，擇善而固執之者也。博學之，審問之，愼思之，明辨之，篤行之。有弗學，學之弗能弗措也。有弗辨，辨之弗明弗措也。有弗行，行之弗篤弗措也。人一能之己百之。人十能之己千之。果能此道矣，雖愚必明，雖柔必强。」

因明善擇善而固執，可使人之喜怒哀樂之情合乎天命之性，此之謂「自明誠」，亦即係由工夫以達本體。天命之性在內作主，自然使人之喜怒哀樂之情發而皆中節，此之謂「自誠明」，亦即係「即本體，即工夫」。由承認現實與理想之距離，並由現實中追求理想，使理想實現於現實之中，卒之，將理想與現實打成一片，這是中庸思想的中心，亦即儒家全部思想之中心。由孔孟而程朱陸王，在此中心之外圍，雖各有其時代及個人之特性，不必完全相同；但無一不由此一中心點貫通下來，以形成一大義理的系統。而中庸在其間正盡了承先啓後之責。在這種極爲明顯的地方，承認便全承認，推翻便全推翻，安排不了什麽偷天換日的技巧。而推翻了這一中心點，便推翻了全部的儒家思想。

這裏還須稍稍一提的，錢先生在「新義」中亦覺其對誠的解釋，有「如西方哲學家所謂凡存在者莫不合理」，似覺不安，如是「述中和義以補上篇之未備」。但就我看，錢先生之所謂中和，亦與中庸不合。第一、錢先生之言中和，也與其言誠一樣，都是外在的，而不是內發的；把中庸之以人爲中心而推向宇宙的，說成以宇宙爲中心，而以自然來比附於人；使中庸全書之精神脈絡不明。第二、錢先生說：

「然若再深言之，則當其在求中和之途程中，凡其一切變化，亦是一存在，一表現；則亦無一而非中和」。

這依然是「凡存在即中和」，與「凡存在即誠」，並無區別。

錢先生因把人自身的問題，附屬於外在的自然上去解釋，於是只能在外在的關係上來講中和。所以說：

「故人心如天平。喜怒哀樂，猶如天平一邊之法碼。外物來感，如在天平一頭懸上重量，則此另一頭即須增上法碼，以求雙方之平衡而得安定。若使人心喜怒哀樂之發，常能如外物之來感以獲平，則此心常在一恰好狀態下，即此心常得天理；換言之，則此心常保天性之本然……宋儒則謂是其人能見性見理。見性見理，則見此中和而已」。

錢先生在這裏似乎忽略了一個問題，天平秤物，不是一頭加物，一頭加法碼，使兩邊平衡，即可了事；而是天平上有一種「定盤星」，要由此定盤星以知道物的輕重。人的感情，不是使這邊半斤的喜，與那邊八兩的怒，保持平衡，即是中和。而是在喜怒之上有一理(或性)的存在，以節制此喜怒，使其中於節，合乎理，乃謂之中和。是由性來主宰情，由天理主宰喜怒；而後使此心能常在恰好狀態。不是此心常在恰好狀態而即可謂之「得天理」，例如一個小偷偷到他想偷的東西，此時之歡喜，與正偷時之驚恐，取得一平衡，此是心的一恰好狀態。或者偷到手後，發生悔恨，乃又暗暗送返原主，心中如釋重負，此又是心的一恰好狀態。站在錢先生的觀點說，兩者皆是中和；但站在中庸和宋儒的立場看，則恐怕只能承認後者。因爲後者是有個理或性在那裡作主宰。總之，錢先生此文，因將人附屬於自然上去說，自然本身無所謂理性，道德，善惡，人格高下等，故反投在人的身上，也不承認有理性，道德，善惡，人格高下等，而只承認一「感情衝動的自然調節」。於是主張「不遠禽獸以爲道」。但不僅在禽獸中找不出中庸之所謂五達道，三達德的自覺，故人道必自人禽之辨開始；即在莊子齊物論中亦找不出對五達德的正面而積極的肯定，甚至根本沒有提到。錢先生的此一思想，可以在現代庸俗的唯物主義，自然主義中尋找其根據；可以在莊子思想的下半截中尋找其根據；但絕難在儒家中尋找其根據。錢先生以此來說明自己的思想，這可以增加思想的多彩性；但以此來加在古人身上，作思想史的說明，則幾無一而不引起混亂。

四五、三、一　民主評論七卷五期

有關思想史的若干問題

讀錢賓四先生老子書晚出補證及莊老通辨自序書後

我讀錢先生的「老子書晚出補證」(民主評論八卷九期，收入莊老通辨，以後簡稱補證。)及「莊老通辨自序」(以後簡稱自序。)後，頗少契合。然覺前輩先生每於其學成名立後，常喜自抒胸臆，不落恒蹊；横說豎說，皆無所謂，不必多所異同。及讀嚴君靈峯「讀莊老通辨序書後」，謂以錢先生在學術上之地位，其言論之影响於後學者甚大，不覺怦然心動。又自去歲十二月迄今，與毛子水先生有關於義理與考據的商討。錢先生的自序，分明受了此一商討的影响。而其基本觀點，與毛先生大約相同。爰草此文，畧申鄙見，以就正於錢先生。

一、考據訓詁與義理之真

錢先生在自序中，爲主係標示治學的規模途徑。此途徑是要「通漢宋之囿，而義理考據，一以貫之」。眞正的說，朱元晦雖未標考據之名，但其特別重視讀書，及其讀書方法與註釋古典之謹嚴精密，實已開清代考據學之先河，這一點，章學誠已有論定。若把朱元晦「窮理莫先於讀書」的讀書，也解釋爲廣義的考據，則他的一生到眞是要「攷據義理，一以貫之」的。朱元晦一以貫之的方法是「窮理(主要是讀書)以致其知，反躬以踐其實。」而作爲「致知」與「踐實」的共同精神的是「居敬」，作爲「致知」與「踐實」間的橋樑的是「以身體之」。朱元晦在這裏所遇的矛盾，我在象山學述的朱陸異同中已有所論述。錢先生一以貫之的方法却是繼承清人「以考據通義理」的老話，而將考據的範圍加以擴大，以打破「宋儒重義理，淸儒重考據」之「各有所偏」。所以說：

「若果捨却訓詁考據，又何從而求義理之眞乎？」（自序）

又說：

「欲明古書義理，仍必從事於對古書本身作一番訓詁考據工夫。此即在宋儒亦何莫不然？如程朱改定大學，陽明主遵古本，此即一種有關考據之爭辨也。朱王兩家訓釋格物致知互異，此即一種有關訓詁之爭辨也。居今日而欲治宋儒之義理，亦何嘗不當於宋儒書先下一番訓釋考據之工夫乎？……象山又言曰，不識一字，我亦將堂堂地做一個人，然固不謂不識一字，亦能讀古人書，所以從書得心，因以知古人之義理所在也。」（自序）

按錢先生這一段話，和毛子水先生「論考據和義理」的觀點相同，所以我在「兩難」一文中和毛先生所討論的，在這裡可以完全適用，本不須要多作補充。若再簡單的複說一遍，則錢先生所說的「治宋儒之義理」，及「欲明古書義理」，實際是指治思想史的工作而言。這種治思想史的工作，當然要根據有關的文獻；凡是關涉到文獻而須要訓詁考據的，當然要通過訓詁考據；但並非每一思想史的文獻都須要作訓詁考據的工作。並且這種工作，對治思想史而言，也只是起碼地初步工作。因爲僅有這步工作，並不能作出思想史。進一步的工作，便非淸人「考據」一詞所能概括。（關于這，我在兩難一文中曾作簡要的說明。在本文後面還要特別提到。讀者如欲對此點多所了解，更可參閱文德邦——Wilhelm Windelband——的一般哲學史——Lehrbuch der Gesch chte der] Philosphie——的緒論第二節。文德邦在哲學史上的成就，是世界哲學界所公認的）。至于錢先生所說的「宋儒偏重義理」，則並非如錢先生所意指的思想史的工作，而是探求道德的根源，及使道德如何能在一個人的身上實現，以完成一個人的人格的學問。此種學問固然要讀書，讀書固然要講訓詁；但書之對于義理，其所只居于啓發襄助的次要地位，它不是義理的（道德的）直接地根源所在。爲了得到啓發而讀書，其所需要的訓詁程度，謂其有考據之初步含義固可，但不可說這就是考據之學。因爲錢先生「寢饋宋明理學，前後已逾三十載」，而「得力最深者莫如宋明學」（錢先生所著宋明理學概述自序。此書出版於民國四十二年），所以錢先生在所著的宋明理學概述中，也大體能把握到這一點。如講到程明道時，錢先生說：

「他的學問，完全由自己實生活裏，親身體驗來，並不從書本上、文字言說上建基礎……」（宋明理學概述五二頁）

「因此，他講學，不像以前人，不脫書卷氣……他則直從人生講人生，自然更見親切、更眞實。」（同上）

錢先生解釋程明道「聖人千言萬語，只是欲人將已放之心，約之使反復入身來，自能尋向上去；下學而上達也」的話謂：

「須知他這一條，並不是在講孟子書裏的收放心，也不是在講論語裏的下學而上達，更不是眞個要把聖人千言萬語，牽搭上孟子書裏收放心三字。他只是率直地在講他的眞生活、眞經驗。」（同上，五三頁）

又說：

「一切文字言說理論，也都是安排。他叫人離開這許多安排，求心之自得。」（同上，五六頁）

「他並不注重在探索與研尋，只注重在存養。存養此心，便可體貼出天理……」（同上）

「六經古訓，孔孟嘉言，在他看，只如泥土肥料般；重要的是我此心。肥料只栽培，生長是我心。」（同上，五九頁）

「總之，他種種話，永遠從心上指點你。」（同上）

錢先生更引了程伊川一段極重要的話：

「聞見之知，非德性之知。物交物，則知之，非內也。今之所謂博物多能者是也。德性之知，不假聞見。」（同上，六六頁）

錢先生對上面的話加以解釋說：

「不假聞見，便要內心自己覺悟。」（同上）

又說：

「德性之知，只在知得義理。義理即吾性分以內事。」（同上，六七頁）

錢先生更總括的說：

「其實，程門教人，又何嘗如熹（朱元晦）般先要人泛觀博覽？直從楊時羅仲彥到李侗，那一個不是在默坐澄心？」（同上二九頁）

至于錢先生在自序中引用陸象山不識一字的兩句話，以證明象山也要由考據以通義理，這大概是因爲我在答毛子水先生的文章中曾引象山這兩句話，所以錢先生特爲其下一轉語。象山之學，就現存文獻來看，是要先由義利之辨，以立其大本；即是先樹立道德的根源，再在此根源主宰之下去讀書；這分明與「由訓詁以通義理」的程序恰恰相反。他對于「學者溺于文義知見」，深惡痛絕。所以錢先生在所著的宋明理學概述中引用象山兄弟赴鵝湖之會的前夕所作的兩首詩，以見陸氏爲學的趨向，是大體不錯的。九齡的詩是「留情傳注翻榛塞，著意精微轉陸沉。」象山的和作是「易簡工夫終久大，支離事業竟浮沉。」這種分際已夠明白。錢先生在自序中提到陽明對朱元晦的大學古本之爭，及朱王兩家對訓釋格物致知之辯，認爲這都是考據訓詁範圍以內之事，以作由考據以通義理之證。不錯，上述兩事，都牽涉到文獻上的問題，但這只是居于附帶而不足輕重的地位。此兩問題的發生，主要是來自兩家思想上的不同。先有思想上的不同，才發生對文獻解釋上的歧異；決非由文獻上的歧異，才發生思想上的不同。所以王陽明答徐愛親民新民之問是「說親民，便是兼教養義。說新民，便覺偏了。」（傳習錄上）若僅從文獻的訓詁考據上去了解他們的爭辯，決接觸不到他們之間的眞正問題之所在。從錢先生舉的這單從治思想史的立場來說，這種輕重主從之間，似不應隨意加以抹煞。否則一個對於訓釋工作最爲謹嚴的朱元晦，何以對大學古本的尊重，反不如主張「心即理也」的王陽明？

錢先生在宋明理學概述大著中對義理之學的陳述，相當親切。以之與自序中的態度來作比較，不啻前後兩人。個人因學問的進步，隨着便有態度的轉變；而態度的轉變，更引起對客觀事物評價的變更；這是常有的事。但客觀事物的本身，並不應因評價的變更而變更，除非在資料上有新的發現。譬如錢先生在寫宋明理學概述時，假定是贊成義理之學；到了寫自序時已經不贊成，這是可以理解的。但義理之學的自身，是由兩千多年的文化歷史所規定而成爲一客觀的存在。何謂義理之學？義理之學的根源是在書本上？還是在人的心性上、生活上？如何能把握此根源而使其在自己身上實現？是否要由考據以通義理？考據學的源流甚長，但正式成爲一個學問部門，則不能不歸之于清代。清人的考據，較宋明人爲精，是否清人講的義理即比宋明人爲精？在考據學未成立以前，是否即無義理之學？這都應在文化歷史的客觀存在中找答案。錢先生的宋明理學概述，對于此一工作也做了一部分。但當錢先生寫這篇自序時，既將義理之學的自身，及後人對義理之學作思想史的研究，混而不分；復擎著清代考據家反宋明學的口號，（考據家一面謂訓詁明而後義理明，一面又斥宋明儒的訓詁爲空疏，於是宋明儒所講的義理，當然趕不上他們所講的義理。所以這是反宋明學的口號。）而自謂超出於漢宋門戶之爭以外，這是不公平的。時移世易，誰也張不了漢宋的門戶，所以今日無所謂漢宋之爭。所爭的乃是中國假使有文化，則中國文化的精神到底是甚麼的問題。

二、老莊先後問題的簡單考察

錢先生在自序中，根據自己治學的方法而堅主「先秦道家，當始於莊周」，遂斷定「老子，乃承于莊惠公孫之說而又變」，所以我對老莊先後的問題，在針對錢先生的論證作商討以前，先述一點自己的感想。歷史上常有不俟新材料出現，即只能作大體地推斷，而不能作精密斷定的問題，我們便只有甘心於大體地推斷，而不必故求精密，以免流於穿鑿附會，愈求愈遠。我想，有關老子的問題，正是這種例證之一。大凡研究某一問題，首先應決定何者是對該問題底最基本的材料。自來研究老子的人，多以史記老子傳爲出發點，而忽視莊子天下篇。實則老子傳多受莊子一書的影響，而老莊的關係又是如此密切，則莊子天下篇談及老子的材料，實較老子傳更爲重要。莊子一書中的人名、故事，雖多屬寓言，很難作考據的根據；但出現在天下篇中的材料，則無可懷疑。莊子與惠施之關係最深，不僅其書中多承用名家之命題而加以反駁，且直接與惠施相論難者亦不少。尤可注意的，莊子內篇七篇中，逍遙遊及德充符兩篇，皆以莊子與惠施之論難作收束；而天下篇亦以批評惠施作收束。即此一端而論，則許多人主張此篇乃出自莊子本人，除因爲其文章的風格意境，與內七篇完全相同以外，此點亦可加強其理由。所以我相信這是莊子的自序。錢先生在所著莊子纂箋天下篇標題下所引的四家注釋，也都以爲這是莊子的自序或後序。即退一步講，此篇若不出於莊子本人之手，亦必出於親承莊子教說的門人之手；因爲把這篇文章和外篇雜篇中幾篇可疑的文章相比，其樸茂與淺薄之分，極易明白，決非幾經轉手後所能寫成的。此篇對於當時學術一般的敘述，及對各個學派的批評，深刻平允，這正合於史記莊子傳「其學無所不窺」之言；而其中言及老聃一段，與現存老子一書之思想，皆大體符合。其引老聃知雄守雌數語，則有現存老子可爲佐證；其中，「建之以常無有」一語，我懷疑即指老子第一章「故常無欲以觀其妙，常有欲以觀其徼」二語的約化。（照司馬光王安石蘇轍等的讀法，以「常無」「常有」爲讀）因此二語乃老子全書之綱宗。所謂「建之以常無有」，即係說建立「常有」的態度，建立「常無」的態度；由此兩種態度以窺探宇宙的奧秘，即「觀其妙」「觀其徼」。由此可知現存老子一書中的思想，「係來自莊子天下篇中所稱之老聃，是可斷言的。錢先生謂老子的思想，「係承莊惠公孫之說而又變」；但查錢先生諸子生卒年世先後一覽表，列公孫龍於前二八四——二五七之間，下距韓非之死，僅二十四年（非死於前二三三），韓非著書在入秦之前，而老子成書又在公孫之後，則依錢先生的考證，老子成書之時代當與韓非著書之時代相近。此不惟無以解釋韓非書中何以已有解老喻老；且依錢先生一覽表，在老子成書之前的荀子天論篇，已謂「老子有見於詘，無見於信」，解蔽篇謂「莊子蔽於天而不知人」，不僅老莊分擧，兩人思想之特點各自分明；而荀子乃批評到較他晚出之老子，豈非異事？尤其是莊子的天下篇，縱使非出於莊子之手，則此文產生之時代，究在老子之前？抑在老子之後？若在老子之前，則此篇中何以有關於老子思想的明確敍述？若在錢先生所考定之老子年代之後，而老子又是莊周思想的繼承者，則不僅此篇的風格與意境，與產生此篇的時代不合，且莊子分明是此篇中的主體；則寫這篇文章的人，對莊子而言，爲什麼要稱老子爲「古之博大眞人」？而將其安放在莊子前面？馮友蘭沒有看懂「古之博大眞人」這句話的「古」字，遂以老聃爲傳說中人物；殊不知這句話，與左傳昭公十四年傳「仲尼曰，叔向古之遺直也」，及昭公二十年「及子產卒，仲尼聞之，出涕曰，古之遺愛也」的話，完全相同，只是對於前輩的稱讚之辭。論語「古之狂也直」的「古」，也只能解釋爲「從前的」，決沒有歷史上「古代」的嚴格意義。由古之博大眞人這句話，可得兩點結論：一是老聃乃寫天下篇這篇文章之人的前輩。一是天下篇是站在莊子的立場來寫的；若莊子爲道家的始祖，則這種對前輩的稱呼，應加在莊子身上而不應加在老子身上。且就思想發展的一般趨向而論，老子雖主張淸靜無爲，但仍以如何解決政治問題爲其思想中的主要環節之一。莊子則把政治一脚踢開，直從人生社會上求取精神的大解放，這分明是由老子以消極方法解決政治問題的更進一步的發展。而此種發展，是與當時貴族政治逐漸崩潰的社會背景相適應的。且老子在思想上最大的貢獻，在於提出「無」的觀念，這是中外研究老子的人所共同承認的。「無」的觀念，才是使老子之所以成爲老子的特色。有老子「無」的觀念，才能發展爲莊子「無無」，「無無無」的觀念（見齊物論）。不僅如此，莊子上許多觀點，都是老子思想的向前發展。例如老子說：「天長地久。天地所以能長久者，以其不自生，故能長生。是以聖人後其身而身先，外其身而身存」。在這裏，老子有「長生」的要求，有「先後」、「內外」的區別，因而希望身能「先」能「存」；不過他所用的乃退後一步，以不競爭達到目的之方法，與一般世人不同。在目的之本身上，與一般世人並無不同。但莊子則說「莫壽於殤子」，是他並不重視長生；又說「天地與我並生」，是他並不認時間上有先後；又說「萬物與我爲一」，是他並不認人我間有所謂內外。此種思想發展之簡式應爲：

世人「先其身」↓老子「後其身」↓莊子則泯除時間上之先後（天地與我並生）。因而當下得到安頓。

世人「內其身」↓老子「外其身」↓莊子則泯除內外（萬物與我爲一）。因而當下得到和諧。

又如：

世人無常↓老子得常↓莊子則泯除常與無常而主張物化。因而當下得到解脫。（詩大雅文王「天命靡常」，是無常乃傳統之觀念）

像這種思想發展的軌跡，我覺得很難顚倒的。

然則現存之老子一書，也是成於莊子之前嗎？我覺得這不能籠統地說。一般人談到先秦古典，很容易用後人的情形去推想。後人存心著一部書，把它印刷出來；印刷多了，有版本不同，於是後來的人加以校刋。先秦在孟莊時代以前，恐無存心自著一書之事。論語記有曾子死時的情形，記有子夏子張門人問學的情形，則論語是經過三傳才編纂成書的。由齊論、魯論、古論之分，可知編纂者亦非一人一地。在論語的編纂過程中，我們可以推想有的是把孔子所說的話，由門人當時記下的。有的則或係經口耳相傳後才把它記下；並且在魯論、齊論未編成定本以前，可能先有若干互相傳習的幾多種的雛形論語。即魯論、齊論編成定本以後，還有未收入於論語之中的記錄；或者口耳相傳，一直傳到更後，才記錄出來的，有如論語以外，易傳禮記中所援引的孔子的話。論語之所以能更代表孔子的思想，恐怕是因爲當時直接記下的材料爲多。所以語句非常簡單而圓滿。中間有一小部分文字較繁，風格亦感到與全書不相稱，這恐怕是經過相當時間口耳傳承以後才記錄下來的。使用的字語及文章的風格，隨時代而漸變，這在社會變革急激時更甚。由後來追記或編纂的東西，便容易滲入追記者或編纂者個人及其所處的時代的因素。例如在禮記祭義孔子答宰我問中，有「明命鬼神，以爲黔首則」的話，正義「案史記云，秦命民曰黔首。此記作在周末秦初，故稱黔首。此孔子言，非當秦世。以爲黔首，錄記之人在後變改之耳」。且在口耳相傳中，同一個思想或故事，也會有其自身的發展。這只看論語「子在川上」一章，便可明瞭。論語：「子在川上曰，逝者如斯夫，不舍晝夜。」及到孟子的時候，此一故事在徐子的口中，只說到孔子「水哉水哉」的空洞贊詞，而問孔子「何取於水」。在孟子的答語中補出論語所記的「不舍晝夜」，却將「逝者如斯夫」改成「原泉混混」；下面再加上「盈科而後進，放乎四海，有本者亦如是」的解釋。到了荀子的宥坐篇，便成爲「孔子觀於東流之水」的一百三十五字的故事，而謂孔子之所以喜歡觀水，乃因水「似德」、「似義」、「似道」、「似勇」、「似法」、「似正」、「似祭」、「似善化」、「似志」。這類情形在先秦典籍中很多。因此，代表某人思想的著作，並非即是某人自著的書。同時，成書的年代，亦並非即是書中內容成立的年代。根據由某書若干詞句的時代性，以推斷某書成立的年代，固不失爲一種考據的方法。（按此種方法，我現在看來，也大有問題。此處不及詳。補誌）但若因此而斷定其思想成立的年代，則不能不特別謹愼。且即使係自著之書，若在當時之影響較小，傳播不廣，則此書所保存的眞面目亦愈多；若影響較大，傳播較廣，則因當時無印書之事，輾轉記誦抄錄，常不免滲入傳承者個人與時代的因素。準此，我對老子其人其書，試作如下的推斷：

一、孔子與老子關涉的有無，可暫置不論。莊子中所述孔老的關係，分明多出於莊子對儒者的調侃態度，不足爲據。而後來一切孔老關係的記載，皆自此出。如天運篇謂「孔子行年五十有一而不聞道，乃南之沛見老聃」，這分明是針對論語「五十而知天命」來加以調侃的。若認爲孔老果有關涉，則對禮記曾子問中的材料，便不能不加以尊重。但在曾子問中所表現的老子的性格，與老子一書，截然不同。且從思想上說，道家思想，只有作爲係對儒家思想之反動，而始能作完全之了解。老子一書的思想，若不在孔子之後，則我們很難了解此種思想所據以成立的反面的根據。

二、老子的思想，也和其他的思想一樣，並非是突然出現的，必有其相當早的文化傳統及社會背景；所以在現存的老子一書中，可以發現若干儒道兩家共同引用的成語，如「以德報怨」及「有若無」之類，並不足怪。但道家之所以成爲一家的思想，則必待「無」的觀念之出現。虛靜柔弱等觀念，皆由「無」之觀念演變而出。而正面提出此觀念者，即莊子天下篇中的老聃，此老聃正是莊子的前輩。此一推斷與荀子天論之「老子有見於詘，無見於信」，韓非子內儲說下之「其說在老子之失魚也」，呂氏春秋不二篇之「老耽貴柔」（耽即聃，困學紀聞十引此正作老聃），及史記老子傳之主文皆相合。其人必在孔墨之後，但在莊子之前；莊子正繼承此一思想而發展。否則對天下篇的材料及莊子一書的思想內容，便無法加以解釋。

三、老聃的思想，必有若干口語傳授，或由他自己及其親承門人，已作有若干紀錄，所以書中的韻語，正是爲了便於口傳而來。傳授漸廣，紀錄者將非一地一人，最後始由一人加以編纂，而成爲定本，大體有如現行本之形式。此編纂成定本時間，應在莊子之後。在傳承編纂過程中，思想、文章風格及詞彙各方面，必受有各傳承者及編纂者個人及其時代的影響。不如此假定，則對現行老子中文體上的歧異（有有韵，或無韵），重覆，及用詞與風格上之不一致，無法加以解釋。

梁任公認定天下篇是莊子的自序，但又懷疑老子一書成於戰國之末，此一矛盾，只有作如上的推斷，才能得到自然的解決。而這種推斷，是與先秦的時代背景，及先秦直接談到老子思想的可靠資料相合的。在此推斷中，當然還有若干不能解決的問題；但我覺得與其為了勉强求得解決而流於穿鑿附會，不如暫以此種程度的推斷為滿足。在此推斷之外，當然還能容許各種不同的見解；但其中，有如胡適之先生認為老子成書在論語之前，錢先生以為老子思想在莊子之後，及馮友蘭以李耳，老聃為二人，而將著書屬於李耳等三說，最難置信。

三、易傳大學中庸與老莊的關係

錢先生在治思想史中，提出了考據的新方法。其方法可概括為兩點：第一點是注意各家新字與新語之使用，如說：

「先秦諸子著書，必有其書所特創專用之新字與新語，此正為一家思想獨特精神所寄。以近代語說之，此即某一家思想所特用之專門術語也。惟為中國文字體製所限，故其所用字語，亦若慣常習見。然此一家之使用此字此語，則實別有其特殊之涵義，不得以慣常字義說之也。」（自序）

第二點是由各家新字新語，以探求一書及各書之思想線索：

「探求一書之思想線索，必先有一已知之線索存在，然後可以為推。……就其確然已知者曰孔墨孟莊惠公孫荀韓呂，綜此諸家，會通而觀，思想線索，亦既秩然不可亂。今就此諸家為基準，而比定老子思想之出世年代，細辨其必在某家之後，必在某家之前。此一方法，即是一種新的考據方法也」。（同上）

錢先生用他新的考據方法，要達到兩個目的。第一個目的是要證明先秦道家，以莊子爲始祖，而老子則在莊惠公孫之後。第二個目的，則是要證明易傳、大學、中庸的思想，皆出於老莊；且其思想不屬於儒家系譜，而係屬於老莊的系譜。我現在暫只商討第二點。

錢先生曾因莊子齊物論中有「爲是不用而寓諸庸」的一個「庸」字，而斷定「中庸之書自此出」；關於這，我曾寫過一篇「中庸的地位問題」一文加以商討。錢先生在補義中更充份使用此一方法，把莊子、中庸、大學、易傳等共同使用的字語，而一律歸結到出於莊子或老子。我在作逐條商討之前，就錢先生此一方法，想先提出一般性的兩點疑問。

第一，老莊所用的字語，都是幾經發展演變而來，無一字語具有「語源」的資格。因此，用錢先生同樣的方法，把錢先生所得的結論完全倒轉過來；即是把錢先生說中庸、大學等來自莊老的字語，而倒轉來說老莊所用的是來自中庸大學，我認爲沒有什麼不可以的地方。因爲都可以找出不確切的理由以作爲其思想線索。

第二，錢先生分明說各家「所用字語，亦若慣常習見；然此一家之使用此字此語，則實別有其特殊之涵義」(自序)；並以「孔孟好言正，莊周心中亦有正，惟非儒家孔孟之所謂正耳」(補序)。此種看法是很對的。中庸大學等所用字語，在各書中皆自有其解釋，以形成其「特殊之涵義」，假定中庸大學所用之字語，眞是沿自老莊，亦只能由此以推斷各書成立時代之先後，並不能由此以斷定各書的思想線索。有如論語言「正」在先，莊子言「正」在後，並不能因此而認爲莊子思想的線索來自論語。乃錢先生將中庸大學自身對字語所作之解釋，一概屏棄不顧，而必欲以老莊的思想線索去加以解釋；這好像錢先生自己戴了一頂草帽子，走到街上去，凡看見帶草帽子的人便都以爲是姓錢一樣。即使我們在一家商店裡買了一頂帽子，但我們並不會因此而與某一商店有血緣的關係。錢先生所用的這種會通綜合的方法，正有似乎孔穎達批評熊安注經的話：「熊則違背本經，多引外義。猶之楚而北行，馬雖疾而去愈遠矣。又欲釋經文，唯聚難義，猶治絲而棼之，手雖繁而絲益亂也」（禮記正義序）。孔氏說的第二點也非常重要。我們不可輕易把立論的根據，放在自己也不能明確把握得住的地方。

茲就錢先生所認為學庸與老莊的關係，分條作簡單的討論；並盡量避免使用可以引起錢先生爭辯的材料。例如禮記易傳周禮等。因為萬一引用；錢先生便立刻可以下結論說，這也都是從莊老來的。

中

錢先生不僅因莊子齊物論有一「庸」字而斷定中庸從莊子來，並且因莊子老子中有「中」字，更進而斷定中庸是「全從老莊來」。雖然莊子老子中的「中」字到底作何解釋；錢先生自己也尚無確詁。可是錢先生從自己尚無確詁的立足點，居然能作出十分肯定的推論。

「孔孟言中字，亦率指其在外有迹象可覩者。……至莊周曰『樞始得其環中，以應無窮』，此環中中字，亦有形象可指。然已作一抽象的專門名詞矣。又曰：『託不得已以養中，此中字乃以代心字，亦可謂是代氣字。乃與論孟用中字之義遠異。老子曰，『多言數窮，不如守中』，此中字何指，或指環中之中，或指養中之中，要之，語承莊周。莊周以前，則不見此中字之用法也。至中庸之書乃曰『喜怒哀樂之未發，謂之中。發而皆中節，謂之和。中也者天下之大本也。和也者天下之達道也。致中和，天地位焉，萬物育焉』。中和兩字乃佔如此重要之地位。學者若熟誦論孟老莊，便知中庸此一節用語全承老莊來，不從孔孟來。論孟言心必言孝弟……却不言中和，亦不特別重提喜怒哀樂。特別重提喜怒哀樂以言心，其事亦始莊周。中庸言未發已發，亦承莊周。所謂『其發若機括』、『喜怒哀樂，慮嘆變慹，姚佚啓態。樂出虛，蒸成菌』是也。其謂中節謂和者，亦指心氣之和，與論孟所言和字大不同。『老子曰，天地之間，其猶橐籥乎，虛而不屈，動而愈出。』中庸乃承其意以言中和也。故曰中為天下之大本，和為天下之達道。又曰，致中和，則天地位，萬物育。若非深通老莊，則中庸此一節語，終將索解無從。故知中庸之爲書，尤當晚出於老子。此由於拈出其書中所用字語，而推闡申述其觀點沿襲之線索。此一方法，即可證成書中思想之先後，必如此而不可紊也。至周禮大司樂有中和祗庸孝友之六德，此亦足徵周禮之爲晚出矣」。（補義，下引者皆同）

謹按老子思想，在戰國之末以迄西漢初年，爲天下最有勢力的顯學；而儒道分途，自戰國時起，即從來沒有淆亂過。若中庸係繼承莊子及更晚出的老子，係屬於道家系統，而非祖述儒家思想，則此書應當爲莊子或老子的後學所著。老子書中不曾提到孔子，但老子的後學著作中，都不斷地提到老子。莊子不斷地提到孔子，却多出于譏笑調侃的態度。不論錢先生如何安排，總不能說中庸在時間上應出於漢武尊孔之後。老莊的學徒，既未受到尊孔的氣壓，則秉承其先師思想線索以著書立說，究因何嫌何疑，而一字不提到其先師的老子莊子？却稱「子曰」者十七，述孔子答問者二，稱「仲尼曰」者一，明稱仲尼的思想淵源而贊嘆之如天地日月者一。故古人有謂中庸係「贊聖之書」，此聖即指仲尼。老莊的門徒，何以要盜竊師說，寫在孔子的名下，來幹這種非其鬼而祭之的亂宗勾當？也許有人說，中庸所引的孔子的話，並非眞出於孔子；但即使是如此，作者何以不簡捷的擡出老莊，或什麼人也不擡？更何以不像莊子讚嘆關老之爲博大眞人，而偏要讚嘆仲尼？若不講考據則已；既講考據，豈能採用「明察秋毫之末，而不見輿薪」的態度，對於這種貫通全書的鐵般的材料，熟視無覩？

在論孟以前的儒家典籍中，有許多「中」字「和」字，在論孟中有許多中字和字，在數量上都要壓倒老莊；但錢先生認爲這些「字語」與中庸無關，特引莊子的「環中」、「養中」，老子的「守中」，以作中庸「中」字的思想線索。從前有人懷疑論語及其以前的中字，均指外在的關係而言。而中庸的中字，則是內在的性質，因此，認爲中庸中之中和一章，係樂記的錯簡。錢先生所引的環中，「亦有形象可指」，所以在這一點上，應與論孟上的中字性質無異。（當然在思想的基底上，是完全不同的）。錢先生說環中之中，「已作一抽象的專門名詞」，但論孟的中字，一樣是抽象的專門名詞。若僅就中字而論，在這一點上，不能說出莊子與論孟的不同。錢先生說「養中」的中字「乃以代心字，亦可謂是代氣字」，意即謂此中字已內在化，而中庸未發之中也是內在化的，所以覺得是來自莊子。但是：第一，在莊子一書中，旣可由環中的外在之「中」以演進而爲養中的內在之「中」，則論語及其以前典籍上所說的外在之中，何以不能順其自家思想線索而演進爲中庸的內在之中？不想定有內在之中，內在之和，則無由發見並承認在外在關係中的中與和。不過，就思想一般的發展情形說，人總是先在外面經驗界中發現有所謂中與和，再反省而證驗人之所以能承認外在的中與和，正因爲有內在的中與和，因而自覺到自己的中和精神狀態。第二，「養中」見於莊子人間世。在人間世一篇中，心與氣並不相同。如說「无聽之以耳，而聽之以心。无聽之以心，而聽之以氣」。養中的中，在一篇之中，不能同時代心字，又代氣字。第三，「養中」這一段話，主要是假托葉公子高將使於齊，向仲尼請教使臣之道而起；仲尼認爲使臣「傳兩喜兩怒之言」，必多「溢美」、「溢惡」而受禍。並且認爲「以禮飲酒者始乎治，常卒乎亂。……始乎諒，常卒乎鄙。其作始也簡，其將畢也必巨。……故忿設無由，巧言偏辭」。意思是說，一個人在開始即使是很小心謹愼，但結果還是容易過節過度，以見當使臣的不易，亦即處人間世的不易。最後乃提出「乘物以遊心，託不得已以養中」，來表示處人間世的理想態度。乘物以遊心，乃是因物付物，即齊物論之所謂「物化」。託不得已以養中的中，我懷疑是對上面的「溢」、「鄙」、「巨」、「巧」、「偏」等的「不中」狀態而言；即是對於這些不中的狀態而用「不得已」的態度以保養不溢不鄙不巨不巧不偏的中。「不得已」是形容順乎自然而決不稍用私智私巧的態度。因此，這個中字，恐怕也不代心字，也不代氣字，而只是表示傳統的事物恰到好處的關係狀態。「養中」，即是保持事物恰到好處的關係狀態。至老子「守中」之中，錢先生並無確解，因此，沒有作爲推論根據的資格。其實，老子這個「中」字與「冲」字通，只能做「虛」字解，才可以適合全章的意思。總共老莊的三個中字，發現不出與中庸的「中」字，有何思想線索。中庸的中字，它自己解釋得清清楚楚，即是「喜怒哀樂之未發，謂之中」，此一中字的定義，對老莊的三個中字都用不上。至錢先生謂論孟不特別重提喜怒哀樂，亦不確。論語：孔子以「不遷怒」爲顏子的好學。稱讚關睢「樂而不淫，哀而不傷」；他自述「樂在其中」，稱讚「回也不改其樂」。又謂「好之者不如樂之者」。其重喜怒哀樂之「得其當」，可謂至矣。莊子齊物論「其發若機括」一段，只是描寫人生百態，虛幻不常，從文字與文意上，我看不出半毫可以關涉到中庸所說的「喜怒哀樂之未發謂之中」的地方。至中庸「中和」的先行思想線索，可略擧以三。一、左傳成十三年劉子謂「民受天地之中以生」，則是人之本身即是中。天地之中表現爲氣之和，人之中自應表現爲感情之均衡狀態。二、論語之所謂狂、狷、中行，都是從人的氣質上說的。中行是感情最能保持均衡的人（這是最粗淺的解釋）。由此種中行的氣質向內推進一步，即自然會承認內在之中與外發之和。三、孔子既如此重視喜怒哀樂之得當，則其進一步的發展，即應明確找出喜怒哀樂得當的根源及其得當的明確狀態。綜合三者而形成中庸中和之說，似乎是很自然的。至錢先生謂中庸中節之和，係「指心氣之和」，亦不當。心氣，是在人身之內的。中庸此句分明對上句「未發」而言「已發」；既曰「已發」，當然是向外而發，如何又可指內在的心氣？這個「和」字，中庸自己解釋得很清楚，即是「發而皆中節」。「中節」即是合乎禮。節是禮的具體內容，故禮與節常聯詞。所以和是喜怒哀樂之發於外而皆合於禮之謂；因此，中庸特重視禮。這與老莊的和，恐怕很難找出思想線索。

錢先生又引老子「天地之間，其猶橐籥乎」的一段話以爲「中庸乃承其意以言中和」，尤所未喻。老子那段話，意在說明天地的無窮作用，乃由虛而來，故以橐籥作比喻。寫中庸的人，怎樣能承其意而言人自身感情已發未發之中和呢？不錯，古代思想，常常由天說到人。但老子這一章由天說到人是「多言數窮，不如守中（虛）」，「守」者保持之義。中庸此章的結論是要人能「致中和」，「致」是向外推擴。「守」之與「致」，根本有消極與積極之不同。槖籥是比喻天地的虛的作用，而中庸則認爲天地的作用是與虛相反的「誠」。故曰「誠者天之道也」。錢先生謂，若中庸的中和不從老子這幾句話來，則中庸的「大本」、「達道」、「天地位」、「萬物育」便無法解釋。依我的淺見，若從老子這幾句話來，便眞不知如何解釋。中庸是以人爲立說的基點。既以人爲立說的基點，則人的一切已發者，皆來自人的未發。中是未發，所以說中是「大本」。發而合於禮（中節），則人與人的人倫關係無不諧和，無不通順，故曰達道。猶論語「雖蠻貊之邦行矣」之意。天高地卑，本無所謂不位；但感情顚倒之人，天地亦隨其感情之顚倒而顚倒，於是在此人精神中之天地乃至於不位。春生夏長，萬物本無所謂不育；但感情乖戾之人，萬物亦因其感情之乖戾而受到摧折，於是此人力量所及之萬物，亦可常歸於不育。所以中庸特別提出，只要人能推擴其「感情之正」的中和，則人所看到的天地皆得其位（即萬物各得其所之意），所接觸到的萬物皆得其養（即仁民而愛物，盡物之性之意）。這種順著儒家思想所作的解釋，似可稍供參考。

育（化）

錢先生引老子「道生之，德畜之，長之育之……」的話而下斷語說：

「今按中庸曰，萬物育焉，又曰贊天地之化育，又曰洋洋乎發育萬物，又曰萬物並育而不相害……此亦見中庸之秉承莊周老子。蓋言化則本之莊周，言育則秉承老子也。……易繫辭傳；『天地之大德曰生』此亦本老子……」。

我們首先應了解，天地（自然）與人的關係，這是在周初已經成爲一個非常關心的問題，也可以說是有了文化便有這個問題，所以它是儒道兩家的共同課題。但儒家是站在人的立場去看自然，要由盡己之性以盡物之性，要推擴自已的德性去成就自然。所以中庸要說「致中和」，要由人自身向自然上去推：要說「贊天地之化育」，要人以其德性去贊助天地的作用。至於「洋洋乎發育萬物」，「萬物並育而不相害」，這都是讚嘆孔子由盡己之性以盡物之性的極致。因此，我們可以說儒家精神，是「道德地人文主義」，以別於西方的「智能地人文主義」。道家則是站在自然的立場來看人生，而要「絕仁棄義」、「絕聖棄智」，把人生消納於自然之中，把人生變成自然。凡中庸中所强調的仁、義、禮、智、信等等，都不是自然，都妨碍了人的自然化，道家都要一律加以反對。老子認爲「萬物將自化，化而欲作，吾將鎮之以無名之樸」；他認爲「爲者害之」。所以對於天地之化育，站在道家的立場，安放不上一個「贊」字。但道家對於「自然」，不是採取觀察以了解其法則的態度，乃是採取觀照而當下與以無分別的承認的態度；這是一種藝術的態度。所以我想稱道家爲「藝術地自然主義，」以別於西方十九世紀以來的「科學地自然主義」。這是兩家思想的大脈絡，是兩家思想的大分水領。把握到這一點來讀兩家的書，即可隨處發現兩家在同一問題同一字語之下，其精神面貌，皆釐然不可相亂。等如夏天大家同戴草帽子，但一注意到草帽子底下的人，便決不會因帽子之同，而混同了其人之異。隨便再舉一個例吧，談到「化」，莊子最主要的念觀是「物化」，即人應隨物而化。這是以物爲主的態度。儒家言化，如孟子「有如時雨化之者」，這是指人對人的敎化之功；又「君子所過者化」，這是指人的成就德性之效。又如儒家道家，同樣說「道」，但儒家重在人道，而道家重在天道。同樣談天道，但儒家的道，在形式上是在天的下面；易傳如「立天之道，曰陰與陽」，道是屬於天的。中庸「天命之謂性，率性之謂道」；此道乃人道，與老莊中所說的道的性質，更不相同，因此，在形式上的層次爲更低一層。後來董仲舒說道之大原出於天；即儒家的道，從形式上說，是在天之下的明證。老子之所謂道。在形式上則是在天的上面；所以說「人法地，地法天，天法道」。又說「公乃王，王乃天，天乃道」。因此，老子只能說「道生之」而不能說「天生之」，因爲天不是最後的根源。易傳則說「天地之大德曰生」，以「生」爲天地之大德，因爲天地即是最後的根源。又如易傳中庸與老子，同樣談到宇宙精神；但從易傳中庸中所看到的宇宙精神，是剛健正大。所以乾文言說「大哉乾元，剛健中正，純粹精也」。恒卦彖傳謂「天地之道，恒久而不已也」。大壯卦之彖傳謂「正大而天地之情可見」。乾卦象傳「天行健，君子以自強不息」。中庸則謂「至誠無息」，正與易傳相應。在此種宇宙觀之下，人是要「有爲」，是應當積極的。而老莊則正與儒家的易庸思想相反，以虛靜柔弱來說明宇宙，而以道爲「無」爲「虛」。人面對這種宇宙觀，是要求「無爲」；因而是消極的。（本項係採用前東京帝大教授高田眞治「天之思想」一文的觀點，見「支那思想研究」一二一—一二三頁）凡此思想大線索之所在，只要平情靜氣，一讀兩者的書，便立即可以承認的。兩家所同用的字語，皆各以其文句表現此種思想線索，並在此種線索之下而各表現相同的字語之不同涵義。這是不可用單詞隻語來輕相比附的。即以字語來說，孟子所用化字的分量，並不輕於莊子。孟莊同時，何以見言化則本之莊周而不可本之孟子？詩生民：「載生載育」，谷風「既生既育」，蓼莪「長我育我」，在老莊以前以外，有這多育字，則中庸言育，並無須禀承老子。老子說「道生之」，這是在天的上面；又說「德畜之」，道與德是分作兩層。而易傳謂「天地之大德曰生」，生不來自道而來自天地；生即是天地之德，而不另說德畜之。老氏說此種話的用意，是表明由「無」向「有」的宇宙發展過程；而易傳說此種話的用意，則是要以此來顯天地之仁體。而老子却正是以「天地爲不仁」的。

明

錢先生謂：

「古之言明指視，故論語曰視思明。又子張問明，子曰，浸潤之譖，膚受之愬，不行焉，可謂明也已矣，是明爲遠視。……凡論孟言明字率如是。至莊子書而明字之使用義乃大不相同。莊子曰，莫若以明。又曰爲是不用而寓諸庸，此之謂以明。蓋孔孟儒家尚言知，莊子鄙薄知，……故轉而言明。蓋知由學思而得，明由天授而來。……中庸亦重明；故曰不明乎善，不誠乎身矣……故中庸之言明，顯承老莊而來……」

按論孟言明，並非皆指視覺而言。孔子答子張問明之言，亦非可釋為「遠視」。蓋浸潤之譖，膚受之愬，決難訴之於視覺。朱元晦以「心之明」釋之，這是不錯的。但莊子的所謂明，確與一般的用法絕異。一般的所謂明，總有把對象辨別清楚，以分出是非善惡的意思在裡面；這在莊子，只能算是「滑疑之耀」，聖人「應圖而去之」（聖人之所圖也）。所以他之所謂明，乃是泯是非，忘彼我的態度。中庸之所謂明，分明是指的「明善」，辨明何者是善，以使此善能實有之於身的意思。明善即是擇善而固執之」的「擇善」。莊子的明是不分辨，而中庸的明則正是要分辨。二者之間，乃處於正反對的地位。大學自釋其「明明德」的明字來原說，「康誥曰，克明德，太甲曰，顧諟天之明命，帝典曰，克明峻德，皆自明也。」這是明字傳統的思想線索，大學即已自述其明字的來源；中庸亦自無「顯承莊老」之必要。何況莊子的明字是名詞，而中庸明善的明，則是動詞。至錢先生因莊子有「勞神明為一」的話，而認易繫傳屢言「神明之德」，也是「襲取於老莊」；殊不知莊子之所謂神明，有類於今日之所謂精神；而易傳之所謂神明，乃係指鬼神而言。此乃傳統的用法，如左襄十四年「敬之如神明者」即是。易傳是繼承傳統的用法，決非襲取老莊。

止

錢先生因莊子有「知止其所不知，至矣」，老子有「知止不殆」這些話；因而斷定大學的「在止於至善」，也是繼承老莊而來。按老莊之所謂「止」，是要人當下停下來，不向前進；故「知止」與「知足」同義。大學之所謂「止於至善」，是說明德親民，都要以至善為目標；要達到至善的地步方可以停止；反轉來說，是不到至善即不能止的，這是鞭策人要作無限努力的意思。一是消極，一是積。所以後面說「爲人君，止於仁；爲人臣，止於敬；爲人子，止於孝，爲人父，止於慈，與國人交，止於信。」這對於「止」的內容，他自己說得太淸楚了，老莊之所謂「止」，找得出這樣人倫道德的積極內容嗎？再就「止」與「知」的關係來說，莊子要「知止其所不知」，即是對於不知的東西，便不應當要求知道；而大學則是要格物致知。由止於至善以至格物致知，其本身自有其思想線索。斷難在「知止其所不知」中去找格物致知的線索。且大學「詩云，緡蠻黃鳥，止於丘隅；子曰，於止，知其所止，可以人而不如鳥乎」，這分明已把「止」字的來源自己說出來了，何勞另在莊老中去求來源呢？

曲

錢先生以老子有「曲則全，枉則直」的話，因而斷定中庸的「其次致曲」，易繫辭的「曲成萬物而不遺」，爲承用老子。按老子之所謂曲則全，與「後其身則身先」同意。後來「委曲求全」的話，恐係由此而來。中庸「其次致曲」，乃對應上節「惟天下至誠，惟能盡其性」而言。蓋至誠之聖人，能將天命之性，全體顯發出來。賢者則不能當下將性之全體呈露，而只能先從局部（曲）努力。「致曲」是致力於局部。由局部努力的最後結果，也能與聖同功。此意在原文已甚明白。「曲成萬物而不遺」之曲，我的意見，應作「曲折」解。其意是萬物各有不同，應順萬物之不同而曲折以成之，無所遺漏。若不隨萬物之不同以爲曲折，强物以從一固定標準，則不合此標準者必被遺漏；且萬物將沒有個性。三處所用的曲字，各有所當；詩經上已三用曲字，則不論從語源上，從思想線索上，都找不出庸易的曲字是承用老子。

强

錢先生謂「孔孟儒義不言强，莊子亦不言强。」而老子有自知者明……自勝者强，」及「見小曰明，守柔曰强」，遂斷定中庸「果能此道矣，雖愚必明，雖柔必强」，「明强連文，顯承老子」。按古强彊通用，詩載芟「侯彊侯以」，鄭箋「彊，有餘力也」。國語晉語：「申生甚好仁而强」。孟子：「晉國，天下莫强焉」。莊子讓王「强力忍垢」，盜跖「强足以拒敵」。則强字自不必以老子爲語源。一般的流行觀念，以勝人爲强，剛健爲强；而老子却以自勝守柔爲强。中庸則以孔子的「困而學之」的發憤向上爲强。所以說「有弗學，學之弗能弗措也。……人一能之己百之，人十能之己千之。果能此道矣，雖愚必明，雖柔必强。」這完全是承孔子「發憤忘食」，「困而學之」的精神的具體表現。老子要人安於現狀，中庸要人憤發向前，一消極，一積極，二者也是處於正相反的地位。況且老子思想，既是以儒家思想的反動而出現，則何以見得老子不是因爲中庸主張積極的明與强，因而受其影響以主張消極的明與强呢？儒家的主張，都是從正面說，老子則針對之而偏偏從反面說；必先有中庸之正面主張，而後有老子之反面主張。中庸出於子思，老子在莊子之前；正近承中庸思想，而因作針鋒相對之主張，乃最自然之事。

至於錢先生以中庸所謂南方之强，乃「明爲承老子，並已隱指老子而謂其爲君子之道」，這從思想上來看，二者到有近似之點。但論語上已有「或曰以德報怨」的話，正合乎老子的「報怨以德」；又「有若無，實若虛，犯而不校」，亦有合於老子的思想；因此，胡適之先生便可據以謂老子在論語之前。但實際，如我前面所說，老子的思想，也有他以前的線索；像「以德報怨」，「南方之强」，是因早有這種成語，爲兩家所同引用，兩家不必有互相祖述的關係。且中庸此段話，並非以南方之强爲歸結，而是以「和而不流」、「中立而不倚」、「不變塞」、「至死不變」的「强哉矯」爲歸結。這便與南方之强，在性格上有顯然的不同。

華

錢先生以莊周「好言華」，老子亦承莊周而言華，於是因尚書舜典有「重華協於帝」之語，遂斷定「舜典之成書又晚出於老子」。但書武成已有「華夏蠻貊」，國語魯語有「以德榮爲國華」，此外，詩經用華字者凡十五，何以一定要承老莊而始可用華字？由此一華字以斷言舜典之「又晚出於老子」，採證未免過於薄弱。

宗

錢先生以莊子有「大宗師」，又有「命物之化而守其宗」等，謂「此宗字用法，亦爲老子書襲用」，而斷定「後世喜用此宗字，如曰宗主……曰宗教，求其語源，實始老莊」。按詩公劉「君之宗之」，詩鳧鷖「公尸來獻來宗」。儀禮士昏禮「宗而父母之言」。左隱十一年，「周之宗盟」。晉語，「禮之宗也」。禮記檀弓，「天下其孰能宗予」。作「主」解之宗，其來尚矣，何能以老莊爲語源乎？

正貞

錢先生以「儒義尚正……莊周心中亦有正，惟非儒家孔孟之所謂正耳。」此言甚諦。

錢先生又謂「老子書又以貞易正」而斷定禮記文王世子篇之「萬國以貞」，此又「明承老子侯王爲天下貞之語而來」。按言「貞」莫過於易。其卦辭中有「君子貞」，「貞大人」；君子，大人，皆指君侯而言；文王世子之言貞，何必承老子？

錢先生又以易繫傳下有「天下之動，貞夫一者也」之言，而斷定此「一字亦即老子書中『昔之得一』者之一，一即道也。亦即中庸所謂道也者不可臾離，可離非道也」。按易傳老子之所謂一，固皆指道而言，但易傳與老子之所謂道，在形式的層次上與性格上皆不相同，已如前說，則此一，正不必來自彼一。至中庸「不可須臾離之道，它自己界定得很清楚，乃是「率性之謂道」的人道；落實了說，即「天下有達道者五」的達道。與老子之「一」，似乎邈若山河。

久　忒

錢先生以「老子曰，道乃久，此義乃爲中庸所襲。中庸之書曰，至誠無息，不息則久……蓋中庸之所謂至誠，即老子之所謂道也……故中庸實承老子。」按老子「道乃久」一章，乃說明人之體道的方法及其結果。老子之所謂道即是「無」。體道即是體「無」。「體無」之方法即是「致虛」、「守靜」，虛與靜，乃次於「無」而爲人可把握得到之觀念。由此方法，人可以體得到道；體得到道，道是可以久的。其所要達到的目的則在「沒身不殆」，即保存自己；這是老子一貫的基本要求。老子之所謂道，即是無，即是虛，此與誠正相反。中庸由至誠所欲達到之目的，與老子「致虛」、「守靜」所欲達到之目的，亦顯然有積極消極之不同。中庸說，「誠者非自成己而已也，所以成物也。成己，仁也。成物，知也。」由成己以成物，既爲老子精神之所無；而仁與知，亦皆爲老子所不取。中庸「誠之」（未誠而欲達於誠）的工夫，是要「擇善而固執之」，因此，便須「博學之，審問之，愼思之，明辨之，篤行之」，這與老子體道的「致虛極，守靜篤」，因而主張「絕學」、「棄知」，眞係天壤懸隔。因而老子之所謂「道」，與中庸之所謂「至誠」，自然也是天壤懸隔的。二者的內容既不相干，甚且相反；而久字又爲金文，詩，論語，左傳，國語等之常用字，則中庸爲什麼要從老子襲用一個久字呢？

又錢先生因中庸「其爲物不貳」之貳，「淸儒王引之、朱駿聲，皆考訂其爲忒字之譌。其爲物不忒，即老子之常德不忒也。……則中庸此一忒字，亦正從老子來。」按「貳」是否係「忒」之譌，姑置不論。詩抑：「其儀不忒，正是四國」。閟宮：「享祀不忒」。忒字之流行久矣；中庸即欲用一忒字，何必乞靈於老子？。

以上就錢先生所舉大學中庸出於老莊之說，畧加覆按，殆無一不使人深覺其可異。至補義與自序中由思想線索以論老子之後於莊惠公孫龍，及論老子之所以爲老子，在於道名並重種種，當另文商討

四、治思想史的方法問題

錢先生在思想史上所得的結論，是來自他治思想史所用的新考據的方法。因此，我對治思想史的方法，想畧陳述一點意見。古人的思想，保存在遺留的文獻裡面。要了解遺留的文獻，如文獻的本身有問題，當然須要下一番訓詁考據的工夫。在這一點上，不應有任何爭論。但僅靠訓詁考據，並不就能把握得到古人的思想。在訓詁考據以後，還有許多重要工作。

我們所讀的古人的書，積字成句，應由各字以通一句之義；積句成章，應由各句以通一章之義；積章成書，應由各章以通一書之義。這是由局部以積累到全體的工作。在這步工作中，用得上清人的所謂訓詁考據之學。但我們應知道，不通過局部，固然不能了解全體；但這種了解，只是起碼的了解。要作進一步的了解，更須反轉來，由全體來確定局部的意義；即是由一句而確定一字之義，由一章而確定一句之義，由一書而確定一章之義；由一家的思想而確定一書之義。這是由全體以衡定局部的工作。即趙岐所謂「深求其意以解其文」（孟子題辭）的工作；此係工作的第二步。此便非清人訓詁考據之學所能概括得了的工作。這兩步工作轉移的最大關鍵，是要由第一步的工作中歸納出若干可靠的概念，亦即趙岐之所謂「意」。這便要有一種抽象的能力。但清人沒有自覺到這種能力，於是他們的歸納工作，只能得出文字本身的若干綜合性的結論，而不能建立概念。因此便限制了他們由第一

步走向第二步的發展。所以清人的訓詁考據之學，都只限於以實物（廣義的）爲對象的活動；字形，字音，版本上文字的異同，記載上事實的異同，這都是用眼睛可以看見的實物；清人所謂由群經以通一經，也只是群經間實物的參互比較；清人訓詁考據學的活動，沒有超出這種範圍。不僅他們不能超出，假定超出了，他們便會自覺到這已經不是訓詁考據之學。由此種實物範圍以內的活動所得的材料，對於一部書，一個人的思想來說，好似把做房子的磚瓦等材料，搬運到了現場。但這些材料還缺乏以一個圖案爲導引的安排，因此便不易確定這些材料的相互關係，因而不能確定每一材料的價值。因爲各個材料的價值，是要在相互關係中與以確定的。所以僅有這步工作，並不能得出古人的思想。以實物活動爲基礎，以建立概念爲橋樑；由此向前再進一步，乃是以「意」爲對象的活動；用現在的術語說，乃是以概念爲對象的思維活動。概念只能用各人的思想去接觸，而不能用眼睛看見。概念的分析，推演，在沒有這種訓練的人，以爲這是無形無影，因此是可左可右，任意擺佈的。但是凡可成爲一家之言的思想，必定有他的基本概念以作其出發點與歸結點。此種基本概念，有的是來自實踐，有的是來自觀照；有的是來自解析。儘管其來源不同，性格不同，但只要他實有所得，便可經理知的反省而使其成一種概念。概念一經成立，則概念之本身必有其合理性、自律性。合理性自律性之大小，乃衡斷一家思想的重要準繩。在一部書中若發現不出此種基本概念，這便是未成家的雜抄。有基本概念而其合理性自律性薄弱，則係說明此家思想的淺薄或未成熟。將某書某家的概念，由抽象的方法求得以後，再對其加以分析、推演，這是順着某種概念的合理性自律性去發展。愈是思想受有訓練的人，愈感到這種合理性自律性的精細、嚴密；其中不容許有任何主觀的恣意。某種東西爲此一概念之所有或可能有；某種東西爲此一概念之所無，或不可能有；概念與概念之間，何者同中有異？何者異中有同？何者形異而實同？何者形似而實異？異同之間，細入毫釐，錙銖必較，其中有看不見的森嚴地鐵律。在此種精密地概念衡斷之下，於是對於含有許多解釋的字語，才能斷定它在此句此章此書此家中，係表現許多解釋中的某一解釋，確乎而不可移。黃梨洲謂「講學而無宗旨，即有嘉言，是無頭緒之亂絲也。學者而不能得其人之宗旨，即讀其書，亦猶張騫初至大夏，不能得月氏要領也」（明儒學案凡例）。他這幾句話，與我上面所說的意思完全相同。不過他是順著中國學問的性格，不用概念，而用「宗旨」二字。此一階段的工作，不僅爲清人所不能了解，並爲五四運動以來做考據工作的人所未能了解。錢大昕經籍纂詁序說「詁訓者，義理之所由出，非別有義理，出乎詁訓之外者也」；這幾句話代表了乾嘉考據學家的總意見。但他就在這篇序中，謂大雅烝民之詩「述仲山甫之德，本於古訓是式，古訓者詁訓也」，以作義理出於詁訓之證明。按鄭箋謂「故訓，先王之遺典也。」「式，法也。」「古訓是式」，即是以先王之遺典爲法；文義甚順。詁訓則是解釋遺典的東西；把這句話解成爲，「詁訓之不忘」，認仲山甫也是在那裡弄詁訓，其牽强不通，眞令人噴飯。他在同一序中引「歐陽永叔解吉士誘之爲挑誘」，以作宋賢「師心自用」之證。按召南野有死麕的詩「有女懷春，吉士誘之」，這誘字作挑誘解，有何不可？清人固蔽傲狠，他們的訓詁，在許多地方較五經正義爲開倒車，其原因便是這種好立門戶的成見害了他們。他們在這方面有若干成就，也好像散兵游勇，中間總缺乏一個主帥。有的人也想將這些散兵游勇加以集合，以說明某一思想，如阮元的「釋心」、「論語論仁論」、「孟子論仁論」、「性命古訓」等；集合了許多經過了他們訓詁考據過的字語，但有如沒有紀律訓練的烏合之衆；眞是幼稚得不堪一擊。等而下之，有的窮年累月，疲精弊神，連一個可以値得考據的題目也找不出。人固然不可以胡思亂想，但更不可以不思不想。不思不想的結果，連考據也要被斷送掉；這才是今日學術界可悲的現象。此其間有如王國維、陳寅恪、陳援庵、湯用彤諸氏，漸由考據走上思想史的道路；雖深淺不同，但這已眞是鳳毛麟角。所以我曾經說，此一步工作的性質，與清人所謂訓詁考據，有本質上的不同。但這種以概念爲活動對象的工作，還應時時扣緊語文，反轉來要受語文的約束，要受語文的考驗，不可以語文去附會概念。因此，初步成立的概念，只能說是假設的性質。否則容易犯將古人的一句話，一個字；作盡量推演的毛病。凡是立足於很少的材料；作過多的推演的；結果會變成所說的不是古人的思想，而只是自己的思想。因此，由局部積累到全體（不可由局部看全體），由全體落實到局部，反復印證，這才是治思想史的可靠方法。但若僅僅停頓在這裏；則所得的還只是由紙上得來的抽象的東西。古人的思想活動，乃是有血有肉的具體地存在。此種抽象的東西，與具體地存在，總有一種距離。因此；由古人之書；以發見其抽象的思想後；更要由此抽象的思想以見到在此思想後面活生生的人；看到此人精神成長的過程，看到此人性情所得的陶養；看到此人在縱的方面所得的傳承；看到此人在横的方面所吸取的時代，一切思想，都是以問題爲中心。沒有問題的思想不是思想。古人是如何接觸到他的問題？如何解決他所接觸到的問題？他爲解決問題；在人格與思想上作了何種努力？以及他通向所要達到的目標是經過何種過程？他對於解決問題的方法有何實效性、可能性？他所遇着的問題及他所提供的方法，在時間空間的發展上，對研究者的人與時代，有無現實意義？我們都要眞切的感受到。所以治思想史的人，先由文字實物的具體；以走向思想的抽象；再由思想的抽象以走向人生、時代的具體。經過此種層層研究；然後其人其書，將重新活躍於我們的心目之上，活躍於我們時代之中。我們不僅是在讀古人的書；而是在與古人對語。孟子所謂「以意逆志」，莊生所謂得魚忘筌；得兔忘蹄；得意忘言，此乃眞是九原可作，而治思想史之能事畢矣。若是以讀書爲個人修養之資，則到此一境界；對前階段的工作，眞可「忘」而不顧。但若以治思想史爲目的，則與前一階段的工作，仍要時時互相推證；互相制約；可分而不可分；可忘而不可忘；乃不至發生支離或獨斷之弊。

由群經以通一經，由諸子以通一子；如錢先生所强調的會通的方法；當然也很重要。但這裡必須有一個基本前提；即是欲以群書互相參校，必先就各書之本身作一切實之研究，必須順各書之章、句、詞，作由局部而全體；由全體而局部之研究；就本書求得本書之解釋，就本書求得本書之結論；

必通過此一階段以後，在群書互相參校時，乃能使各書各家的脈絡分明，異同自顯，不至有附會含混淆亂之弊。否則一開始即以甲書釋乙書，或以乙書釋甲書；在甲書中預找乙書的結論，或在乙書中預找甲書的結論，把幾步路作一步走，我認爲這是有莫大問題的。

我讀錢先生這幾年的著作，似乎錢先生抱有一個宏願，即是要建立一個莊學的道統。錢先生認莊子爲道家之祖，不僅老子由此出；易傳、中庸、大學、及有思想性之小戴記等，亦皆認爲出自莊老；宋明理學，若僅從文獻上的根源說，則中庸大學易傳，實爲其不祧之宗；至此而亦成爲老莊思想的轉手。生於莊子以前之孔子，在錢先生「能實有其好惡謂之仁」的新異解釋之下，也變成爲具體而微的莊子。此說如能成立，誠爲研究中國思想史上的一大革命。但由錢先生新考據方法所得之結論，千百年後所不敢知，當前則是很難取信的。

四六、十一、十六人生一六九期
四六、十二、二人生一七〇期

一個歷史故事的形成及其演進

——論孔子誅少正卯

香港「自由人」七三八期有孟戈先生「雷震安可殺」一文，是對高明先生在自由青年上「孔子與少正卯」大文的抗議。我沒有看過自由青年，所以也不會看到高先生的原文。據孟戈先生文中所轉引，高先生主要的意思是覺得「我們自由中國的境內，也有一些聞人，以自由爲標榜，以科學爲號召，以民主爲掩護，從事亂政的工作，我想孔子如生在現代，對於這些現代的少正卯，恐怕也不會輕輕放過，而不予制裁的」。誅少正卯故事的虛構，早有許多人論證過。高先生是國立政治大學中文系主任，兼省立師範大學國文研究所的所長，若說他對此問題全無理解，那到是很奇怪的。我根本不相信爲我平日所欽佩的這位朋友——高先生，會眞正要在「自由中國的境內」，來作敎唆殺人的事。文人之筆，以感興爲多，常常是不應認眞去推求的。我之所以寫這篇文章，是因爲在最近的刋物報紙上，有好幾處提到此一故事，這當然有其時代的意義。所以把前人對此一故事的考證所未說到的，試作進一步的探索。決非針對高先生的大文而發，這點願先向讀者交代清楚。

一

孔子誅少正卯的故事，早在王若虛的五經辨惑，陸瑞家的誅少正卯辨，閻若遽的四書釋義又續，崔述的洙泗考信錄，梁玉繩的史記志疑等中加以辨正。綜合他們的論據，可以分爲三點。第一是從思想上看，認爲此事與孔子的整個思想不相容。第二是從歷史上看，認爲在春秋時代，孔子不可能作出此事。第三是從文獻上看，此故事不見於論，孟，春秋三傳，國語，大小戴記等書。最早的見於荀子宥坐篇，及尹文子。荀子已及戰國末期，尹文子一書根本不可靠，所以此故事，是晚出的東西。我現在除對他們的論證稍加補充外，主要是想說明此一故事如何能假借孔子以出現；及此一故事係經過如何之經路而演進，因而涉及記載此故事之幾種文獻的年代問題。關於後面這一點，恐怕是一個大膽的嘗試。

首先是少正卯的身分地位問題。高誘淮南氾論訓注：「少正，官；卯，其名也。」按左傳襄公二十二年「夏，晉人徵朝於鄭，鄭人使少正公孫僑對」注：「少正，鄭卿官也」。正義：「十九年傳云；立子產爲卿，知少正是鄭之卿官名也。春秋之時，官名變改，周禮無此名也。」按少正的官名，不僅爲周禮所無，且除左傳襄公二十二年此一記載外，亦爲先秦其他典籍所未見。在與魯有關的文獻中；更找不出有少正官名的痕跡。所以杜注認爲是「鄭卿官」，意思是這只算鄭國官制中的特稱，這是他的謹愼。假使魯國也有此卿官的名稱，則春秋尙是「世卿」的時代，不僅孔子無權專殺，且在少正卯以前及其以後，何以毫無此一世卿譜系的痕跡。所以揑造此一故事的人，已經遠離世卿時代，故在人名的本身，不覺留下了這樣一個大漏洞。

其次是孔子誅少正卯時的官職。荀子宥坐篇稱「孔子爲魯攝相。」尹文子大道下稱「孔丘攝魯相。」高誘淮南子氾論訓注稱「孔子相魯。」說苑指武篇稱「孔子爲魯司寇。」白虎通誅伐篇引韓詩內傳稱「孔子爲魯司寇。」後漢書李膺傳「昔仲尼爲魯司寇。」史記孔子世家稱「定公十四年，孔子年五十六，由大司寇行攝相事（崔適以爲應依魯世家訂爲攝行者是）。」孔子家語始誅第二稱：孔子爲魯司寇攝行相事。」按孔子爲魯司寇，見於左傳定元年，及孟子告子篇，禮記檀弓上篇，荀子儒效篇，呂氏春秋遇合篇，這是可信的。但正如公羊定公十四年疏所說：「魯無司寇之卿」，這是以周朝的官制爲根據。因此，孔子所作的司寇，應當是在司空之下的小司寇，其位爲下大夫。先秦典籍，無一稱孔子曾爲司空的；在當時，司空才是卿位。所以史記「由中都宰爲司空」，乃全無根據的說法。再「由司空爲大司寇」，這是一路升官的口氣，於是在司寇之上，便不能不加上一個「大」字，以見其爲卿位的司寇，非復爲下大夫的司寇。但先秦典籍中，無一稱孔子爲「大司寇」者，所以呂氏春秋遇合篇稱「僅至於魯司寇」，「僅」者僅止於此，蓋有所不足之意。若如史記所稱之大司寇，或以魯之司寇原即卿位，則呂氏春秋何以稱之曰「僅」？春秋之卿，皆命自天子，大夫始命自諸侯。而韓詩外傳八有魯侯命孔子爲司寇之辭，則其爲下大夫之司寇，彰彰明甚。下大夫之司寇，不能擅殺卿位之少正，亦彰彰明甚。大司寇既出於後來的附會，則史記「由大司寇攝行相事」之進一步的升官，當知更出於附會。攝相乃代行相事之意。攝相既不可靠，則史記中的秦紀，吳齊晉楚魏世家，及伍子胥傳等所謂孔子「相魯」，由代理而除眞，更爲後起的附會。按定公十年左傳云「公會齊侯於祝其，實夾谷，孔丘相」。崔述謂此乃相禮之相，非相國之相，這是很對的。但攝相之相，當即依傍此事附會而來。孟子告子篇「孔子爲魯司寇，不用；從而祭，燔肉不至，不稅冕而行」。禮記檀弓上篇「有子曰，昔者夫子失魯司寇，將之荆，蓋先之以子夏，又申之以冉有」。由此可知孔子最後的官位止於司寇。由司寇而大司寇，由大司寇而攝相，由攝相而相魯，孔子的官位，是後人層層的加上去的，愈到後來，加上去的官愈大。先了解這一點，對於解決記載誅少正卯各文獻的時間先後問題，是一個幫助。

二、

孔子在政治上是最反對用「殺」，乃至用刑的人。論語「季康子問曰，如殺無道以就有道，何如？孔子曰，子爲政，焉用殺。……」又說「道之以政，齊之以刑，民免而無恥。道之以德，齊之以禮，有恥且格」。他在政治上最恨佞人，利口，認「利口」可以覆邦家，「佞人」可以使國家陷「於危始（佞人殆）；但對利口亦止於「惡」，（惡利口之覆邦家者）對佞人亦止於「遠」（遠佞人）。在他當時，尙無顯著的學術思想之爭；即有，盡其量，也不過止於「道不同，不相爲謀」。他對當時「避地」「避邑」「避世」的逃避政治現實的隱士，無不寄與同情與尊敬。他對政治，只採取兩種態度，有機會便積極的去改造它（達則兼善天下），沒有機會便消極的保存自己（窮則獨善其身）。決沒有非與現實政治共存亡不可的意思，所以尊重隱士的「消極的自由」。他的倫理思想，實際是以自由精神爲基底的，這才能賦與以「中庸」的性格，使「道並行而不相悖」。到了孟子，思想異同之爭，特爲激烈。他斥楊墨爲「禽獸」，斥陳仲子爲「亂大倫」，這都未免措辭過當。但歸根到底，他也只說「有能拒楊墨者，聖人之徒」，決不能說「有能殺楊墨者聖人之徒」。趙威后對於陳仲子深怪齊王「何以至今不殺乎」？而孟子則「於齊國之士，吾必以仲子爲巨擘焉」。在儒家思想中，決找不出用殺來解決思想異同之爭的因素。然則與儒家思想極端相反的誅少正卯的故事，何以能附會到孔子身上，這是現在應當追問的。

首先我以爲儒家思想與專制政治的許多糾結，是和儒家思想的性格有關係。儒家思想，是在封建制度下產生的。儒家思想特性之一，它不是以打倒現實，去改造現實；而是想攢入到現實之中，採用脫胎換骨的方法去改造現實。這用儒家自己的術語說，即是所謂潛移默化。因此，儒家是在封建制度的形式中，注入新的精神，以改造封建制度。譬如，禮樂本是封建上層社會的東西，但「人而不仁如禮何？人而不仁如樂何？」「克己復禮爲仁」，禮樂便在「仁」的新精神中脫胎換骨了。「君子」本是封建制度下的貴族之稱，但在「人不知，而不慍，不亦君子乎」的新精神中脫胎換骨了。就造字的原始形象來看，君臣本是尊卑懸絕的。但在「君使臣以禮，臣事君以忠」及「君君，臣臣」的新精神之中，也脫胎換骨了。此一思想性格的長處，是在不破壞既成的東西中去增加新的東西，不須要鉅大的陣痛來作新生的代價，因而人類永遠是在和平中前進。此一思想性格的短處，是在於若界劃不清，把握不定，則拖泥帶水，常於不知不覺之中，易被腐朽的東西所假借利用。加以儒家思想形成後，政治情勢，由封建向專制演進；在長期的專制氣氛與利害關連之下，凡與專制不相容的成分，常得不到正當的解釋、發揮，例如儒家中的民主思想。有與專制容易混淆的部分，如父子之親，君臣之義等，便易受到過分的宣揚渲染，以至被專制的要求所滲透而發生變質。例如在先秦的儒家倫理思想中，絕對找不出片面義務性的三綱之說。三綱之說，乃出自韓非子的「三順」思想，經過長期專制下的醞釀，到東漢正式採入於作爲儒家通論的白虎通義之中，而始戴上儒家的帽子。自此以後，本來與儒家思想，有本質上的區別的三綱之說，一變而成爲儒家思想的骨幹。這是儒家在專制政治的氣壓下，受到專制思想——法家思想滲透的顯明例子。誅少正卯故事的來源，正與此相似。

法家是我國古代的極權主義。此一思想，首先在秦國取得長期實驗的地盤；隨秦國勢力的擴大而法家遂成爲百家爭鳴的殿軍，並憑藉現實政治之力而居於思想的統治地位。韓非及由韓非所代表的著作；實已集法家之大成。他們不僅要把人的物質生活，完全歸納於政治嚴格控制之下，使其成爲統治者的工具；並且要把人的精神生活，也納入於政治嚴格控制之下，使人們的思想言論，只能成爲統治者的應聲虫；這便是他們以吏爲師的眞正意義。他們既對於避世的隱士，認爲是脫離了政治控制的不軌之民；要加以殺戮；則對於懷抱異見，甚至以異見與統治者爭是非的人，當然更覺得非殺不可。此一政策的澈底實現，即是秦政的焚書坑儒。在實行焚坑以前，他們已有意無意的造成許多此類的故事，以加强他們現實政策的根據。孔子在其生時已被人稱爲聖人，其思想在戰國末期依然是「顯學」；假定不把孔子扯在一起，他們依然感到支持現實政策的精神力量不夠。於是在現存的韓非一書中，發現他們已經把孔子披上了法家的衣服，並準備好誅少正卯故事的粉本。經過此一醞釀以後，孔子誅少正卯的故事，便出而成爲同類故事中的中心故事了。

韓非子內儲說上：

「魯哀公問於仲尼曰，春秋之記曰，冬十二月霣霜，不殺菽，何爲記此？仲尼對曰，此言可以而不殺也。夫宜殺而不殺，桃李冬實。天失道，草木猶犯干之，而況於人君乎？」

「殷之法，刑棄灰於街者，子貢以爲重。問之仲尼。仲尼曰，知治之道也。……，且夫重罰者人之所惡也。而無棄灰，人之所易也。使人行之所易，而無離（讀爲罹）所惡，此治之道也」。殺

「魯人燒積澤，天北風，火南使，恐燒國。哀公懼，自將衆趣救火者，左右無人，盡逐獸而火不救，乃召問仲尼。仲尼曰，夫逐獸者樂而無罰，救火者苦而無賞，此火之所以無救也。……請徒行賞。（藝文類聚賞作罰，是。）哀公曰善。於是仲尼乃下令曰，不救火者比降北之罪。逐獸者比入禁之罪。令未下遍，而火已救矣。」

按刑棄灰，正是商鞅治秦的故事；而重輕罪，（輕罪加以重刑），也正是商鞅的政治思想。所以在同一篇內「公孫鞅之法也」一條下有「使人去其所易，無罹其所難」兩句話，恰是上面「使人行之所易，而無離所惡」兩句話的轉述。至於第三個故事，又是同篇中另一故事的轉述。

「越王問於大夫種曰，吾欲伐吳可乎？對曰，可矣。……何不試焚宮室，人莫救之。乃下令曰，人之救火者死（如死於救火），比死敵之賞。救火而不死者，比勝敵之賞。不救火者比降北之罪」。

兩個故事中，都有「不救火者比降北之罪」一句，而孔子所下的命令，與大夫種所下的命令，全無兩樣。由這三個故事看來，孔子已經變成法家的代言人，由此再進一步以接受法家所迫切需要的一個誅少正卯的故事，便不覺得唐突了。

誅少正卯的思想內容，可以說是韓非子內外儲說裏面思想的總結。如「似類之事，人主之所以失誅，而大臣之所以成私也」（內儲說下）。「論有迂深閎大，非用也。言而拂難堅確，非功也」（外儲說左上）。「名外於法而譽加焉，則士勸名而不畜之於君」（同上）。「人主多（重視）無用之辯，

而少(輕)無易之言，此所以亂也」(同上)。「夫稱上古之傳，誦辯而不慤，道先王仁義而不能正國者，此亦可以戲而不可以爲治也」(同上)。「夫好顯巖穴之士而朝之，則戰士怠於行陳(陣)。上尊學者，下士居朝，則農夫惰於朝」(同上)。「夫不處勢以禁誅擅愛之臣(如田成氏)，而必德厚以與天下，齊行以爭名，是皆……舍車而下走者也」(外儲說右上)。「過其所愛曰侵，今魯君有民而子擅愛之，是子侵也，不亦誣乎」(同上)。這些思想，準備了誅少正卯的內容，而太公望誅狂矞華士的故事，正是誅少正卯故事的藍本。

「太公望東封於齊；齊東海上有居士曰狂矞華士……太公望至於營丘，使吏執而殺之，以爲首誅。周公旦從魯聞之，發急傳而問之曰，夫二子，賢者也。今日饗國而殺賢者何也？太公望曰：……先王之所以使其臣民者，非爵祿，則刑罰也。今四者不足以使之，則望當誰爲君乎？……今有馬於此，如驥之狀者，天下之至良也。然而驅之不前，却之不止，左之不左，右之不右，則臧獲雖賤，不托其足。……已自謂以爲世之賢士，而不爲主用；行極賢，而不用於君，……是以誅之。一曰，……吾恐其亂法易敎也，故以爲首誅。」

這裏特別值得注意的一點：誅少正卯的故事，說苑，尹文子，稱爲「先誅」；荀子宥坐篇稱爲「始誅」；孔子家語的篇名稱即爲「始誅第二」。「始誅」兩字，不是從這個故事中「故以爲首誅」來的嗎？商鞅、大夫種的故事可以套在孔子身上，則太公望的故事爲什麽不可以套在孔子身上？至於太公望的故事也是出於僞造，固不待論。

三

孔子誅少正卯的故事，經過法家思想，專制政治，長期醞釀後，對其正式出現時期的合理推測，當在秦統一天下之後，或可視作爲實行焚書坑儒所準備的謠言攻勢之一。但此故事出現後，最初並無固定形式，是經過了一段長期演進的。

從前人以為此故事首先見於荀子宥坐篇；我在寫「荀子政治思想的解析」一文時，也以為是如此。現在就記錄得較詳細的四種文獻——荀子，尹文子，孔子家語，說苑，作一比較研究後，才發現此故事最先見於記錄者為淮南子氾論訓之「孔子誅少正卯而魯國之邪塞，子產誅鄧析而鄭國之姦禁」。就詳細的紀錄看，則係依說苑→尹文子→荀子宥坐篇→孔子家語的次序而演進的。史記孔子世家有關孔子仕魯的一段紀錄，其材料與孔子家語為同一來源，因之，在時間上，是東漢時加入進去的。或者即出於王肅之手。大體上說，一個故事的演進，總是在先者較為疏濶，而後起者較為精密。茲將四書所記錄的分錄於下，以便比較。

說苑指武篇：

孔子為魯司寇，七日而誅少正卯於東觀之下，門人聞之，趨而進，至者不言，其意皆一也。子貢後至，趨而進曰；夫少正卯者，魯國之聞人矣，夫子始為政，何以先誅之。孔子曰，賜也，非爾所及也。夫王者之誅有五，而竊盜不與焉。一曰心辨而險，二曰言僞而辯，三曰行辟而堅，四曰志愚而博，五曰順非而澤。此五者皆有辨知聰達之名，而非其眞也。苟行以僞，則其知足以移衆；強足以獨立；此姦人之雄也，不可不誅。夫有五者之一，則不免於誅，今少正卯兼之，是以先誅之也。昔者湯誅蠋沐，太公誅潘阯，管仲誅史附里，子產誅鄧析，此五子未有不誅也。所謂誅之者，非謂其晝則攻盜，暮則穿窬也，皆傾覆之徒也，此固君子之所疑，愚者之所惑也。詩云，憂心悄悄；慍於羣小；此之謂矣。

按說苑係劉向「采傳記百家所載行事之迹」而成。此故事首稱孔子為魯司寇，則其時孔子的官位尚未進至「攝相」；與白虎通所引韓詩內傳相合；而「東觀之下」的「東觀」，則係漢家宮室。故此故事之底本，當即出於西漢初年。韓嬰為文帝博士，兩書恐係出於同一底本。

尹文子大道下：

孔丘攝魯相七日；而誅少正卯。門人進問曰，夫少正卯，魯之聞人也。夫子爲政而先誅，得無失乎。孔子曰；居；吾語汝其故。人有惡者五，而竊盜姦私不與焉。一曰心達而險；二曰行僻而堅；三曰言僞而辨。四曰彊記而博，五曰順非而澤。此五者有一於人；則不免君子之誅；而少正卯兼有之。故居處足以聚徒成羣，言談足以飾邪熒衆，彊記足以反是獨立；此小人之雄桀也；不可不誅也。是以湯誅尹諧；文王誅潘正；太公誅華士，管仲誅付里乙，子產誅鄧析史付。此六子者；異世而同心；不可不誅也。詩曰，憂心悄悄，慍於羣小。小人成羣，斯足畏也。」

按尹文子一書，所爲道家法家之言；皆極淺薄，無復先秦道家法家的意度；其爲僞托，固不待論。但就他「君年長多媵，少子孫；疏宗彊，衰國也。……內無專寵，外無近習，支庶繁字，長幼不亂，昌國也」（大道下）這些話看來；這是西漢末年政治情勢的反映；故其成書年代；當在說苑之後，哀平之世。其所記少正卯故事；孔子已由司寇進至攝魯相；「東觀之下」的顯著錯誤已經刪掉；說苑上的「志愚而博」；實在有點欠通；至此則修正爲「彊記而博」；語意便較順暢；且以此爲罪名，又與法家的傳統觀點相合。說苑上的「知足以移衆；強足以獨立」；改爲「居處足以聚徒成羣，言談足以飾邪熒衆；彊記足以反是獨立」；和上面的五大罪名更爲貫串；文字亦更整飭有力。又加上一個「文王誅潘正」；使說苑中之「此五子者」成爲「此六子者」；又加上「異世而同心」一句，並將說苑上和「而盜竊不與焉」一句重複的所謂「誅之者」一小段六句刪掉；這都是文字上的進步。

荀子宥坐篇

孔子爲魯攝相；朝七日而誅少正卯。門人進問曰；夫少正卯；魯之聞人也；夫子爲政而始誅之，得無失乎。孔子曰；居；吾語女其故。人有惡者五；而盜竊不與焉。一曰心達而險，二曰行辟而堅，三曰言僞而辯，四曰記醜而博，五曰順非而澤。此五者有一於人，則不得免於君子之誅，而少正卯兼有之，故居處足以聚徒成羣，言談足以飾邪營（熒）衆，强足以反是獨立，此小人之雄桀也，不可不誅也。是以湯誅尹諧，文王誅潘正，周公誅管叔，太公誅華仕，管仲誅付里乙，子產誅鄧析史付。此七子者，皆異世同心，不可不誅也。詩曰，憂心悄悄，慍於羣小。小人成羣，斯足憂矣。

按荀卿本人著作，當止於性惡篇。其君子，成相，賦等三篇，是否出於荀卿本人之手，已甚可疑。大略篇楊倞謂其「弟子雜錄荀卿之語，皆略擧其要」。至宥坐篇以下五篇，楊倞謂「此以上皆荀卿及弟子所引記傳雜事，故總推之於末」。考其內容，以兩漢儒者所附入者爲多；其定篇當不能早於東漢初年。宥坐篇所記孔子觀於東流之水一條，也是說苑指武篇「子貢問曰，君子見大水必觀焉何也」一條的整理。此處所記的誅少正卯，與尹文子上所記者大體相同。荀子儒效篇稱「仲尼爲司寇」，與先秦其他文獻相合；而此處則稱「爲魯攝相」，即可證明其非先秦之文獻。且有三點確可證明係說苑與尹文子的進一步的綜合整理。首先，說苑，尹文子，皆稱爲「先誅」，荀子宥坐稱爲「始誅」，「始」字較「先」字，於義爲長；所以家語也稱「始誅」，可見家語是緊承荀子宥坐篇。其次說苑之「志愚而博」，尹文子改爲「彊記而博」，已較爲明白，故下文承此句說「彊記足以反是獨立」，意思是一貫的。但「彊記而博，站在法家的立場足以構成一個罪名；因爲彊記即韓非子內儲說下中所謂「稱上古之傳，誦辨而不慤，道先王仁義」等。可是站在儒家的立場，則彊記而博，並不能成爲一個罪名；此故事旣錄入荀子一書，則將「彊記而博」改爲「記醜而博」，眞是盡到了修改的技巧。已經想出了妙不可言的「記醜」兩字後，最笨的人也不會回頭去再用「彊記」二字。所以用「記醜」兩字代替「彊記」兩字，是此一故事演進的一大進步。不過，尹文子上承此語的「彊記足以反是獨立」，在語意上不能改爲「記醜足以反是獨立」，於是宥坐篇只好援用說苑上的「强足以獨立」一語，而成爲「强足以反是獨立」。但說苑上的「知足以移衆，强足以獨立」，「知」「强」都是單語名詞，兩句話是很對稱的。尹文子的「居處足以……，言談足以……彊記足以……」，「居處」「言談」，「彊記」，都是複語名詞，三句話也是很對稱的。宥坐篇則上兩句用尹文子上的「居處」「言談」的複語名詞，而第三句又用說苑上的「强」的單語名詞，上下語氣便顯得不很調和；而其因修改「彊記」爲「記醜」所發生的上下文連串上的困難，及彌縫此困難而兩相結合之跡，亦顯而易見。至宥坐篇多出「周公誅管叔」，將尹文子之「此六子者」發展爲「此七子者」，這是因爲說苑在此故事之前二條有周公誅管蔡一事，因而添入的。由此可知宥坐篇的此一故事，實由綜合整理說苑與尹文子上的此一故事而來，可謂鐵案如山了。

孔子家語始誅第二

孔子爲魯司寇，攝行相事，有喜色。仲由問曰，由聞君子禍至不懼，福至不喜，今夫子得位而喜，何也？孔子曰然，有是言也。不曰樂以貴下人乎。於是朝政七日而誅亂政大夫少正卯，戮之於兩觀之下，尸於朝，三日。子貢進曰，夫少正卯，魯之聞人也。今夫子爲政而始誅之，或者爲失乎。孔子曰，居，吾語汝以其故。天下有大惡者五，而竊盜不與焉。一曰心逆而險，二曰行僻而堅，三曰言僞而辯，四曰記醜而博，五曰順非而澤。此五者有一於人，則不免君子之誅。而少正卯皆兼有之。其居處足以撮徒成黨，其談說足以飾褒(當係衺之誤)榮(熒)衆。其強禦足以反是獨立，此乃人之姦雄者也，不可以不除。夫殷湯誅尹諧，文王誅潘正，周公誅管蔡，太公誅華士，管仲誅付乙，子產誅史何。是此七子，皆異世而同誅者，以七子異世而同惡，故不可赦也。詩云，憂心悄悄。慍於羣小。小人成羣，斯足憂矣。

按家語乃王肅編集古錄雜記，及自己有所增附而成。上文很顯明是抄自荀子宥坐篇，但有幾點值得注意的修改。第一、把說苑的爲魯司寇，尹文子的攝魯相，和荀子的爲魯攝相，合成爲「爲魯司寇，攝行相事」。而中間添出「仲由問曰」一小段，以作攝行相事之旁證。第二、把說苑的「東觀之下」改爲「兩觀之下」，王肅並注爲「闕名」，以符合魯制；並把說苑的子貢補入，這可使故事的本身將更顯得具體。第三、說苑的「心辨而險」，尹文子，荀子宥坐篇的「心達而險」，「辨」字「達」字，意義皆欠明白，故他改爲「心逆而險」，用此一「逆」字，意思便明顯多了。第四、在荀子的「强足以反是獨立」的「强」字下面加一「禦」字，使成爲「强禦」的複語名詞，以便與上面的「居處」「談說」複語名詞相對稱。且每句加一「其」字的指謂詞，使文氣更易貫串。第五、把尹文子荀子宥坐篇上的「成羣」改爲「成黨」，又把尹文子上的雄桀，荀子上的「桀雄」改爲「姦雄」；蓋前者爲西漢時之常用語，後者，則爲東漢末之常用語。第六、子產誅鄧析的故事，有呂氏春秋可據，故說苑等皆因之。但王肅博學多通，知道殺鄧析的並非子產，有左傳可爲鐵證，所以他便甘脆去掉鄧析而用「史何」，使其與尹諧、潘正，華士，付乙，都成爲歷史上無可稽考的人物，對於故事本身的完整性，反爲有利。至尹文子及荀子宥坐篇之「史付」，在家語中則寫成「史何」，或因形近而誤，是不關重要的。

這中間，應當提到禮記王制上「行僞而堅，言僞而辯，學非而博，順非而澤，以疑衆，殺」的這一段話。這段話分明是根據孔子誅少正卯故事中的思想，而說成爲刑法上的原則的。所以也等於是此一故事的簡約化，一般化。（按此應照「補誌」訂正。四八・十一・廿六・）按王制係由漢文帝命博士諸生所作；而它所根據的材料，則出自周亡之後；此皆有明文可據。淸今文學家欲推翻此說，純出於張大門戶之私見。由秦及漢初，政治上實以法家及黃老爲主流。而文帝命博士諸生作王制，殆亦欲以此作其政治設施上的參考。所以在此篇中，滲雜有法家思想，乃時勢使然。關於此篇的刑法思想，自「司寇正刑明辟」到「故君子盡心焉」一段，和自「析言破律」到「凡執禁以齊衆，不赦過」一段，一寬一嚴，一仁一酷；完全成爲相反的對照；前者出於儒家，後者出於法家，其分際有如涇渭。孔子誅少正卯的故事，既已由法家釀成於秦統一之世，其內容已由秦見之於施行；焚書坑儒，亦須有刑法思想之根據，則在「析言破律」一段中，採入誅少卯故事之內容以爲刑法之原則，就王制成立的歷史淵源及當時的形勢說，也是很自然的。王制是奉詔的集體著作，他們把誅少正卯故事中的五項理由，去掉了「心辨而險」或「心達而險」一項，只採用四項，這正是他們精密的地方。因爲不論「心辨而險」或「心達而險」，都是意義含糊，怎樣也不能構成一項刑法原則的。

最後，便是史記的孔子世家的問題。司馬遷以繼承孔子作春秋自任；史記中對孔子的推崇，可謂到了極點。但他所作的孔子世家，蕪雜疏陋，尤以孔子仕魯一段，幾乎每句話都成問題；這是什麼原因呢？我認爲這是因爲史記成書後遭逢了兩大厄運。一是因觸犯政治上的忌諱而被删改乃至消毀，如景帝武帝兩本紀者是。二是史記公開後，十多人加以補續，所以在很長的時間內，史記尚未得勒成定本。現在史記中有許多司馬遷死後的記事，乃是最容易看出的證明。孔子自董仲舒後，特別受到漢代儒生的尊崇，對於孔子的歷史——孔子世家，當然會引起他們的重視。先秦的許多遺聞逸事，漢代儒生都在不斷的加以輯錄整理；同時，在典籍流通困難的時代，又容易發生新的古代傳說。司馬遷最重視孔子作春秋乃至刪述六經；但漢代儒生對政治的興趣特濃，所以特重視孔子在現實政治上的成就。於是孔子仕魯一事，大大的被他們所誇張，以致形成許多鄙俚的故事，更進一步而一起加到孔子世家裏面去了。按司馬遷修史記，「貫穿經傳」，其取材必有根據。且對諸子百家之說，必「取信於六藝」；所以劉向楊雄，皆「謂之實錄」。「疑則傳疑」，這是他說孔子修春秋的態度，也是他修史記的態度。孔子世家中的材料，凡在先秦典籍中可以找到來源的，這是司馬遷的本文。否則多係漢代儒生所附入，或竄改。孔子仕魯一段，幾無不與先秦典籍抵觸乖迕；而獨與孔子家語相契合；這既不是史記取材於家語，也非家語取材於史記，而係相同的假古董，在大約相同的時間裏分別出現。又按三國志王肅傳載肅答魏帝「司馬遷受刑之故，內懷隱切，著史記非貶孝武，令人切齒」之問，力爲司馬遷辯護，推崇史記備至，可知王肅與史記有密切的關係；則孔子世家中孔子仕魯一段；或即王肅以增飾家語之筆；轉而增飾孔子世家，亦未可知。此事雖無確證，但史記此段的材料，不能出現於史司馬遷以前而係與家語同一來源，乃至同一時代，却是可以斷言的。

四

如上所述，孔子誅少正卯的故事，醞釀於戰國末期的法家思想（以韓非爲代表），成立於秦政焚書坑儒之世，盛流傳於兩漢之間，一直到孔子家語而故事的演進才算完成；因把家語的同一材料竄入於史記的孔子世家而其影響乃更爲擴大，這是與法家思想及專制政治有密切關連的故事。不過，一個故事的發生，固然有其思想與時代的背景；但對於同一故事的觀點與解釋，也會隨著思想與時代爲轉移。韓非子中太公望殺華士的故事，及呂氏春秋中鄭子產殺鄧析的故事，在孔子誅少正卯的故事中是揑在一起，好像在性質上是完全相同的。但若詳加考察，則韓非子中所殺的是隱士，而呂氏春秋中所殺的，若用現代詞句表達，則是政府中玩弄司法，破壞司法客觀性的敗類。兩個故事在性質上並不相同，乃因韓非子與呂氏春秋在思想上並不相同的原故。同時，王肅在家語誅少正卯的太公誅華士句下注云：「士之爲人虛僞，亦聚黨也。而韓非謂華士耕而後食，鑿井而飲；信其如此，而太公誅之，豈所謂太公者哉」。此即說明在王肅的時代，不能承認韓非的殺隱士爲合理，所以他不得不另換一個觀點來另加解釋。孔子誅少正卯的故事，雖然以法家思想及專制政治爲其背景，但兩漢儒生，究竟是受過儒家思想的薰陶，並生於專而有制的時代，所以對此一故事的觀點與應用，却與法家大有出入。例如高誘注淮南子氾論訓的這一條，說少正卯是「魯之諂人」。白虎通義所引韓詩內傳及王充論衡講瑞篇和定賢篇，則把少正卯說成是「佞人」。諂人佞人，事同一體。並且王充在定賢篇的前面，對佞人有一段形容，也即等於下了一個定義。

「夫順阿之臣，佞倖之徒是也。准主而說，適時而行，無廷逆之郄，則無斥退之患。或骨體嫺麗，面色稱媚，上不憎而善生恩澤，洋溢過度……」

可見漢人希望孔子殺的乃是這種人物。即是希望孔子由「遠佞人」進而「殺佞人」。還有一個與此有關的實際例子：後漢書黨錮傳中的李膺傳載「膺再遷復拜司隸校尉。時張讓（當時最壞的宦官之一）弟朔爲野王令，貪殘無道，至乃殺孕婦。聞膺厲威嚴，懼罪逃還京師，因匿兄讓弟（第）舍，藏於合柱中。膺知其狀，率吏卒破柱取朔付洛陽獄。受辭畢，即殺之。讓訴寃於帝，詔膺入殿，御親臨軒，詰以不先請，便加誅辟之意。膺對曰：……昔仲尼爲魯司寇，七日而誅少正卯。今臣到官，已積一旬，私懼以稽留爲愆。……帝無復言，顧謂讓曰，此汝弟之罪，司隸何愆，乃遣出之」。原來李膺心目中的少正卯，乃是宦官的親戚爪牙，難怪他要搬出孔子來殺掉。因此，我想，假使孔子在天之靈，眞正肯應今人的請求，下到人間世來，接受漢人爲他所流傳的故事，而大開殺戒，則他所要殺的，恐怕會使請求他的人大驚失望的。

四七、五、十五、民生評論九卷十期

按我寫這篇文章，是以思想的線索，作文獻資料搜集時的導引，而斷定孔子誅少正卯的故事，是由法家轉手而來的。頃重讀管子，乃知此一故事思想方面文獻的來源，是出於管子法禁篇第十四。不僅此篇所舉十七個「聖王之禁也」，其內容與誅少卯故事的內容大體相同；且此篇之「聚徒威羣」，洪頤煊謂「威羣」當作「成羣」，則與尹文子荀子之「聚徒成羣」正合；而少正卯之罪名，分明抄自此篇之「行辟而堅，言詭（詭僞古通）而辯，術非而博，順惡而澤」四語。說苑上無「聚徒成羣」一語，蓋此語乃在法禁篇十七個「聖王之禁也」的前面，爲初編此故事者所忽略，正可證明此一故事在今日可以看到之詳細紀錄中，以說苑爲最早。而王制上與此有關的四句話，則當係直承此篇而來。必先有此篇之思想文獻，然後再接上韓非子上所造形之孔子，太公等人物，此故事乃得以成立。管子此篇之內容，與韓非子之思想最爲吻合，而誅少正卯故事係出於法家，乃成鐵案。四八年十一月廿六日夜補誌。

孟子政治思想的基本結構及人治與法治問題

一、了解歷史文化的態度

我在這裏，想以孟子的政治思想作爲儒家政治思想的一代表，略加分疏，以澄清若干誤解。在未談到本問題以前，想先談談爲得要了解歷史上的某種思想，在態度上似乎有幾點值得注意的地方。

一、古人與人自身有關的思想，都是適應於他當時社會的某種要求，也受到當時社會各種條件的制約。社會環境是變的。我們只能先從某一思想家所處的社會環境中去了解他的思想，估計他的思想價值。一種成爲知識系統的思想，對其以後的歷史，總會發生某程度的影響。但此種影響，只是原則性的，啓發性的，而不會是一個具體的藍圖；只是可能性的，被動性的(論語：「非道弘人」)。因爲只要是一個人，便應有其自主性；古人決不會從墳裏攢出來牽着後人的鼻子走。拿今人的社會環境作評判古人思想的尺度；或者恨古人的思想，並不能作今人行動的藍圖；乃至把今人的一切罪惡，都歸到古人身上，這只是表現自己的墮性，墮落。

二、因爲中國文化，很早便重體認，重實用，而不重思辨；所以古人表達其思想時，常是片斷的，針對某一具體事實而說的；缺乏由思辨而來的抽象性及構造形式。但只要是成了「家」的思想，在他各個片斷的語言中，依然會有其內在的關聯，含有邏輯的結構；否則便只能算是一個「雜家」。並且在他們針對某具體事實所陳述的語言中，有的沒有普遍的意義，有的則在具體事物的後面，含有普遍的意義。因爲正如卡西勒(E. Cassirer)在「原人」(An essay on man)中所說，思想的本身便是普遍性的；除非還沒有上昇到可以稱爲是一種思想。因此，對於中國古人思想的了解，便須要多費一番爬搜組織的工夫，須要在他全般相關的語言中來把握他的思想；並且也只有在全般相關的語言中，才易於確定某一句話的意義。萬不可拈住一句兩句話去隨意作猜測。五四時代的人，談到中國文化時，多半犯了這種毛病。

三、古人的思意，有對有不對；有的我們贊成，有的我們反對；但反對是與仇恨、栽誣不同。反對是根據一種事實、理由，而不接受他，或進一步去批評他。仇恨，則完全是由現實利害所引起的感情上的東西。若由仇恨而變成栽誣，那更是不正當的手段。試想，古來許多艱苦奮鬪一生的思想家們，他的身體，早在墳墓中腐朽；他遺留的著作，也正是「煙墨無言」；他如何會得罪現代人而引起現代人的仇恨？因爲在外賭錢賭輸了而回到家來打家具，丟祖宗牌位；因爲對現實不滿而一箭射向墳墓中的人身上去；這都可以算作能避免直接抵抗的勇敢；但未必算得是有出息的勇敢。有不少的人，好像是曾經得過一部無字天書樣，對於他完全不知道的東西，大嚷大罵，有如街頭玩江湖的人，覺得只要聲音嚷得大，姿態出得怪，便不愁沒有人圍攏來看熱鬧。文化界中所以有這種現象，多半是由仇恨而來的發洩。其實，這不僅與古人無關，更與他所談的問題也無關；而只會令人懷疑到這種人有無談任何問題的資格？因爲只有能保持清明平允之心的人才能談問題。

我之所以說上這些閒話，是感到在古人中孟子的政治思想，是最不易引起誤解的；但在今日也竟會引起不易使人想像得到的誤解；我想，這種誤解，大概不應歸之這些人們的學力，而應歸之於這些人們的態度。

二、孟子政治思想的結構

近人蕭公權氏所著的「中國政治思想史」中說；「孟子之政治思想，遂成爲針對虐政之永久抗議」（原著九〇頁）。又說，「專制時代忠君不二之論，誠非孟子所能許可」（九一頁）。這都是很正確的結論。我現在除了順著孟子政治思想的結構，略述一個輪廓外；再就孟子中的人治與法治問題，稍補蕭氏之所未及。

孟子在政治上談仁義，談王道的具體內容，只是要把政治從以統治者爲出發點，以統治者爲歸結點的方向，徹底扭轉過來，使其成爲一切爲人民而政治。這點在經過二千多年的我們現在，還不曾完全達到，甚至連觀念上也不會達到的扭轉工作，在歷史上是一件驚天動地的大事。他不僅把當時統治者的利益從屬於人民利益之下，由人民的利益來作一切政治措施得失的衡斷；並且把儒家所强調的「禮義」，也把它從屬於人民現實生活之下，使禮義爲人民的生活而存在，而不是使人民的生活，爲禮義而存在，所以他一再强調「無恒產者無恒心」，（梁惠王，滕文公）及「此惟救死而恐不贍，奚暇治禮義哉」（梁惠王）。任何好的主義，名詞，都是可以僞裝利用的；只有人民的現實生活不能加以僞裝利用，這才是各種政治思想的試金石。我過去幾次指出先秦儒家是把修己治人的標準加以分開的，即是說明儒家在修己方面的嚴格的道德要求，決不許假借爲欺壓人民的工具。這點是被過去的人所忽略，因而引起許多爭論的思想史中的一大關鍵。

因爲他堅持政治應以人民爲出發點，爲歸結點，所以他明白確定政權的移轉應由人民來決定。他提出「天與」（萬章上）的觀念來否定統治者把政權當作私產來處理的權利；而他之所謂「天與」，實際便是民與。所以當齊宣王伐燕勝利，想援傳統的天命觀念來作取燕的根據時（「不取必有天殃」），孟子乾脆告訴他，「取之而燕民悅，則取之；……取之而燕民不悅，則勿取」（梁惠王下）。即是說，這應當是由民意來決定的事，與天命無關。正因爲他認定政權應由人民來決定，所以他便在二千年以前，已經肯定了政治的革命權利（梁惠王：「聞誅一夫紂矣」）及人民對統治者的報復權利（同上「夫民，今而後得反之也」）或將人君加以更換的權利（梁惠王下「四境之內不治，則如之何？」「反覆之而不聽，則易位」）。他是非常反對戰爭的，但湯之伐葛，他認爲是「爲匹夫匹婦復仇」，他卻認爲是王者之師。並且他還認爲人民的力量，是政治上最大的力量，所以他說「民歸之，由水之就下，沛然誰能禦之」（梁惠王）。「保民而王，莫之能禦也」（同上）。「孰能禦之」（同上）。「七十者衣帛食肉，黎民不饑不寒，然而不王者，未之有也」（同上）。「樂以天下，憂以天下，然而不王者，未之有也」（梁惠王下）。「以德行仁者王，王不待大」（公孫丑）。「信能行此五者……則無敵於天下」（同上）。這都是表明人民有力量來決定政治。他這些話初聽來不僅是當時的統治者認爲迂濶；現在讀孟子的人，恐亦多有同感。但把歷史拉長了看，徹底翻動歷史的，誰能說不是人民的力量？

過去，我也和許多人一樣，以爲孟子的民貴、君輕思想，只是民本思想。與民主的思想，尙隔一間。用蕭公權氏的話說：「孟子貴民，不過由民享以達於民有。民治之原則與制度，皆爲其所未聞」（中國政治思想史九一頁）。現在看來，民治的制度，實爲孟子所未聞；但民治的原則，在孟子中已可看出其端緒。梁惠王章下：

「國君進賢，如不得已。……左右皆曰賢，未可也。諸大夫皆曰賢，未可也。國人皆曰賢，然後察之（察其賢之事實）。見賢焉（見其有賢之事實），然後用之。左右皆曰不可，勿聽。諸大夫皆曰不可，勿聽。國人皆曰不可，然後察之。見不可焉，然後去之。左右皆曰可殺，勿聽。諸大夫皆曰可殺，勿聽。國人皆曰可殺，然後察之。見可殺焉，然後殺之。故曰，國人殺之也。

就全文看，這裏省掉了「故曰國人用之也」，「故曰國人去之也」的兩句話。這段話的意思，是說用人，去人，殺人之權，不應當由人君來決定，而應當由人民來決定。人民的好惡，決定政治的具體內容（離婁：「所欲與之聚之。所惡勿施爾也。」大學：「民之所好好之，民之所惡惡之」），而對於用人，去人，殺人的政治權力，又主張保留在人民手上，這怎樣沒有透露出「民治的原則」呢？但人民如何有效來行使這種權力，則係制度問題，孟子的確沒有想到。但由此一原則性的要求，便發展而爲禮記禮運大同章的「天下爲公，選賢舉能」的主張，這已向制度方面邁進了一大步。西漢初開始的「鄉舉里選」，即由此一思想的要求而來。但西漢的「鄉舉里選」，缺少了天下爲公的大前提，所以只有緩和一點專制毒害的作用，而失掉向民主前進的意義。但我們不要忘記，西方以議會爲中心的民主制度，是在幾萬人口的城邦國家中自然產生的。中世紀若干小的城市，也自然而然的採用了這種制度，都不是從思想家的理想中產生的。在近代以前，在西方的政治思想中，只認爲民主制度，是許多政治制度中之一種，並不會把它當作最好的政治制度。把它當作理想的政治制度而加以追求，乃經過了一段國王專制以後的啓蒙運動後期的事情。則在土地廣大的農業社會基礎上，二千年前不能產生健全的民治制度的思想，是可以了解的。

三、孟子不重法治嗎？

孟子政治思想的結構，只能簡略的說到此處爲止，以後有機會再行補充。現在轉到孟子政治思想乃至整個儒家思想的人治與法治的問題上面。一般人說儒家只重人治，不重法治，由此而加上儒家很多的罪名。但我覺得這完全是出於誤解。任何時代，在政治中不能否定人的重要性；當二千年前，天下爲公，還是托之於理想；政治的權原，還是操在一個人君的手上，人君成爲政治的總發動機時，只有人君能成爲一種道德的存在；最低限度，只有人君能控制自己而遵守人生上、政治上的若干基本原則，才有法治可言。否則一切良法美意，在人君一搖頭，一瞪眼之下，立刻會走樣、變質，成爲倒閉後的鈔票。用憲法來控制人君或其他形態的政治權力，乃到了近代才出現之事。在中國古代，便只有靠人君的德性來控制人君自己。由人君的德性推上一層，便只有抬出「天」來；但西漢中葉以後，人君便把「天變」的責任轉嫁到大臣身上去。由人君的德性落下一層，便只有陳述現實上的利害；但有權力者常常會把利害倒錯。所以歸根到底，不論怎樣，總要以人君德性爲中心，這不僅在憲法的觀念未出現以前，是無可如何之事；即在憲法已經存在，但還未樹立起眞正的基礎、權威時，還是一樣。當今人類每遇到重大的關頭，也常要在法的後面，還須呼籲人類的良心理性，有如聯合國憲章及世界人權宣言之類。則在兩千年前，儒家不特別重視人治，不特別重視負政治責任者的良心理性，還有何辦法？法家重法而不重人，到韓非，可說主張得最爲徹底。而秦國也正是法家政治思想的試驗場。但韓非死於李斯，李斯死於趙高；扶蘇、胡亥由皆不得其死，二世而亡；這不是最現實的諷刺嗎？

至於說儒家重人治而不重法治，便首先要看對法的解釋。若將法解釋爲今日的憲法，則二千年以前，尙無此觀念。當然過去也曾想到要有一種恆常不變的法，來維持政治的安定，此即孟子所說的「舊章」「先王之法」（離婁）；這有似於英國的歷史的慣例。但它與現代的憲法觀念，究不相同。若將法解釋爲刑法，則儒家確是不重視刑法，但並不否定刑法。孟子說得很清楚，「國家閒暇，及是時，明其政刑」（公孫丑）。若將法解釋爲政治上所應共同遵守的若干客觀性的原則，及由此等原則而形之爲制度，見之於設施，則孟子乃至整個儒家，是在什麽地方不重治法呢？孟子說「先王有不忍人之心，斯有不忍人之政矣」（公孫丑）。「堯舜之道，不以仁政，不能平治天下」（離婁）。「子產聽鄭國之政，以其乘輿，濟人於溱洧。孟子曰，惠而不知爲政」（同上）。凡這裏所說的「政」，即是一般所說的治法。又「上無道揆（度也）也，下無法守也。朝不信道，工不信度，……國之所（或）存者幸也」（同上）。這即是說無法治便會亡國。不錯，孟子由傳統的德治的觀念，更落實到人君的心上面，以爲人自己可以確實把握得到的心，是政治的根據，所以他特別强調「仁心」，「不忍人之心」；並且强調要「格君心之非」。但他所指的心，是「仁義禮知根於心」（盡心）的心。順此種心的本性，必須客觀化出來以成爲治法，來解決人類實際的問題，這才能塡補「天下有溺者，猶己溺之也；天下有飢者，猶己飢之也」（離婁）的心願。正因爲如此，所以在先秦諸子百家的政治思想中，以孟子最注重經濟問題，最注重經濟制度。他再三强調「明君制民之產」，即要以「法」來定人民之產。因爲當時土地都在人君手上，人君不制民之產，人民便沒有產，便無從得到起碼的生活手段。「五畝之宅，樹之以桑」的一段話，在孟子一書中凡三見，可見這是他針對當時「民之憔悴於虐政，未有甚於此時者也」（公孫丑）的實際情況，所提出的經濟立法的藍圖，以求達到「七十者衣帛食肉，黎民不飢不寒」的目的。而他對於工商，則希望能採取鼓勵自由發展的途徑；他再三主張「關市譏而不征」（梁惠王），「市廛而不征，法而不廛」（公孫丑）的法制。這是先秦儒家對工商的共同態度，所以中庸提出「勸（鼓勵）百工」的主張。此種思想，一直到荀子受了法家的影響而才稍有所改變。孟子由此再進一步的法治主張，則是他對滕文公所提出的井田學校的制度。這裏不討論古代井田制度的有無，及其實際性質怎樣等問題；而只指出孟子的井田制度，是經過他理想化以後所提出的，與歷史上的有無此種事實及此種事實之究竟如何，並無關係。這是中國土地改革的最早主張，一直影響到中山先生平均地權的思想。關於教育的觀念、作用，到孔子才眞正明確化。學校制度，在尙書詩經中似乎沒有明顯可靠的證明材料；殷代政治經驗的承傳，大概是靠著巫；周代靠著史。而學校的萌芽，恐怕開始只是習射養老，並非經常的教育機構。焦循孟子正義引王念孫廣雅疏正，以爲「養老習射，偶一行之，不得專命名之義」。故釋「養猶教也。射繹古字通。爾雅，繹，陳也，則射者陳列而宣示之。此序訓爲射之說也。養射皆教也。」此乃不明於歷史上各種制度的演進事實，以後來的學校觀念，解釋萌芽時期的形態，故在文字訓釋上如此牽强附會。學校由「偶一行之」的養老習射，而進到一種經常的教育機能，這是儒家不斷努力的結果；並且到孟子而開始得到一個明確的形態。這在主張法治的意義上，更是一件大事。即是在中國歷史上的治統之外，另開闢出一個教育的系統。除了井田學校的法治以外，再引孟子幾段關於一般法治的具體意見：

「不違農時，穀不可勝食也。數罟不入汚池，魚鼈不可勝食也。斧斤以時入山林，材木不可勝用也」（梁惠王）。

「省刑罰。薄稅歛。深耕易耨。壯者以暇日，脩其孝悌忠信」。（同上）

「昔者文王之治岐也，耕者九一。仕者世祿。關市譏而不征。澤梁無禁。罪人不孥。老而無妻曰鰥。老而無夫曰寡。老而無子曰獨。幼而無父曰孤。……文王發政施仁，必先斯四者」。（梁惠王下）

「尊賢使能，俊傑在位。……市廛而不征，法而不廛。……關譏而不征。……耕者助而不稅。……廛無夫里之布……」。（公孫丑）

總結孟子關於人與法的觀點是「徒善不足以爲政。徒法不能以自行」（離婁）。上一句是說僅有治人（徒善）是不能辦好政治，所以還要有治法。下一句是說治法不會自動實現的，須要治人始能推行。即是：治人治法，不可偏廢。這似乎是明白而平實的看法。不過因時代的關係，在二千年以前，重點是稍偏在治人那一方面。而在今日，則重點乃是多偏在治法這一方面。但正在過渡期的中國，二者的輕重，恐怕是難分軒輊的。

由孟子上推到孔子，他曾說「道之以政，齊之以刑，民免而無耻。道之以德，齊之以禮，有耻且格」（論語爲政）。論語上的所謂政，多指政治上的命令而言。道之以政，即是「言教」；道之以德，即是「身教」。論語上的德治，乃指爲政者須以自己的生活作模範而言，沒有後來德治一詞的廣汎意義。所謂道之以德，是以自己的實際生活作領導，這是人治。而道之以禮的禮，其基本精神，正合於現代之法治；而法家的法，偏於刑法的意味重，並與現代的法治不同。因此，齊以之禮，即是主張法治。荀子的所謂禮，在政治上也是指法治而言。孟子也有「上無禮，下無學，賊民興，亂無日矣」的話。專談政治制度的「周官」又稱爲「周禮」；由此一端，也可知儒家在政治上所說的禮都是法治。而孔子也決不會忽略法治。所以漢人常說：「孔子作春秋，當一王之法」。

最易引起誤解的是中庸「文武之政，布在方策；其人存，則其政擧。其人亡，則其政息」的一段話，許多人由此而說儒家不重法治。其實，這段話只說明當時的實際情形，何能解釋爲不講法治？中庸在這章後面接着說「凡爲天下國家有九經」，九經，即是九種常法大法，後面皆一一的臚列了出來，這不是法治是什麽？先秦儒家典籍中，講政治制度最詳，（如孟子，荀子，禮記等）因此，才演變出來「周官」這一部書。而今人竟異口同聲的說，儒家只講人治，不講法治。治學不實事求是，論事不虛心坦懷，把現代人的責任，推卸到自己祖宗身上去。則此一代知識階層的沒落，決不是偶然的。

四八、五、二五、祖國周刊二六卷八期

此文乃針對該刊署名李僉者之一文而作。作者四八・十・二六・補誌於東大

孟子知言養氣章試釋

程子以孟子知言養氣一章，爲「擴前聖所未發」；而孟子自己又以浩然之氣爲「難言」；所以這是孟子七篇中最重要而最難了解的一章；因此，也是注釋家所最用力的一章。我對此章，除朱元晦的集注外，最先注意到馮友蘭附在他所著的中國哲學史後面的「孟子浩然之氣章解」；因爲我希望能用現代的語言、觀念，來翻譯古代的語言觀念。接著我又覺得焦循的孟子正義，對這一段的注釋，要比朱元晦注釋得好。現時看來，才知道在許多注釋中，以馮友蘭的最使我失望；而焦循亦只是依稀其旨。朱元晦下的功夫最深，所以他一則說「孟子養氣一段，某說得字字甚仔細，請子細看」。再則說「某解此段，若有一字，不是孟子意，天厭之」。（均見語類五十二）不過他的注解，有的地方體認得很深，有的地方也顯然與原意不合。我現斟酌朱注，而略加補充修正，以探索此段在中國傳統文化中有何地位？在現在看來，又有何意義？

一、

爲便利讀者起見，先擧原文，並隨加注解如下：

公孫丑問曰，夫子加（居）齊之卿相，得行道焉，雖由此霸王，不異（不足怪）矣。如此，則動心（因疑惑恐懼而動搖。）否乎？孟子曰，否，我四十不動心。曰（公孫丑問），「若是，則夫子過孟賁遠矣」。（不動心是有勇氣的表現，故公孫丑援孟賁以贊孟子。）曰（孟子答），「是（不動心）不難。告子先我不動心」。曰（公孫丑問），「不動心有道乎？」曰（孟子答）「有。（此處有道之道，乃泛指方法而言，朱註於此引程子心有主則能不動，實說得太早。）北宮黝之養勇也，不膚撓（肌膚不因被刺而撓屈。），不目逃（目不因被刺而轉睛逃避。）。思（覺得）以一毫挫於人，若撻之於市朝。不受（受辱）於褐寬博（賤者之服，此處即指貧賤之人。），亦不受於萬乘之君。視（認爲）萬乘之君，若刺褐夫。無嚴（無可畏憚的）

諸侯。惡聲至，必反報復之。孟施舍之所養勇也，曰孟子引孟施舍之言。『視不勝，猶勝也。此是他表明自己的觀點。量敵而後進，慮勝而後會，是畏三軍者也。此是他批評旁人好計較勝敗，則將爲三軍之衆所懾服。舍豈能必勝哉；能無懼而已矣。』孟施舍似曾子，北宮黝似子夏。朱以「子夏篤信聖人」爲此處之解釋。語類又引子夏曰知其所亡兩語作解釋，均不貼切。按墨子耕柱篇有子夏之徒與墨子的一段爭論，而子夏之徒，是主張君子有鬬的。韓非子顯學篇以漆雕氏之儒爲「不色撓，不目逃」；且儒俠連詞者三。是子夏乃至先秦儒家，本皆重視勇。故公孫丑以孟賁贊孟子而不嫌其非類。特現時不可詳考耳。夫二子之勇，未知其孰賢；然而孟施舍守約語類：「所守者約」也。昔者曾子謂子襄曰『子好勇乎？吾常聞大勇於夫子孔子矣。自反而不縮，直雖褐寬博，吾不惴焉。閻若璩釋地三：「不，豈不也」。自反而縮，雖千萬人，吾往矣。』勇往直前之意。孟施舍之守氣，又不如曾子之守約也。」曾子爲守義，故較孟施舍之守氣，其所守者爲約。朱以「孟子之不動心，其原蓋出於此」者是也。曰，公孫丑問「敢問夫子孟子之不動心，與告子之不動心，可得聞歟？」「告子曰此乃孟子答公孫丑之問，而引告子之言。『不得於言，言者指一般之思想言論。不得者不了解之意。勿求於心不反求於自己之心去求了解。。不得於心於心有所不安者。，勿求於氣氣即生理之綜合作用。不求於氣即不向生理作用求取安心之助。。』告子之言止此。不得於心，勿求於氣，可。僅可而未盡之詞。不得於言，勿求於心，不可。此二語係孟子對告子之批評。夫志，志乃心之所向，即上文之心。氣之帥也。氣，體之充也。氣所以充實吾人之形體者。此二語乃說明志與氣之不同的職分。夫志，至焉；志之所到，氣次焉。朱集註以「至極」釋「至」，則是以低一層的意思釋「次」。然語類又謂「志至焉，則氣便在這裏，是氣亦至了」，則是將至作「到」字解，而次字則應作「舍止」解。按此二語係言志到那裏，氣亦隨之而舍止在那裏，以見志與氣之職分雖殊而實不可分。故曰孟子自述其平生之言。持其志，無暴亂其氣。」此二語是孟子自述其能得到不動心之道，乃在於一面是持其志，一面又勿暴其氣；即朱子之所謂「內外本末，交相培養」。「既曰此又公孫丑之反問。既曰者，公孫丑以孟子既已經說過。志至焉，氣次焉；意謂由此可知氣是隨志而轉，是僅持其志即可。又曰持其志，無暴其氣，何也？」爲何又說持其志，還要無暴其氣？曰，孟子答「志壹志專注在某一點時。則動氣；動搖，即影響之意。氣壹則動志也。此二語乃說明志與氣可以互相影響，氣並非是完全處于被動的地位，故二者須交相培養。今夫蹶者趨者，是氣也；而反動其心。」此乃引例以證明氣壹則動志，因而說明何以持其志，又須無暴其氣。「敢問夫子惡乎長？」公孫丑問曰，孟子答「我知言，言者，乃指社會之思想言論。我善養吾浩然盛大之貌之氣。」「敢問公孫丑問何謂浩然之氣」？曰，孟子答「難言也。其爲氣也，至大，至剛，以直趙岐和程伊川，都是在「以直」這裏截句；朱元晦則在至剛處截句，而將以直二字連下讀，今從之。直猶論語「人之生也直」之直；以直養，即以義養之意。養而無害，不以非義相干害。則塞充滿於天地之間。其爲氣也，配合義與道。在主觀者爲義，在客觀者爲道。氣之所以能浩然，乃因其合於義與道。無是，無義與道餒也。則餒而不浩然矣。是集義語類以「集義是行的工夫」，與窮理相區別，極爲允當而重要。集義乃積善之意，即不斷地實現其所當爲之事。所生由內自然生出。者。非義襲而取之也。不是向外襲取一善而即可得此浩然之氣也。如激於一時之名譽感，或激於一時之愛國心，亦可使人奮發。此即所謂「義襲而取」。然此種由外來之刺激所引起之奮發，常成爲五分鐘之熱心，不能成爲浩然之氣。行有不慊（足）於心，則餒矣。（此言不能義襲而取之故。）我故曰告子未嘗知義；以其外之也。（告子之所以不作集義的工夫，因其以義爲外在的東西，與自己無干。實則義是主觀的一種判斷，一種要求，並非是外在的，所以告子爲不知義。）必有事焉。（有集義之事。）而勿正。（焦循以「止」釋正，則下面之「心勿忘」三字無意義。不如朱元晦之以「預期」釋正。雖集義而勿預期能有浩然之氣之功效。）心勿忘。勿助長也。（浩然之氣，乃自然而生長，不可以意助之。）無若宋人然。（以例譬說明助長之害。）宋人有閔（憂）其苗之不長；而揠（以手將苗向上提起）之者。芒芒然（疲倦之貌）歸，謂其人（家人）曰，今日病矣，予助苗長矣。其子趨而往視之，苗則槁矣。（宋人之故事止此。）天下之不助苗長者寡矣。以爲無益（以集義爲無益，）而舍之者，（而不集義的人。）不耘苗者也。助之長者，揠苗者也。非徒無益，而又害之。」「何謂知言？」（此又公孫丑問，）曰，（孟子答）「詖辭（偏於一邊之辭。）知其所蔽。（知道他是對另一面未曾看到。）淫辭（誇誕之辭）知其所陷。（知其陷於某一部分，坐井觀天，故常以偏概全，而將其偏加以誇誕。）邪辭（邪僻之辭）知其所離。（知其在何處離開了正路。）遁辭（閃爍逃避之辭。）知其所窮。（知其在何處碰上釘子，陷於窘境。）生於其心，害於其政。（政就一般者而言，事就具體者而言。）發（見）於其政；害於其事。聖人復起，必從吾言矣。」

已錄原文，茲再略加條理。

二、

首先，我們應了解的是，公孫丑的「動心否乎」之問，有何意義？我過去曾在一位德國軍人所著的軍書上，看到「從知到能，尙須一躍」的話。書名已經忘記了；但這句話給我的印象很深。知是認識上的問題，是以主觀去認識客觀。此時對主觀所要求者僅爲冷靜的知性作用；而知性之能冷靜，則以主觀之其他各部分，如情，意等，對客觀事物，保持不關心的旁觀態度爲前提。此時主觀與客觀，實保持一相當的距離。除就客觀之本身，加以認定其如何如何而外，主觀對於客觀之事物，並無眞正之牽連與責任感。即對於主觀方面，除了冷靜的知性作用以外，更無其他要求。但若要把所知的事情，尤其是所知的與人有關的事情，而要按照目的，加以實現；在被實現的對方，可以發生有意識的阻力與事實上的困難，須待加以尅服；則此時之主觀，實須進入到客觀事物裏面去，以主觀之力量，將客觀事物之情況，按照預期目的，加以改變；則此時所要求於主觀者，非僅係投射向外的知性，而係要求其整個的生命力量，能對客觀事物加以承當。換言之，客觀事物實亦已進入於主觀者之生命內，而發生血肉相連之責任感。此時若生命之其他部份，如感情，意志等，與知性有一距離，則由知性所認識者，對因與生命其他部分之疏隔而發生阻碍畏沮，以使知性認識的結果歸於無效。我見過若干人，平時講圖上戰術，講得頭頭是道；但一旦聽到砲聲，便心神沮喪，把平時所講的，都吓掉得一乾二淨，即是上面一段話的顯明例證。亦即是說明為什麽從知到能，尙須一躍。所謂躍，是要把一部分的知性活動的結果，融入進全部的生命之中，使所認知者，不僅以知識而出現，而係以知，情，意等的整個生命力而出現；對被認知者，不是處於旁觀的地位，而係處於有責任的擔當者的地位。在養氣知言章的上一章，孟子似乎說服了公孫丑，使他相信「以齊王猶反掌也」。此一章，則係公孫丑緊承上章而承認：「夫子加齊之卿相，得行道焉，雖由此霸王，不異矣」；但這裏的不異矣，只是從孟子所說的客觀的道理來講；動心不動心，則是以主觀來擔當這種客觀道理時，由對主觀人格之考驗所發生的問題。若用上面的話來說，公孫丑所問的，即是孟子到底經過了由知到能的一躍沒有？而這一章主要的意義，也便是指出了作為中國傳統文化最大特色的由知識走向人格修養，由人格修養以擔當天下國家責任之路。其中所談的道與義，固然是人自身的東西；但當我們對人自身的東西，只求作一了解時，依然是把它反射在客觀的位置上而加以認取；此時所得的依然是知識的性格。此知識性的道與義，要成為行為性的道與義，正須要通過人格修養功夫的一躍。

不動心的表面根據，是一個人的勇氣。所以公孫丑一聽到孟子的四十不動心，便以勇士孟賁相比擬。孟子提出告子先我不動心，是說明在勇士的不動心以外，還有告子這一型的不動心。僅在不動心這一點上，還不能判定一個人的人格上的成就；主要須看他係通過那種功夫而得到不動心的效果。同是不動心，因工夫的不同，而不動心的內容與所發生的作用也不同。整個的人格，是從不動心的內容和由內容所發生的作用來決定的。接着孟子因公孫丑之問，而擧出兩個勇士的養勇，與代表儒家的曾子之養勇，各有不同；亦即是說三個人之得到不動心的修養工夫的不同。孟子說孟施舍是守氣，其實，北宮黝也是守氣。他兩人的分別，乃是一個向外求必勝，因而不能不以外在的敵人爲目標，隨着敵人爲進退。一個則以無懼來代替向敵求勝之心，因此，只守住自己不怕之一念，便爲已足；所以孟子說孟施舍守約。其實，北宮黝之求必勝，仍是以能無懼爲前提，即以不動心爲前提。兩人之不懼，皆來自守氣。守氣有似於養氣，而不同於養氣。養是培養。守氣是守住一口氣而不使之散，亦即今日之所謂憋住一口氣。曾子之勇，一樣要表現在氣上面；但他却先通過理性（志）的反省，並由此反省而以理性統帥住氣，以使其退後或向前。即曾子之所以得到勇，得到不動心，在實質上，與下文孟子之得到不動心，全是一樣。

說到這裏，對於所謂氣，到底是什麽？應先作一解釋。禮記祭義註謂「氣謂呼吸出入者也」，這是指呼吸之氣而言。我想，此乃從「气雲气也」（說文一上）比類而來的。其實，古人之所謂氣，並非僅指呼吸之氣，而係指人身生理的綜合作用，或由綜合作用所發生的力量。換言之，氣即由生理所形成的生命力。此章下面孟子說，「氣，體之充也，」是說人的形體，是由此種生命力所充實的；人當初死時，形體依然是形體，但形體中因沒有這股生命力而成爲空殼子。孟子這句話，在禮記祭義，莊子人間世，管子心術，都有大體相同的說法。因生理的綜合作用而形成一種力量，所以氣又可以釋爲力，（呂覽審時其氣章注）。因此，一般說北宮黝孟施舍是血氣之勇，即是把由生理所發生的原始地反抗性，上升到自己的意志；自己的意志，即順著原始地反抗性，而加以堅持、充實，不使其發生躲閃逃避等其他的轉換反應。北宮黝則順著此一趨勢向前衝去，以求必勝；孟施舍則只把它凝結住以成爲置一切利害於不顧的信心；這即是他們的守氣，即是一般所謂血氣之勇。他們的活動中不是沒有意志乃至若干理智在裏面發生作用；而只是缺乏良心（道德理性）的自覺；所以他們的意志、理智，是順著生理的反應引起；引起以後，又落到生理反應中去。不能發生由良心自覺而來的對生理反應的反省作用；因而不能節制生理反應，主宰生理反應。曾子則是在此一連串過程中，多出一層良心的自覺、反省，及其主宰性。良心一旦獲得了主宰性，則生理反應同時即上升而成爲良心的判斷、行動；所以一般稱之爲義理之勇。以生理反應爲主的勇，只獲得個人生理作用的支持，外不能通於社會，得到他人精神力量的鼓勵；內也經不起自己良心的考驗；而每一人都會有良心，都會有良心的閃光的。由良心所主宰的勇，個人的心，常與萬人的心相通，所以常有看不見的無限地社會支持力量；並且自己愈反省而愈會堅强。所以曾子稱這是「大勇」。大勇的形相即是浩然之氣。直截的講，孟子的不動心，即是來自這種大勇。至如何達到此種大勇，却須一段切實修養工夫。此便是以下由公孫丑不十分高明地打破沙鍋問到底所追出來的。

三、

告子達到不動心的工夫，既不同於勇士，也不同於孟子，而是採取遺世獨立，孤明自守的途徑。一個人的精神，常常會受到社會環境的影響，因而會發生擾亂（動心）。告子的不得於言，勿求於心，是對於社會上的是非得失，一概看作與己無關，不去管它，這便不至使自己的心，受到社會環境的干擾。他之所以如此，是與他的「義外」說有關。義是對於事情應當或不應當的判斷，及由此判斷而引發的行爲。孟子的「義內」說，乃認爲此判斷係出於吾人之內心，不僅判斷之標準爲吾心所固有，否則不會作此判斷；並且以爲吾心既有此判斷，即係吾心有此要求；人之行義，乃所以滿足吾心之要求，而爲吾心之所不容自己。告子之意，則以爲應當不應當，只是從客觀事物關係中之較量比擬而出。並且他似乎並不由此而求建立一客觀之義，而只是認爲一般人所謂義者，與自己的生命毫不相干，所以他便可以不得於言，勿求於心。由此而把自己從社會隔離起來，不受社會的影響。「得於言」，即所謂「知言」，亦即對客觀事物作知識上的了解。不得於言，勿求於心，即對於不了解者，讓其不了解，不用心去求了解。這與莊子「知止於其所不知，至矣」（齊物論）的態度，甚爲相合。告子「生之謂性」的觀點，也與莊子的性論非常相近。孟莊同時而未常相聞，告子或亦是莊子之徒。告子之所以不得於心，勿求於氣，是說當他的心若發生動搖時，只是以後一念的心，去制止前一念的動搖之心；再不向自己的生理作用上求幫助。譬如一個人黑夜走路，心裏怕起鬼來了，這便是「不得於心」。此時有的人大聲咳嗽，有的則高聲歌唱，以此來壯胆，這即是在生理作用上來求得對心理的幫助，亦即是求於氣。有的人則當怕鬼之念一起時，接着便起一念去制止；它或者加强無鬼的信念，或者加强鬼更怕人的主張；以使前一念之怕歸于平靜；而告子則似乎只是把心一硬，什麼也不管，怕的心便也在硬中壓散了。這即是所謂不得於心，勿求於氣。不得於心，勿求於氣，此時乃是以心作主；所以孟子說這還可以(可)。但我們應更追進一層：告子之所以如此，並非僅如一般人係出於生活的慣性，而是作爲達到不動心的一種方法。但他何以要用這種方法？氣能幫助不動心，豈不更好嗎？他之所以如此，恐怕是因爲他覺得一個人的心，常常會受到自己生理作用要求的影響。他的不得於心，勿求於氣，乃是把自己的心，和自己的生理作用，隔絕起來，免使自己的心，被自己的生理作用要求所牽累而動搖。因爲心既求助于氣，氣便可拖累及心；不如乾脆把它隔斷。後來禪宗中土第一祖的達摩，爲二祖慧可說法，祇教「外息諸緣，內心無喘」(指月錄卷四)。外息諸緣，是由告子的不得於言（言乃是諸緣）的進一步；內心無喘，即是不動心。禪宗是空了外緣，而告子則是隔絕了外緣。又續高僧傳十九載二祖慧可遇賊斷其背，以法御心，初無痛苦，此與斷背求法之說不合，未必可信；但在禪宗記載中，不以身體疾苦動其心者甚多，這也是勿求於氣的進一步。禪宗是空了生理的作用，告子則是隔絕了生理的作用。雖所用的工夫及所達到的境界，有淺深之不同；但起步和所要達到的目的——不動心，亦即禪宗所說的「八風吹不動」，並無二致；然則告子或者可以說是我們歷史上土生土長的禪宗的前身。

四、

孟子和告子不同的地方，一面是認爲個體與社會不可分，所以他要「知言」。這一點留到後面去說。一面是認爲心與生理不可分，所以他要「持其志」，又要「無暴其氣」。由持其志及無暴其氣的內外交修所得的結果，便是浩然之氣。而把持志與無暴其氣打成一片的工夫便是集義。

志是心之所向，是心的作用。持志即是保持心的作用。在孟子，心、性、情，沒有多大分別；他主張性善，心自然也是善的，所以他說「仁義禮智根於心」。因此，持志也便是保持住良心（道德理性）在生理中的統帥作用（志，氣之帥也）。但是此種良心，並非如禪宗樣，僅是一點靈明。假定它僅是一點靈明，便可如告子乃至後來的禪宗，以及許多受了禪宗影響的理學家一樣，只把它作爲「觀想」中的存在。此時的一點靈明，雖然還是離不開生理，但在觀想中，並不一定感到它須通過生理作用而始存在；極其至，禪宗乃至一般宗教，便以爲這一點靈明，可以離開生理而單獨承傳下去。儒家的良心，則並非僅是這一點靈明，而是以仁義禮智爲其內容的。仁義禮智，是把人我，人物，關連在一起而始顯露出來的；所以在這種內容中，它會由內而一定要求通到外，由個體而一定要求通到群體，由觀想而一定要求通到行爲。例如「滿腔子是惻隱之心」（程明道語）的仁，不能僅停留在腔子裏，而只憑我去觀去想；它自然要發而爲愛人的事實，行爲。在這種從內向外通的過程中，便容易意識到由生理作用而來的乘載力量。此時固然要求生理作用，聽良心的指揮；萬不可倒轉過來，由生理作用，壓倒了良心的作用，此即所謂持其志。但乘載良心的生理作用（氣），事實上會有厚薄之殊，因而表現爲乘載力量的大小；此種乘載力量的大小，自然會影響到良心實現的程度。尤其是會影響於良心向外實現的過程，亦即係從內存世界落到現實世界的過程，一經落到現實世界上面，便會遇到在內存世界中所沒有的阻抗力量，可以給內存世界以反撥而使其發生動搖，此即公孫丑所問的動心。此時的動心不動心，與作爲乘載者的生理能力，有密切的關係；一個生理的生命力非常委頓的人，即是有氣無力的人，常常是能說而不能行的人，便是這種道理。並且有時，懂得應當冒生死危險的道理的人，其怕死的程度，常甚於不懂這種道理的人；這便可以想到怕不怕，氣的作用，或超過志的作用。所以孟子的不動心，是來自持其志，又要勿暴其氣；即是還要培養生理地生命力。朱元晦「合而有助」之說，即是以氣爲有助於道義之說，用來解釋下文的「配義與道」，在文意上不順適，所以我沒有採用。但它對於志與氣的分別與關係，亦即道義與氣的分別與關係，他却體認到了。所以他說：

「道義是公共無形影底物，氣是自家身上底物。道義無情（按此有語病，因爲他把性和心常分爲兩個層次；道義屬於性，而不屬於心，所以他如此說。）；若自家無這氣，則道義自道義，氣自氣；如何能助得他？」（語類五十二）

又：

「養氣章道義與氣，不可偏廢。雖有此道義，苟氣不足以充其體，則歉然自餒，道義亦不可行矣」。（同上）

又：

「氣配道義。有此氣，道義便做得有力。」（同上）

又：「氣由道義而有（按此語欠分疏），而道義復乘氣以行。」（同上）

若將不動心的工夫先作一比較，則勇士們是養氣而不持志，因此，其養氣只是生理上的鍛鍊，而不是「集義」。告子則持志而不養氣；其持志又不肯知言；所以他所持的只是守住一點靈明，而將自己沉浸在這一點靈明中，遺世而獨立，遺現實而獨立。或者也有點像西方的犬儒學派。他是在逃避現實中而不動心的。孟子則持志養氣，合而爲一，他是在擔當現實，實現理想中的不動心。

以生理作用來乘載心或志的道義，若生理作用與道義尚有距離，則不僅不能保證志之經常的統帥權，且生理作用與道義之間，可能發生摩擦，即一般所說的「理欲交戰」，則其乘載力或且發生反作用。即使不會如此，道義的本身是一普遍性的無限地存在，而生理作用則是一獨特性的有限地存在；以有限性地東西去乘載無限性地東西，事實上也會發生困難。因此，孟子的養氣，便不能僅像攝生家的調節身體一樣（我想，也會含有這層意思在裏面），而係進一步將志與氣融和而爲一。這種合而爲一，乃是由志的主宰性所給與於氣的塑造力（養），使氣向志那裏昇華，使氣與道義不分，因而也具備了道義的普遍性，無限性。而此種普遍性無限性，不復是以觀念的形態而存在，有如朱元晦所說的「公共無形影底物」一樣，而是表現爲具體的人格，生命。這即是孟子所說的至大至剛，塞乎天地的浩然之氣。誠如朱元晦所說，氣和浩然之氣，原非二物。都是人的生命力；不過浩然之氣，是經過塑造而向志昇華後的生命力。孟子說「其爲氣也，配義與道，無是餒也」。配是合而爲一之意。程子的「無道義則氣餒而不浩然」，乃朱元晦解釋爲無是氣則道義餒；不知道義之本身無所謂餒不餒；下文「行有不慊於心則餒矣」之餒，是就氣說，此處亦以就氣說爲順。又程朱在這種地方牽連到天地之氣上面去說，這實是自漢以來的岐出，沒有什麼意義。浩然之氣，是人格向上的統一，完成的一種氣象。若作具體的指陳，即是孟子在另處所說的「見大人，則藐之」；及「富貴不能淫，貧賤不能移，威武不能屈」的大丈夫。這樣，自然會不動心；而對於道義的擔當，對於人類命運的擔當，乃是全面的擔當，其間無一毫折扣，假借。到了此一地步，才能「不枉尺而直尋」，才能「捨生而取義」，才能「行一不義，殺一不辜，而得天下，不爲也」。此處才眞浮出了人格尊嚴的形相，而感到人與天地參了。

上面說過，以志，亦即以道義來塑造氣，究竟是如何塑造？這便要澈底了解孟子之所謂「是集義所生也」一語的確切意義。他是說，浩然之氣，是由集義所塑造出來的。所謂集義，朱元晦有句說得最好的話，「集義是行底工夫」。我再加上一句，「是積累著行的功夫」。道義原是生命中的一點種子；

浩然之氣，是此種子向生理中生根擴大，最後與生理合而爲一的生理上的昇華。此種子若只當作抽象的觀念，去加以把握，則不論如何加以思辨，推理，構造，乃至構造成十分堂皇壯麗的東西；但它依然只是人的知性向外漂出去的一縷活動，與人的全部生命，並不相干，因而它並不能給與生命以絲毫影響。所以西方的哲學家，常常是在珠光寶氣的帽子下面，蓋著一個庸俗委瑣的軀體。因此，他們一面常以哲學爲觀念的遊戲；一面又常感到人生的合理面，遠不敵其非合理面之可怕。近代經驗哲學開山祖的培根，其人格的卑汚，暫可置之不論，因爲對經驗主義者而言，本難有所謂人格的。但被稱爲另一近代哲學之父的笛卡兒，他選擇在荷蘭的孤寂生活環境，來建立他的合理主義的殿堂；但到了應瑞典女王之聘，因參加貴族的社交活動而感到情迷意亂，再加上天氣嚴寒，竟由此得病而死，使人感到他眞死得不値。讀了黑格爾大著的人，誰能想到他的生活是那樣的庸俗不堪。要使道義的種子，在生理的生命中生根擴大，只有把種子透出而成爲「行底工夫」才能做到。因爲行，必須通過整個的生理作用。通過整個的生理作用，即是種子向生理中，向血肉中貫注。貫注得久而久之，種子同著血肉便由不斷地連接而融和一致；於是道義便不僅是種子而是整個生命；生命便不僅是生理的，同時也是道義的。所以西方的哲學家是以知識系統來表現；而中國的儒家，則是以人格來表現，以生活行爲來表現。我對於以儒家的良心理性，認爲除了精神，動機以外，是無所成，是不以有所成爲目的的說法，是不贊成的。無所成，是告子，莊子，禪宗的性格；是西方理性主義乃至實存主義的性格。而儒家的良心理性，其本身即是一種形成的構造的力量。它落在行上，落在事上，（必有事焉），則必要求有所成。成聖成賢，是成；成己成物，更是成。順著儒家的政治要求，便會成就民主；順著儒家重知識，重經驗事實，重合理思考的要求，及道並行而不相悖的涵蓋寬容的精神，縱使不直接成就科學，最低限度，也不會像基督教樣，須經過一段殘酷的鬬爭後，始能與科學相安。儒家在歷史上客觀性的成就不夠，乃是因爲受了歷史條件的限制。不應當把歷史條件的限制，當作儒家道德理性自身的性格的限制。

如上所述，以集義來塑造（養）氣，其功效是緩慢而不可見的，容易使人忘，所以孟子便提出心勿忘。忘則志會被生理作用所淹沒，而人只成爲一純生理的存在。培養塑造之功，積久而水到渠成，有如生物的自然生長；有的人又常因期待之心太切，而希望收功於一旦，所以孟子又提出勿助長。助長則將成爲裝腔作勢的空心大老闆。朱元晦說「必有事便是集義的火法」（語類五十二），火法是指煉丹的火候而言；這却體認得精到。

五、

儒家的良心理性，以集義而通向生命，成就生命；也以集義而通向社會，成就社會。停頓在觀念上的東西，與生命不相干，也與社會不相涉。由觀念而落實到集義之「事」，一面把志和氣連接起來，同時也便將個人與社會連接起來。孤單的個人，無所謂事；事須人與人、人與物相接而始有。通向社會，便須對社會的事象，尤其是對社會生活發生推動作用的思想言論，須作是非的判斷。有此判斷，不僅不爲社會事象動其心，且可進而對社會有所成就。所以在知言之下，便直落在政治利害上立論。這是集義落實下來的另一面。因此，在我看，本章的關鍵全在集義二字，而知言則是由集義自然推擴出去的。但朱元晦答學生「浩然之氣，集義是用功夫處否」之間，却說：

「須是先知言。知言則義精而理明，所以能養浩然之氣。知言正是格物致知」。（語類五十二）

又：「此一章專以知言爲主。若不知言，則自以爲義而未必是義，自以爲直而未必是直，是非且莫辨矣」。（語類五十二）

又：「孟子論浩然之氣一段，緊要全在知言上」。（同上）

這顯然與孟子是「集義所生也」之意不合，而有先後倒置之嫌。朱元晦雖用了這大的氣力解孟子，但他與程伊川一樣，在根本上和孟子思想有一大扞格，即是他常把孟子的心性本是一層的東西，看成兩層的東西；理出於性而藏於心；理在心之上，亦即在心之外。所以孟子的理是自內流出，而朱元晦則常解爲是從外面檢來；孟子集注一書，在此種地方，幾無一不錯，此處不能詳舉。他既以理爲在外，所以特注重向外窮理。因注重向外窮理，所以特別注重知言。孟子分明說浩然之氣，係由集義所生；他却於此搖擺不定，偷偷的說成是以知言來養成的。

還有一個問題，應當一提的。朱元晦費了這大氣力來解釋此一章，但他骨子裏並不十分同意孟子的說法。語類五十二曾說「且只將孟子自看，便見孟子說得甚麄，易却說得細(按指易坤卦的直方大而言)」，這恐怕是他從內心流出的眞話。從這一點上，又可看出宋儒和先秦儒家的同中之異。孟子以集義爲功夫，以必有事焉爲功夫，這是由內向外發的，因而其精神是向前動進的。宋儒的功夫，特重涵養，省察，因而特重靜坐，持敬，這是從外向內收的；向內的反省觀照，重於事實上的實踐；因而其精神是靜寂的。於是他們無形中以靜坐持敬代替了集義；亦即以凝斂(不能說觀想)代替了行爲。由此種工夫而變化得來的氣質，多半是謹飭而帶幾分拘、腐，不復有浩然的氣象。這便常表現爲他們對實際問題的擔當力不足。朱元晦說孟子說得麄，實際，則並非義理精麄的問題，而是氣象，人格，生命力的大小問題。因朱元晦之不了解孟子的眞正精神，所以便把知言放在集義的上位，同時，以靜寂觀動進，便不能不以孟子的工夫爲麄。即此一端，又可以看出儒家思想自身演變，而找出古今學術得失之林了。(四，一九于東大)

四八、五、一、
民主評論十卷九期

中國孝道思想的形成、演變，及其在歷史中的諸問題

去年十月，我在臺中省立師範學校作了一次「孝在中國文化中的地位」的講演；講後，黃校長冠宇先生希望我能把所講的寫了出來。同時，謝幼偉先生當我們聯合發表了一個由唐君毅先生執筆的有關中國文化的宣言時，他有一篇文章，一方面推重此一宣言，一方面感到在此宣言中沒有提到孝的問題，是一缺憾。我覺得他的話很有意義。近來我又看到在爲我平生所最崇敬，而對於中國文化有最高熱情和甚深研究的一位老先生的著作裏，說孟子是孝治派，因而是專制政治的維護者，一筆抹煞他在中國思想史中的地位；我雖然知道這位老先生說這些話，是有不得已的苦衷；並且在他著作裏所流露出的精神、乃至大部份內容，實在可以懸之天壤而不朽，但依然抑制不住我內心的悲痛。因爲上述三種因緣，我便想對中國傳統文化中的孝道，作一綜合的敍述。並將此文獻給大陸上在苦難中死去的父親母親在天之靈，以告白我內心的愧恥和懺悔。

四八、八、二四，于東海大學

一、問題的再提出

以儒家爲正統的中國文化，其最高的理念是仁，而最有社會生活實踐意義的却是孝（包括悌）。日本桑原隲藏博士說「孝道」是中國的國本，國粹。所以以中國爲對象的研究，不可不先闡明理解他的孝道。美國的 Headland 也曾說若不牢牢記住孝道是中國人的家族，社會，宗敎乃至政治生活的根據的這一事實，即終究不能理解中國及中國人的眞相（註）。另外有位日本漢學家認爲，把孝當作重

要的文化理念而發生」極大影響的，在希臘、羅馬、以色列、印度等文化系統中找不出這種情形；中國佛經中有關勸孝的經典，都是和尚爲了適應中國社會心理的要求而僞造出來的。所以孝道要算中華民族最獨特的文化現象之一。我想，這是可以承認的說法。由中國易傳「觀乎人文以化成天下」的意義說，由Culture 一語的本來意義說，所謂文化，它都是表示經過人類的思慮、反省，而認爲是合理的一種生活方式和態度；所以它是含有理想、目的的成分在裏面，而與自然生活或野蠻生活相對稱的。人類的生活，未曾經過思慮反省；或者雖經過思慮反省，而認爲是不合理，但依然還要去作的，要佔實際生活中的大部份。這是人類生活中「非文化」或「反文化」的一面。這一面只是表現生理的衝動和墮性，或對環境不自覺的反應；它的本身，固然就是人類的生存狀態，但它並不能支持人類生活向上向前的發展。人類生活向上向前的發展，是要靠文化在環境和人的自然生命中，所能發生的作用。純自然、純自然生命的現象，不是文化；但離開自然和自然生命的，也不是文化。所以假定一切都入於涅槃或進到天國，此時便無所謂文化。宗教的文化意義，是在想涅槃而尚未涅槃，要進到天國而尚未進到天國時，對環境和人的自然生命所發生的現實作用。孝是經過中國歷史上許多人的思慮、反省所提出的人生行爲的一個重要規範；並且這個規範，是經過長時期的社會生活實踐，在中國歷史裏面、曾經很深刻的作用於生活環境及自然生命之中；所以它和纏小脚、吃鴉片烟不同，它是中國的重大文化現象之一。它的功過，可以說是中國文化的功過。在五四運動時代，如吳虞的「家族制度爲專制主義根據論」及「吃人與禮敎」這類的議論，直接從孝道及與孝道密切相關的文化現象來澈底否定中國的文化，這才算是接觸到中國文化的核心，迫攻到中國文化的牙城，而眞正和陳獨秀魯迅們成爲五四運動時代的代表人物。胡適先生推崇吳虞是「隻手打孔家店的老英雄」，這要算是他的知人論世的特識。

不過談到思想文化等問題，僅採取「打倒」或「擁護」的一剖兩開的二分法，在問題的處理上最爲簡單。並且當社會轉變時期，以打倒傳統爲旗幟的，最易博取聲譽。但若離開個人主觀感情的利害，而能進入到文化問題的內部去，便不難發現打倒與擁護，只不過是在文化問題的外面繞圈子的偷懶辦法，對解決文化上所發生的問題，並無積極的貢獻。因為如前所述，文化既是人類一種理想性的追求、表現，則澈底胡鬧的東西，不會成為文化。同時，文化是人所創造的，沒有完全的人，當然也沒有完全的文化。每一文化理念的提出，都是適應歷史上的某種情勢、要求；而當它提出時，也一定會受當時各種條件的制約。歷史上的要求、條件，有了變化，則某一文化的內容及其效用，也會隨之變化。把一個名詞觀念的內容，當作是一種靜態的固定不移的東西，而將它應用到不同的人，和不同的時代上去，便常會犯張冠李戴的毛病。把歷史上所曾經發生過的文化效用，要求於歷史條件已經改變之後；或者用現代的要求、尺度，去代替歷史上的要求、尺度；這都不是研究歷史文化問題的合理態度。孝道在中國，有這樣長的文化歷史；有這樣廣大的社會生活實踐的內容；要把它簡約化到應該打倒或擁護的二分法中，恐怕不是負責任處理問題的態度。因此，我希望對此一重大的文化問題，能較五四時代的人們，稍作進一步的提出。

註：桑原博士著有「支那的孝道，特別是從法律上來看支那的孝道」一文。該文載在狩野教授還曆紀念支那學論叢內。此處所引的，見該論叢二六九頁。Headland 的話，桑原氏原註見 Headland 所著的 Home Life in China. P. 194.

二、孝道由發生到孔子的立教，及立教時之真正意義

孝經鄭註（註一）釋「先王有至德要道」的「先王」，以為專指的是禹。皮錫瑞疏引陸德明釋文「推鄭之意，以為五帝官天下，禹始傳其子。傳子者，尤重孝，故為孝教之始」（註二）。我覺得鄭註、陸釋、皮疏，都非常牽强。但由此可以窺破一點消息，即是孝道和傳子的政治制度，有密切的關係；甚至可以說是起於政治的傳子制度。因傳子是家天下。要政權穩定，首先需要有一個穩固的家庭。孝便是以父權為中心所漸漸形成的鞏固家庭組織、秩序的道德觀念。舜的大孝，恐怕是孟子時代才形成的

故事；論語中稱讚舜，不曾關涉到他的孝行。同時，從歷史的事實看，常常是某種事實發生在前，對事實的觀念，理論，發生在後。就古代比較可靠的史料看：在殷代的祖宗崇拜中，原始性的宗教意味，重於實踐的道德意味。因此，孝的觀念此時恐尚未形成；所以甲骨文中沒有孝字。在西周金文中，「孝」「考」兩字常互用。孝字在西周金文中出現雖較晚，但由其使用以測其創造之時，當在西周初年(註三)。在周初以前，凡提到孝的文獻，在時代上都不可靠。孝字恐始見於尙書康誥的「矧惟不孝不友」；而孝的觀念，在詩經的大小雅及周頌中，始特爲明顯。其中共出現有十六個孝字。周朝立國，是大封同姓以控制異姓；並建立宗法制度以樹立同姓內部的秩序與團結。這在左傳僖公二十四年富辰諫周王的一段話中，說得非常淸楚。他們團結的最高象徵是文王；而團結的目的是要「文王孫子，本支百世」（註四），以維持一姓的政權於不墜；於是孝的道德要求，特爲重要。其他的許多道德觀念和制度，都是以孝爲中心而展開的。左傳文二年：「孝，禮之始也」。國語周語：「孝，文之本也」。文即是禮。而禮是包括政治、人文的全體。上面兩句話，正說出了此中消息。

孔子自稱是「述而不作」。他在人物方面的最高嚮往是堯舜；但在文獻上的承述却是周代（註五）；這主要因爲有文獻足徵不足徵的限制。但孔子的「述」，有三大特徵。第一、是從過去特定的事項中，找出富有普遍性的共同準則。例如禮：本是由宗教的人神交接，發展而爲貴族交接的禮儀及政治的制度；到孔子則發展而爲一般人的行爲規範。第二、是把外在的形式，轉化而爲內心的德性，使其成爲人格成長的表徵，並使形式因受到德性的批判而不致歸於僵化。例如禮：本是外在的一種形式。他却把它和仁融合起來，使仁居於主導的地位（註六）。第三、通過他個人的人格上的體驗與成就，而把傳統的觀念推進並提高爲高深的根本原理。例如：他把傳統的「愛」推進提高到「仁」；把傳統的「性與天道」，提高到子貢所不得而聞的性與天道。這三點，應用到孝的觀念上，完全是適當的。如前所述，孝原是爲了適應傳子的政治制度，尤其是爲了適應宗法的政治制度的必要而發生的。

但到了孔子，則成爲每一個青年所必需的起碼行爲（註七）。孝原是爲了建立外在的家庭間的秩序而發展的；到了孔子，則轉而爲每一個人內心的天性之愛，是這種內心的天性之愛所不能自己的自然流露（註八）。孝是善事父母，是每一個人所能做到的極尋常的行爲；但孔子則把它通向人生最高原理的仁上面，而使其成爲「爲仁之本」（註九）。由此可知孔子是承述了周代的傳統的孝；但在這種承述中，却把它由統治者的手上拿到每一個人的手上來，使其發生了本質的變化，而成爲儒家思想中所永不能缺少的一部分。

儒家重視孝的意義，我先在這裏試作一綜合的敍述。儒家思想，是以仁爲中心的實踐道德思想；而「仁者人也」（註十），仁不是來自神的意旨，而是作爲人之所以成其爲人的特性，所以它是發自人的本身。人的本身何以具有仁德，這正如孟子所說，從「孩提之童，無不知愛其親也」的這一點上可以得到證明（註十一）。孝是出於人子對父母的愛，即是仁的根苗。孝的實踐，即是對仁德初步的自覺，初步的實踐；也即是對於仁德根苗的培養。所以有子說這是「爲仁之本」。一個人，在對父母之愛的這一點上，也混沌過去，毫無自覺，則仁德的根苗，將因此而湮塞枯萎，於是這種人不會把社會看成是一個諧和互助的有機體，而只能看作衝突鬪爭的場面；因而視强淩弱、衆暴寡是當然的事。所以孟子說：「於不可已而已者，無所不已；於所厚者薄，無所不薄也。」（註十二）；這在儒家的立場看來是非常不幸的。其次，儒家所要求的以仁爲中心的實踐道德，它與宗敎的不同之點，是在於宗敎所要求的，常常只能由特殊的少數人，在某種特殊的時空中，所偶然表現的卓異崇高的道德；而一般人對於這種偶然表現的卓異崇高的道德，只是抬起頭來向上仰望著，表示一種皈依嚮往之情。等到把頭低了下來時，他所仰而望之的道德，和他實際的生活，常常依然是兩回事。儒家的實踐道德，則不以其卓異崇高的形態出現，而只是以「中庸」的形態，亦即是以「布帛之言，菽粟之味」的形態出現；因爲如此，所以每一個人，隨時隨地，皆有實踐的可能。凡是不近人情的行爲，即是不能普遍實踐，不能隨時實踐的行爲。凡是要憑借外在的機緣、條件，而始能實踐的行爲，也是不能普遍實踐，不能隨時實踐的行爲。孝是順乎人情的自然，而且又不需要外在的任何機緣、條件的，所以孝便成爲儒家道德實踐中的最基本的德行。

或許有人說：愛親既是出於人情之自然，則特別提出「孝」字來立教，又有什麽意義？這一點是値得特別研究的。因爲把自然之情，特別提了出來，使由無意識而進入爲意識的活動，這便加上了理性自覺的意義到裏面去。出於自然之情的愛，是順着生理作用所發出來的，其本身還夾雜著自私的成分在裏面，與普通所說的「欲望」，沒有多大分別。這種愛不能通向仁，不能擴充而爲人類之愛。孟子說：「人少則慕父母。知好色，則慕少艾。有妻子，則慕妻子。仕則慕君」(註十三)。此便是說的順着生理作用所發出的自私之愛。這種愛缺少了道德性的自覺，不能表現道德價値。必須加上了道德理性自覺以後的自然之情，在其自覺的要求下，同時即超越了自己的生理的限制，突破個人的自私，而成爲一種道德理性的存在，以澄淸淘汰自然之情中所包含的混雜成分。這比不曾經過自覺的自然之情，因而是生理的混沌、盲目、雜亂的自然之情，完全是兩樣。所以一切人類(乃至高等動物)，孩提時都有對父母之愛；但他們缺少此一孝的自覺，所以這種愛在每個人的一生中、乃至整個的社會裏面，不會發生積極性的作用。於是他們不能在自己本身上證明道德的愛、體認道德的愛，而只有在外面另找道德之愛的源頭；所以宗教對於他們在道德上有特別重大的意義。但在自身缺少愛的自覺，缺少愛的眞切體認、實踐，而僅靠「他力」的啓示、幫助，對一般人來說，這種他力的啓示幫助，很難與現實生活融成一片。所以他們的愛，依然常流爲一種貪欲、佔領，如男女之愛、權利之愛等，以加强他們的自私；很少能突破自私以擴充而成爲人類之愛，亦即是儒家的所謂仁的境界。其原因，便是因爲他們在自己本身的愛的根苗上，缺少了這一點自覺，因而缺少了由生理轉向理性，由自利轉向利他的這一眞切的轉化作用。換言之，即是他們缺少了孝的教養。

論語的編纂次序，不必都有意義；但首之以「學習」，次之以「孝悌」（註十四），則未必全無意義。即是，孔門立教的重視學習與孝弟，是毫無疑問的。但孔門只把孝弟當作對一般人的起碼要求，並不曾把它當作德行上最高的成就。論語上，孔子對他的學生問君子，問成人，問士，問行，問達，他從未擧孝悌來作答；因爲在他的心目中，一個人在德行上人格上的成就，應當不止於孝弟，而須要更進一步的努力。最明顯的有他答子貢的問士。原文是：

「子貢問曰，何如斯可謂之士矣？子曰：行己有恥。使於四方，不辱君命，可謂士矣。曰：敢問其次？曰：宗族稱孝焉，鄉黨稱弟焉……」（論語子路）

「士」，有如今日的所謂知識份子，所以他的成就比「君子」、「成人」，要低一個層次。但孔子把僅有孝弟上的成就，只看作是次一等的知識分子的成就。頭等的知識分子，在人格上須要有更高一層的成就；而在能力方面，須要對國家社會有某一方面的貢獻。並且孔子教人立身行己，亦從不僅限於孝弟。如他說了「弟子入則孝，出則弟」以後，接着便說：「僅而信，汎愛衆，而親仁；行有餘力，則以學文」。他只把孝弟當作人生中的必需的具體德行之一，並沒有把它當作作人的總括性原則。孔子提出的作人的總括性原則是「主忠信」的「忠信」或「忠恕」。孝弟限於家庭，不一定能通於社會；而忠信、忠恕、則可將人和己、家庭與社會，完全貫通起來。要了解儒家原始思想，及其以後的演變的人；尤其是要了解儒家孝的觀念的演變的人，在這種地方，不可輕易忽略過去。必需能把握住論語的全般精神，以衡斷其他典籍中所載許多孔子論孝的話，那些是出於孔子，那些是合於孔子的原意，那些是後來的推演，或逕與孔子的原意相反；這便容易在各種雜亂的說法中，理出一個線索。

註一：孝經鄭註，有人認爲是鄭康成；有人認爲是鄭的孫子鄭小同；皮錫瑞著孝經鄭註疏則以爲係鄭康成早年本今文學所註。此處不涉及此一爭端；但即若出於鄭小同之手，也與鄭康成的思想有關。所以我在此處暫時承認皮的說法。

註二：皮錫瑞著孝經鄭註疏，四部備要本卷上第四頁。

註三：根據友人高笏之先生的說法。我寫此文時，曾特別函請他指教過。

註四：詩經大雅文王。

註五：論語「周監於二代，郁郁乎文哉，吾從周。」

註六：論語「人而不仁，如禮何？人而不仁，如樂何？」

註七：論語學而章「子曰：弟子入則孝，出則弟。」

註八：論語陽貨章孔子對宰我短喪之問，只以「於女安乎」爲答。及宰我答以不服三年之喪而心安時，孔子也只好答以「女安則爲之」。可見孔子認爲人子之孝父母，全出於內心之安不安，而非來自外在的制約。

註九：論語學而章「有子曰：孝弟也者，其爲仁之本與。」

註十：此語分見於孟子及禮記中庸、表記兩篇。

註十一：孟子盡心上。

註十二：仝上

註十三：孟子萬章上。

註十四：論語首章爲「子曰學而時習之」，接着便是「有子曰，其爲人也孝弟……。」

三、孟子對孝道的傳承與擴大，及所謂孝治派

一般的說法，孔門以曾子最能傳孝道；子思是曾子的學生，而孟子又曾學於子思的門人，所以孝特爲孟子所重視；這大概是可靠的說法。例如論語：「孟懿子問孝，子曰：無違。樊遲御，子告之曰：孟孫問孝於我，我對曰，無違。樊遲曰：何謂也？子曰：生事之以禮，死葬之以禮，祭之以禮」（爲政）。上面三句總括孝道的話，在孟子答滕文公問喪禮的時候，便完全引來作爲是曾子的話（註一）。同時，孔子答子游、子夏問孝時，皆不以僅能養爲孝(註二）；而孟子以曾子養曾皙爲能「養志」，即是不僅能養曾皙的口體，認爲「事親若曾子者可也」（註三）。這與孔子的意思，也完全符合。論語把孝的根源，內化於人子的不容自己之心；孟子一則曰「然後盡於人心」，再則曰「親喪，固所自盡也」，三則曰「夫泚也，非爲人泚，中心達於面目」（註四），這與孔子的精神，也完

全是一貫的。不過孝的思想，在孟子一書中的分量，比在論語中的分量却大爲擴大了。如前所述，論語只把孝視作人生德行的初步，也即是人生德行中的一部分；而孟子則有把孝擴大爲德性的最高表現，因而有以孝來貫通德性全體的趨向；並且提出舜來作爲最高的典型。他說：「堯舜之道，孝弟而已矣」（註五）。又說：「視天下悅而歸己，猶草芥也，惟舜爲然」（註六）。又說：「大孝終身慕父母。五十而慕者，予於大舜見之矣「（註七）。這些說法，可以從兩點來解釋：第一、認孝是發自一個人的內在德性；內在德性，對於一個人的人格來說，是超過於外在的一切東西的。在此說法的本身，不僅是强調了德性至上，而且也意謂著一個人在德性上的自足，即可超越一切與德性無關的外在世界，因而顯露出人格的無限尊嚴。第二、一個人的全部德性，照理論講，本來也可以通過某一種具體行爲而顯現出來，只要某種行爲是呈露了澈底的自覺，和整個的人格世界。照上面的解釋，孟子對孝的思想地位的提高擴大，似乎也沒有大的毛病。所以孟子特別强調孝弟和仁義禮樂的合一（註八），即是强調孝弟後面的全部道德理性的自覺，由此以貫通一切，並完成一個道德的人格世界，即是上述解釋的證明。但由精神落到行爲上時，行爲總是實現於某一方面，因而也是局限於某一方面；例如孝，便是實現於家庭，而局限於家庭的這一方面的。一般人可以有這種行爲，但不必能有此一行爲後面的澈底自覺；於是這種行爲，便很難從局限中貫通出去；因而對於人生某一行爲的過分主張，同時可能使人生其他方面的行爲受到萎縮。因此，孟子對孝道價值的擴大，事實上會給後來許多人只知有家庭而忽略了社會國家的不良影響。尤其是孟子因爲過份强調了孝弟，一方面主張此一德性冒出於一切事物之上；一方面無形中便以其他一切的事物作爲孝弟的手段，而抹煞了其他事物的客觀獨立的價值。如當時萬章對舜封象於有庳的懷疑，認爲舜不應犧牲有庳的人民以封他的「至不仁」的象，與舜之誅四凶的精神不合，這是非常合理的懷疑（註九）。但孟子的解釋是「仁之於弟也……親愛之而已矣。親之欲其貴也，愛之欲其富也。封之有庳，富貴之也」（註十）。這便是非常有害的說法。他又說舜是

「孝子之至，莫大乎尊親。尊親之至，莫大乎以天下養」（註十一）。這與前面視「天下猶草芥」的說法，是一顯明的矛盾，也是非常有害的說法。孝的思想，到了孟子所以有上述的演變，大概有兩種原因。第一、某種思想，在開始成立時，常有客觀的背景與要求，以制約它於某一範疇之內。但一經傳承，便常不能避免傳承者僅憑觀念上的推演，因而不知不覺的超出了它原有的範疇。孝的思想的演變，當然也受了這一種影響。其次，孟子因主張性善，便主張道德不是從客觀上建立起來，而是從人的本身內部流出來的。因此，便特別抓住「不學而能」、「不慮而知」的「良知」、「良能」，以為德性立基；而良知良能，乃直接顯現於「孩提之童，無不知愛其親也；及其長也，無不敬其兄也」的事實之上（註十二）。站在性善的立場說，良知良能的一點可能性，同時便涵蓋了道德價值的一切。所以孟子接着說：「親親，仁也。敬長，義也。無他，達之天下也」。也因此而把孝作了「充類至義之盡也」的說法（註十三）。而這種說法，是容易發生流弊的。

但是，若因此而說孟子乃至曾子子思是「孝治派」，而孝治派即是專制主義的維護者，這便是不應當有的錯誤。首先，中國專制政治，為主是秦始皇根據商鞅在秦國所奠定的基礎，再加以韓非李斯的法家思想所建立，再由漢代所繼承下來的；這只要稍為讀讀史記若干有關的紀傳，便立刻可以了解。固然在秦朝所建立的政治制度中，也有一小部分是受了一點儒家思想的影響，例如御史制度的確立。這是因為呂氏春秋中含有一部分儒家的政治思想，而李斯也曾是荀卿的門人。但自秦始皇到漢宣帝，法家與黃老的合作，才是政治思想的主流；而當時的黃老，也正是擁護專制政治的，此觀於黃生（治黃老之學的）與齊轅固生（治齊詩的）在景帝面前爭論湯武革命的事情而可以明瞭。（註十四）先秦儒家，一致是採取「抑君」而不是「尊君」的（請參閱拙著西漢政治與董仲舒一文）。以後儒家對專制制度的態度，在西漢的思想趨向上，大體可以分為三派：一派把儒家「五帝官天下」的理想，與陰陽家五德運會的說法（實際只是說皇帝應當輪流來做）相結合，以反對專制政治。這一派由王莽的成功而得到一個假勝利；也由王莽的欺騙、失敗、而得到眞失敗。當時的儒生向王莽上書，乃至揚雄也寫劇秦美新的文章，後人看了覺得他們何以這樣沒有氣節？其實，他們是在「官天下」的大氣氛中來進行的。這一派的思想，後來只在朱元晦、陸象山、鄧牧，黃梨洲這些少數人中保持著。另一派是與旣成的專制政治妥協，在妥協中求得儒家政治理想部分的實現；這從陸賈、賈山，已開始這種努力。而中國歷史中，這一派人物，在專制的汚濁中流下了最多的血，一直流到戊戌變法的六君子始告一段落。這些人是使中國的專制政治，在許多地方，不同於西方的所謂專制政治的重要原因之一。另一派則是以叔孫通、公孫宏爲首的曲學阿世派。所謂曲學阿世，即是歪曲自己所學，以阿附專制政治，爲專制政治作欺騙、安魂的工作，以圖得個人的富貴。這一派在極權政治下，會得到更容易繁殖的土壤。而事實上，這一派的人，可以假借儒學，可以假借宗教，也可以假借洋學。只要假借什麽有效，他們便假借什麽。但在本質上，他們與任何學都不相干。所以五四運動以來，許多人把中國的專制政治，一筆寫在儒家思想身上，這和說中國自秦始皇起，所行的不是專制政治，是同樣的荒謬。就孟子來說，他在政治上的反專制、獨裁，一切以人民的利益爲政治的最高的準繩(註十五)，並且在兩千多年前，已正式宣佈人民的革命權利，因此而冒犯了朱元璋的忌諱，把他的神主從孔廟中遷了出來。這只要稍稍打開孟子的原典一看，便可以看得出來的。若以一個字來概括他的政治思想，只能說他是仁治派，而不能說他是孝治派。「三代之得天下也以仁，其失天下也以不仁」(註十六)。這是他反反復復對政治的基本看法。他站在個人的德性上，雖然說「仁之實，事親是也」；但在政治上，他不僅說「老吾老，以及人之老；幼吾幼，以及人之幼」(註十七)；特別重視一個「及」字，特別重視一個「推恩」的「推」字；並且由仁心而還要求仁政(註十八)；而他的所謂仁政，都要見之於具體的設施的。例如：

「五畝之宅，樹之以桑，五十者可以衣帛矣。雞豚狗彘之畜，無失其時，七十者可以食肉矣。百畝之田，勿奪其時，八口之家，可以無飢矣。謹庠序之教，申之以孝弟之義，頒白者不負戴於道路矣。老者衣帛食肉，黎民不飢不寒，然而不王者，未之有也」。（按此段話凡三見。梁惠王上二見，盡心一見，可見他對此段話的重視。）

「昔者文王之治岐也，耕者九一，仕者世祿。關市譏而不征，澤梁無禁，罪人不孥……」。（梁惠王下）

此外，還提出井田的理想，一直給中國兩千年來解決土地問題以啓發性的作用。他在甚麼地方，認爲只要統治者能盡孝便可以治天下，因而可稱爲孝治派呢？

由孟子推上去，論語上孔子與政治有關的話，大概有五十多處，只有兩處提到孝字；一是「季康子問使民敬忠以勸，如之何？子曰：臨之以莊則敬，孝慈則忠，擧善而教不能則勸」（爲政）。季康子的問，是統治者對人民的某一特定的要求，這不是一般性的政治問答；孔子的答復，是要統治者先要求自己，做到莊、孝慈、擧善而教不能的三點，而孝慈只是三點中之一。另一條則是「君子篤於親，則民興於仁。故舊不遺，則民不偷」（泰伯）的話，這是就在上者在作人方面所能發生的政治影響而言，並非就具體的政治設施而言。把論語上孔子談到政治的話綜合起來，當然說不上是孝治派。大戴記上紀錄的曾子的話，都是他的後學展轉傳述而不很可靠的。要了解曾子的本來面目，當求之於論語及孟子所記載、所引述的材料。論語上所載與曾子有關的言行，一共有七條；其中僅「愼終追遠，民德歸厚矣」（學而）一條，是說孝與政治的關係；但這與孔子所說的「君子篤於親」的話，是同樣的意義。他在臨死時告訴孟敬子的「君子所貴乎道者三」，絲毫沒有以孝爲政的意思。並且他和孔子一樣，是以「仁」爲士所應達到的目標（註十九），而不是以孝爲士所應達到的目標；他所傳承的孔子的一貫之道是「忠恕」而不是孝（註二十）。孟子上引用曾子的話有六處，僅一處談到孝道（註二十一），這是轉述孔子的話。此外，主要都是强調人格尊嚴的。敍述曾子行跡的有三次：有兩次是關係於曾子個人的孝行，與政治無涉，其中也沒有半點孝治派的痕跡。孟子中敍述子思的行跡有五，無一與孝有關。子思的思想見於中庸。中庸的三達德，是智仁勇而不是孝；其政治思想重在「以人治人，改而止」。其政治設施則爲「九經」；九經中僅「親親」一項與孝有關係（註二十二）。至於中庸裏稱述舜文王武王周公的大孝兩節，與中庸上下文的脈絡皆不相連貫。尤以「舜其大孝也與」一節，在本節中的語意也不相連屬，與前面「舜其大知也與」一節，恰成一明顯的對比。這無疑的都是編集時，把後來的材料隨意編入進去的。從全體看，決說不上是孝治派。總之，一直到荀子爲止，先秦儒家中，沒有孝治思想。不過，在這裡我應特別說明一點，僅僅提倡孝道，固然不足以治天下；但在治天下中而提倡孝，這對於中國民族的保存，延續，依然有積極的意義。如同後所述，把事君的忠，與事父的孝，混淆了起來，可以在知識分子方面盡到維護專制的作用；但僅就孝在社會上一般的作用說，依然與專制無關，依然正面的意義，大于負面的意義。這是不可以用片面的意義來加以否定的。

註一：孟子滕文公上「滕定公薨……然友之鄒，問於孟子。孟子曰：親喪，固所自盡也。曾子曰、生事之以禮，死葬之以禮，祭之以禮」。此與論語上孔子告樊遲的話，完全相同。

註二：見論語爲政，子游子夏問孝兩章。

註三：見孟子離婁上「事親爲大」章。

註四：見孟子滕文公上公孫丑下「孟子自齊葬於魯」章及「滕定公薨」章與「墨者夷之」章。

註五：見孟子告子下「曹交問曰」章。

註六：見孟子離婁上「天下大悅而歸己」章。

註七：見孟子萬章上「萬章問曰，舜往于田」章。

註八：見孟子離婁上「仁之實，事親是也」章。

註九：見孟子萬章上「萬章問曰，象日以殺舜爲事」章。

註十：同上。

註十一：同上「咸丘蒙問曰」章。

註十二：同上盡心上「人之所不學而能者」章。

註十三：同上

註十四：見史記儒林列傳。

註十五：如孟子梁惠王之「與民偕樂」「與百姓同樂」「與民同之」「樂民之樂，憂民之憂。」皆係以人民爲政治之主體。此種精神，實貫注於孟子全書。所以他能說出「民爲貴」的話。

註十六：見孟子離婁上。

註十七：見孟子梁惠王上。

註十八：見孟子「離婁之明」章。

註十九：見論語泰伯「士不可以不宏毅」章。

註二十：見論語里仁「子曰參乎」章。

註二十一：見孟子滕文公上「滕定公薨」章。

註二十二：見中庸哀公問政章。

四、孝道在政治上的作用，及對政治的偉大啟示性

至於孝道在政治上所發生的實際作用，就我研究所得的結論，和五四運動時代許多人們的看法，恰恰相反。它在消極方面，限制並隔離了專制政治的毒素，成爲中華民族所以能一直延續保存下來的最基本的力量。在積極方面，可能在政治上爲人類啓示出一條新的道路。也卽是最合理的民主政治的道路。

首先我應指出，許多人以爲過分重視孝道，便貶損了人格的尊嚴，因而在政治上便容易成爲專制政治的擁護者，這對先秦儒家而言，乃至對宋明理學家而言，是完全不合事實的。論語「有子曰，其爲人也孝弟，而好犯上者鮮矣。不好犯上，而好作亂者，未之有也」(學而)的這一段話，便很容易引起孝是奴才道德的感覺。其實，在任何社會制度之下，總不會以犯上作亂爲社會的常態。人類只能在和平的社會中發展，決不能在長久動亂的社會中發展。即所謂正當的革命，也是出於一時的不得已。犯上作亂，是表示社會極端動亂的狀態。而這種狀態之形成，乃出於互相仇恨的心理。孝弟所以培

養人類的愛苗；有了這種愛苗，便不會以仇恨的心理去看社會，而會以愛的心情去看社會；於是社會的問題，只努力在和平中求解決，因而這個社會可以保持和平的狀態。把有子的話和下面「為仁之本」連在一起看，仁是包含有最崇高的人格尊嚴的意味在裏面的，則他前面的一段話，當然應作我這樣的解釋。其次，孔子的「三年無改於父之道」（學而）及「父母在，不遠遊，遊必有方，」（八佾）這類的話，及三年之喪的主張，在今天看來，是不適於青年生活的要求發展的。但他是以當時封建的靜態社會為對象來說的。而他之所以說這些話，都是出於喚醒青年人對於他的父母的眞摯之愛；我們今日平心靜氣的來讀這些話的時候，還接觸得到裏面所蘊蓄的深厚情感。並且如前所述，這只是孔子教人的一個方面。誰能找得出孔子因此而貶損了他的人格尊嚴的痕跡。

其次，曾子子思孟子，在德行方面，是比較特別强調孝；但他們在人格尊嚴方面，尤其是在對政治而言的人格尊嚴方面，却也特別顯得突出。曾子「雖千萬人吾往矣」的「大勇」（公孫丑上），子思「中立而不倚」的「君子之强」（中庸），孟子「富貴不能淫，貧賤不能移，威武不能屈」的「大丈夫」；都貫穿於他們整個思想與人格之中。在人類文化中，只有在中國這些聖賢中才能找出眞正的人格尊嚴及其根據。荀子說：「入孝出弟，人之小行也」（註一）。他所給予孝弟的分量，到合於孔門的原意。但在人格尊嚴，及抑制君權，伸張士氣民氣這一方面，却遠不及曾子子思孟子。而韓非的反孝弟，正因為孝弟妨礙了他的古典的法西斯的思想。因為孝弟在儒家是人的一種德行。眞正的人格尊嚴，是要隨內在德性的伸長而伸長的。

人類的物質生活，不僅須在相互關係中始能得到解決；即人類的精神生活，也要在同類的連帶感覺中才能得到安定。從人羣中澈底孤立起來的人，其精神上的枯寂與不安，實不亞於物質上的缺乏困苦。我們可以從這一方面去了解亞里斯多德「人是政治動物」這句話的意義。中國歷史上的知識分子，常常只有走到政治方面去求到這種滿足，於是政治生活便成為一個人的生活中所不可缺少的一部分。這種無條件的投向政治，便促成知識分子成爲政治的附屬品，因而造成統治者高出庶物的幻覺。孔子的時代，正是由貴族的知識分子，開始過渡到社會的知識分子的時代。這些初興起的社會知識份子，當然要拚命向政治圈子裏去攢；這從孔子「三年學，不至（當作志）於穀（俸祿），不易得也」（泰伯）的話，可以看出來。或謂孔子曰：「子奚不爲政？」的疑問也是由此而來。但孔子的答復是「書云：惟孝友於兄弟，施於有政，是亦爲政，奚其爲爲政」（爲政）。爲政，即是從事政治。孔子的意思，一個人以孝友盡力於家庭，也是一種爲政；何必一定要去做官，才算爲政。這幾句話包含了兩種意義。其一、人如要盡到人對人的責任，則應從現成的家庭開始，不必要有待於做官。另一，人在家庭的構造中，同樣的可以得到人與人的相互關連的滿足，而不必有待於政治。所以知識分子重視家庭的孝友，應當可以減少他們對政治的依附性。更緊要的是，可由此而誘導出一個重大的社會結果。中國在封建時代，只有貴族才有家；所以「家」字幾乎是代表貴族身份的專用名詞（註二）。孔子這句話，同時也是正面承認了「家」的一般的價值，代表了一般的對家的自覺。由孝弟、孝友的觀念，而促醒士庶人也開始以自己的家庭構造來建立自己的生活基點，以滿足自己的生活需要。孔子的「舍之則藏」，是藏在一個有人生價值的家裏。一個孤單的個人，是無處可藏的。並且有了家以後的人們，在專制政治之下，政治只支配了他的生活幾分之幾，因而政治的災害，也在一般情況下，只會受到幾分之幾。原因是每一個人有一個實際生活的立足點可資庇護。澈底的獨裁專制，必把這種立足點加以摧毀；使每個人兩脚懸空；不能不完全投入於政治機括之中，始能加以實現。近代的民主政治，是立基於承認個人價值之上；並非聚合許多孤立的個人，而可以建立民主政治。相反的，民主政治的建立，正賴於有許多對中央政府而保有半獨立性的社會團體。假定英國沒有地方自治團體，宗教團體，及貴族集團，與新興工商業者集團，則民主政治，在近代不可能首先出現於英國。這是中國談民主政治的人所常常忽略的事實。就中國的歷史說，家庭及由家庭擴大的宗族，它盡到了一部分自治體的責任，因此，它才是獨裁專制的眞正敵人。所以秦始皇，漢高祖武帝們，都要把距離朝廷較遠的大家族，遷徙到自己能直接控制的京師。中國人生活的大部份，是在家庭及由家庭擴大的宗族的自治堡壘之內。在這種自治堡壘裏面，不僅是經濟利害的結合，同時也是孝弟的道義結合。這種道義精神，可以緩和在經濟結合中常常無法避免的利害衝突。平時既可避開政府而自己解決許多切身的問題；在災難中，不僅不會因外部的壓迫而解體，且常因此而加强其內部的團結。災難中的孤獨者，有如洪流中的個人，很容易被浪潮吞沒。但一個自治堡壘，便如在洪流中得到浮木竹筏一樣，有更多渡起的機會。所以中國歷史上幾次大災難中的人口遷移，多是「擧族而遷」或者是「聚族相保」（註三），才能保存延續下來的。法人 Thiersant 在其百孝圖說(La piété fi liale en Chine [Bibliothéque Orientale Eljévireme. XVI. 1877])的序言中說「中國以外的一切民族，都是發生，成長，而且滅亡。但僅有中國，幾乎絕對是不動搖的，好像是站在榮枯的運命之外。然則中國是從何處帶來此種不滅不斷的生活力呢？這是從運轉此龐大集團，而成爲一切機關之唯一樞軸的一個原理產生出來的。這即是從他的最初立法者，爲此帝國之存在及社會幸福的憑藉，作成了最鞏固的基礎而製定公布的孝道的教義產生出來的」（註四）。中國今日海外華僑的許多宗親會，恐怕還在發揮這種作用。家庭固然是農業社會的生產單位；但中國家族的形成，不是僅靠這種生產關係，而是加上了孝弟的精神力量到裏面去，這才使中國的家庭，較之其他民族的家庭，有不同的內容，發揮了不同的作用。我不知道從甚麼地方、家族會助長了專制政治。

再進一步，我應提出孟子「道在爾而求諸遠，事在易而求諸難。人人親其親，長其長，而天下平」，這幾句話對政治的重大啓示性。人類的災害，若僅從政治社會方面來看，其最基本之點，可以說是由於在個體與全體之間，得不到一種適當的諧合而發生的。因而人類在這一方面的努力，便常表現爲追求如何能得到二者之間的諧和的努力。就西方說：中世紀是不承認個體的價值，熱心追求超現世的統一世界。這便抑壓了人們個性的發展，使社會歸於萎縮。換言之，問題是出在全體觀念，壓倒了個體觀念。以文藝復興爲轉機，個人主義抬頭，在觀念上，在政治社會的制度上，盡量鼓勵伸展個人的欲望，驅遣各個人的才能，竭氣盡力的向前追逐；從十七世紀到十九世紀，正是個體壓倒了全體的世紀，因而得到了以個人財富爲中心的空前的成就。但正在資本主義的鼎盛時期，却發出了社會主義革命的信號，暴露了自由與平等的矛盾衝突，實際也即是個體與全體的矛盾衝突。蘇聯式的革命的實現，以及法西斯政權的成立，都是以平等的口號來壓倒自由的口號，也即是以全體的觀念和制度，來壓倒個體的觀念和制度。第二次世界大戰，從政治最基本的觀點來看，實際是一場混戰。所以戰爭的結果，把世界最基本最深刻的對立，亦即是以個體爲主的陣營，與以全體爲主的陣營的對立，劃分得更爲清楚明白。人類的命運，過去便在東風壓倒西風，或西風壓倒東風中，顚三倒四。今日則更由此種對立而把世界帶到生死的邊緣。假定人類能免於原子戰爭的毀滅，我相信只有在個體與全體之間，從觀念與制度上，能得到一種諧和，而始能歸於解決，這才是人類前途之福。孟子上述理念的提出，正是二千年前中國在此一對立中所作的諧和解決的構想。

要了解孟子這幾句話的眞正意義，須先了解他說這幾句話的時代思想背景。當時的時代思想背景，是「楊朱墨翟之言盈天下」（註五）。「楊子取爲我，拔一毛而利天下，不爲也」（註六）。這是極端的個人主義。「墨子兼愛，摩頂放踵利天下，爲之」（註七）。墨家的兼愛，不同於論語中的「泛愛」（註八），也不同於一般人所說的「博愛」。「兼」在墨子一書中，是個專用名詞；它是與「別」相對待的。荀子天論篇批評他「有見於齊，無見於畸」。齊是整齊統一之意，畸是個別特殊的情形。「兼」與「齊」同義，「別」與「畸」同義。墨子想「兼以易別」（兼愛下），即是要以人間的統一性、全體性，代替人間的個別性，特殊性。在此一前提之下，他才主張無差別性的兼愛。因此，他的兼愛與「尙同」，（墨子有尙同篇，要在下位者一切應該同於在上位者），都是從「兼」的觀點，亦即從

「齊」的觀點出來的。所以他是中國古典的全體主義。「楊朱墨翟之言盈天下」，用現在的語句來說，即是當時充滿了個人主義與全體主義的思想。而這兩種思想，是「皆思以其言易（治也）天下」的。孟子對他們的批評是：「楊氏為我，是無君也。墨子兼愛，是無父也。無父無君，是禽獸也」（註九）。孟子這幾句激烈的話，引起了不少的反感。但他的語氣太激，也只是推其流弊之極來說的。「君」是當時政治組織的象徵；「父」是家庭組織的中心，也是倫理實踐的基點。推原孟子的意思，從政治社會這方面來看（另有道德的一方面），乃是說極端的個人主義，便否定了人類共同過政治生活的可能性；用現代的語句來說：這種人實際會流入虛無主義。而澈底的全體主義，會否定了以愛為中心的倫理組織的基點，亦即是否定了作為每一個人物質生活，精神生活的基點——家庭；用現代的語句來說，這便會流於極權主義，而在墨子則稱為「尚同」。尚同的政治結構，正是今日所說的民主集中的結構。世界上既沒有孤立的個人，也沒有無個人的全體；現實上，人類是生活在個體與全體之間的連接點上。只有把握住此一連結點，使個體不妨害由各個體而來的共同意欲、需要，所形成的全體；使全體不妨害構成全體的各別個體；能使個體與全體得到諧和，這便天下太平了。這種連接點，不能僅是觀念上的，而須是生活現實上的。而家庭則正是個體與全體之間的連接點。在此連接點上，僅靠法律的規整，其效用總會偏向某一邊去，有如今日資本主義社會中的立法一樣，不是削弱了自由，便是妨礙了平等。只有以愛為連結的精神紐帶，自然可以消解這些矛盾問題。一個人在家庭中盡到愛的責任，即是「親其親」、親愛自己的父母；「長其長」，恭敬自己的長上（此處之長，不僅指兄長，而且是指族中的長輩）；這站在純個人的立場來看，乃是對他人盡了一分責任，是屬於「公」的，是「義務性」的。但站在社會的立場來看：這種責任卻與自己的利害直接連在一起，又是屬於「私」的，是「權利性」的。所以親其親、長其長、乃是在公與私、權利與義務之間的行為。正因為如此，一方面滿足了群體生活上的起碼要求；另方面，又合乎個體的利益。而作二者紐帶的是孝弟，便無所謂個性、自由的壓抑。社會通過了這種以愛爲結合紐帶的家族組織，大家在家族生活中，使公與私、權利與義務、個體與全體，得到自然而然的融合諧和，以解決楊朱的不顧事實，墨翟的不近人情的個體主義與全體主義自身所包含的矛盾；這豈不是政治社會上最現實而可行的一條路嗎？孟子是在這種情形之下來說「道在爾而求諸遠，事在易而求諸難。人人親其親、長其長而天下平」的話的。「遠」「難」所指的是當時極端的個人主義和全體主義；「爾」「易」所指的是儒家以家庭家族爲解決政治社會問題的基點，乃順乎人類生活的自然的。政治上只要順乎這種自然，讓每一個人都能有一個以愛爲中心的家，都能過一種以愛爲中心的家庭生活；社會是由許多以愛爲基點的合情合理的家庭連接起來的，使每一個人都能在家庭中養其生，遂其性；人民的問題，社會的問題，便由人民、社會，在愛的鼓舞撫慰中自己解決了。政治假定眞正是爲人民而不是滿足少數人的野心，這便可無爲而治，亦即可以形成較之現在純以個人主義爲中心的民主政治更進一層的個體與群體得到諧和的民主政治。那還用得上水流汗瀉的來講這講那嗎？孟子還有與此有關的幾句富於啓示性的話：「逃墨必歸於楊，逃楊必歸於儒」（註九）。全體主義走不通的人，常常回到極端的個人主義；我曾看到許多從共產黨裏面反出來的人，實際便是如此。假定感到極端的個人主義實際上還是走不通，那便會想到一條「中庸」之道，這即是儒家通過家族的個體與全體之間的中庸之道。索諾肯（P. A. Sorokin）在其「人性的再建」(The reconstruction of hnmanity)中，覺得西方文化解決了人類的物質生活問題，但不能解決人與人間的和平相處的問題，以致發生隨時可以毀滅的危機；他便想到西方缺少一種以愛爲中心的家庭（他認爲西方的家庭，是以商業的利害觀念爲中心所組成的），所以不能助長人的「利他」精神，因而他希望西方能有以愛爲中心的家庭的再建。這正可以反襯出孟子這些話的意義。

中國的專制所以不同於西方人所說的專制，除了我前面所說的有一部分知識分子在政治中保持了一部份儒家的政治理想以外，更重要的便是因爲有這種道德性的家庭組織，把專制政治的毒害，消解隔離了不少。沒有這，中華民族要在長期專制下保存下來，證之於其他民族的歷史，如古巴比倫，埃及，希臘，羅馬等民族的歷史，幾乎是不可能的。所以我們的「國」與「家」是不可分的，家是國的原型(prototypc)。國家連詞，在先秦時代，它是代表君主與貴族的共同政權；在秦以後，則係表示此一民族的政治組織，政治生活的具體內容及其特性。「國家」連爲一個名詞，是有它歷史上、現實上的特殊意義的。現在有極少數的人，討厭這個家字，而改稱「國家」爲「邦國」，這是我所不贊成的。

或者有人問：親其親，長其長，既是順乎人情之自然，又加以先秦儒家的倡導；而事實上，中國的歷史，也大體是向這方面走，但爲甚麼並不會如孟子所期待的「天下平」呢？殊不知，親其親、長其長，在孟子是要以「省刑罰、薄稅斂，深耕易耨，壯者以暇日，修其孝悌忠信」及「五畝之宅，樹之以桑……」等等的教養設施爲前提、爲內容的。在當時固然是「今也制民之產，仰不足以事父母，俯不足以蓄妻子」；即是不讓人民有親其親、長其長的生活；在以後專制政治之下，由政治的淫暴剝削，及與政治相勾結的社會惡勢力，人民的親其親長其長的自然之資，和孝悌之教，不知受到了多少摧殘和破壞。從這一方面說，也可以知道，以愛爲中心的家庭生活，和一切專制獨裁者總是處於對蹠的地位。

註一：荀子子道篇。

註二：魯國的三桓，論語上即稱爲三家。孟子對梁惠王「何必曰利」一章「王曰：何以利吾國？卿大夫曰：何以利吾家？士庶人曰：何以利吾身？」猶以國、家、身對舉。此例甚多。

註三：可參閱日清水泰郎教授著「支那之家族與村落」一八頁。

註四：桑原博士前論文所引。見支那學論叢二七一頁。

註五：孟子滕文公下：「公都子曰外人皆稱夫子好辯」章。

註六：同上孟子盡心章上。

註七：同上。

註八：論語學而章「子曰：弟子入則孝，出則弟……汎愛衆，而親仁。」在孔子這段話，已表示了愛的差別性。故不同於兼愛。
註九：孟字滕文公下。
註十：孟子盡心章下。

五、被專制壓歪以後的孝道——偽孝經的出現

然則孝道在中國歷史中，一點也沒有受到專制政治利用；因而沒有助成過專制政治嗎？那又不然。在兩千〇二十年的大一統的長期專制中，凡是完全不受專制利用的思想學說，便不能存在，這是研究中國思想史的人所首須具備的常識。孝的思想也不例外。先秦儒家，有如孔子、曾子、子思、孟子，把事父母和事君的界線，是劃分得很清楚的。到後來，這種界線慢慢的混同起來，即是先把對一般人的「忠」，變爲事君的專用名詞；再進而又把忠與孝混同起來，這便使臣道成爲奴才道德，使獨夫利用這一點來蹂躪知識分子的志節，以恣睢於億萬人之上；於是孝道的本身雖不會助長專制，但經過這一偷天換日的手段，把父子關係的孝道，偷到君臣的關係上去，這便犯下了助長專制之嫌。此一趨向，由無意識的偶然誤解，而經過法家的有意的安排，以達到漢人所偽造的孝經，在文獻中取得了崇高的地位；而孝道遂蒙上了千古不白之寃。這是大一統的專制政治，壓歪了孝道的結果。這裏，我先談談孝經的問題。

孝經，有的說是孔子自己作的；有的說是由曾子記錄孔子的話而成的；有的則說是出於孔子的弟子或曾子的弟子；又有人說出於孟子門人之手。（註一）四庫全書總目說「今觀其文，去二戴所錄爲近，要爲七十子徒之遺書。使漢河間獻王採入一百三十一篇中，則亦禮記之一篇，與儒行，緇衣，轉從其類」（註二）。這是總結一切孝經的懷疑論者的共同結論。懷疑孝經的人很多，其中以朱元晦、姚際恒，二人說得較爲具體。我綜合這些人的說法，再作進一步的考查，判定它是西漢武帝末年，由淺陋妄人，爲了適應西漢的政治要求，社會要求，所偽造而成；它的內容疏謬，不能與禮記任何一篇

相比擬。僞造出來之後，經過西漢末東漢初緯說的造謠渲染，而始在東漢光武與明帝時代，取得了重要地位。在武帝以前的文獻，凡有關孝經的稱述，都是後人追加上去的。

先從它的來歷加以考察。漢書藝文志：

「孝經者，孔子爲曾子陳孝道也。夫孝，天之經，地之義，民之行也，故曰孝經。（註三）漢興，長孫氏，博士江翁，少府后蒼、諫大夫翼奉，安昌侯張禹，傳之，各自名家，經文皆同（按此即所謂今文孝經十八章）。唯孔氏壁中古文爲異（按此即所謂古文孝經二十二章）。父母生之，續莫大焉，故親生之膝下，諸家說不安處，古文字讀皆異。」

按陸氏釋文敍錄「孝經亦遭焚燬。河間人顏芝爲秦禁，藏之。漢氏尊學，其子貞出之，是爲今文，凡十八章」。隋書經籍志採用此說。按若趙歧孝文時設有孝經博士之說(見後)可信，則此孝經博士，非獻孝經之顏貞莫屬；而傳今文孝經之五家，亦必與顏貞有其淵源。但顏氏藏孝經及獻孝經之事，漢代文獻無徵，且與傳今文孝經之五家，毫無蛛絲馬跡可尋，則其爲後人所增益，以補足孝經來歷不明的缺點，殆無疑義，可置不論。漢書藝文志所舉傳今文孝經的五家中，僅儒林傳王式條下有「博士江公，世爲魯詩宗。至江公著孝經說。心嫉式……」的記載。這位人格有問題的江公，係宣帝時人。至於長孫氏，則馬國翰謂其「名字爵里俱無考」。翼奉傳中無傳孝經之事；其奏議中的議論，亦無傳孝經之痕跡。儒林傳后蒼條無治孝經之事。張禹傳亦無一語及孝經。假定在西漢時，孝經眞正如公羊春秋序疏所引孝經緯鉤命決所說的孔子「志在春秋，行在孝經」的話，則在江公以外，傳孝經之四人傳記中，不應不提及一字。尤其是若孝經與論語居於同等地位，則漢書對張禹之習論語，敍述頗詳；而對於他的傳孝經，則缺而不記，似亦不合情理。更重要的是：漢今文家必有師傳的統緒。今文家之所以不承認古文左氏傳，正因爲它沒有這種傳承的統緒。漢書張禹傳說他傳論語的情形是「禹本受魯論於夏侯建，又從庸生王吉受齊論，故兼講齊說也」。論語在當時亦係傳而非經；蓋當時經傳初出，尚未普及，非師承即無以通其句讀。傳今文孝經的五人，相互間既毫無傳承關係，亦無一人傳授給他的弟子這與西漢當時，經傳的師承家法的實際情形，全不相類。所以今文孝經的傳承歷史，是由作僞的人胡謅出來的歷史。

再就古文孝經的情形說：孔安國是學術史中的問題人物，凡是作僞的幾乎都牽涉到他。劉向別錄謂：「孝經古孔氏者，古文字也。庶人章分爲二也。曾子敢問章爲三。又多一章，凡二十二章」。後漢許沖上說文解字書曰：「臣父愼，又學孝經孔氏古文說。古文孝經者：孝昭帝時，魯國三老所獻。建武時（光武年號）給事中議郎衛宏所校」。陸氏釋文敍錄「又有古文二十二章。劉向校書定爲十八」。王應麟漢書藝文志考證「孔惠所藏，與顏芝十八章大體相以。……按志云：孔氏壁中古文，則與尚書同出也。蓋始出於武帝時，至昭帝時乃獻之」。經義考引孫本曰：「顏芝今文，非有斷章錯簡，乃孔曾全書也。……昭帝時，魯三老復獻古文，而成帝命劉向典校經籍，除其繁惑。夫既經向校定，則世所傳者（按指十八章之孝經）乃劉向之經文，而非顏芝經文矣」。我引了上述這些材料，只想指出：漢志及劉向別錄，無將古文孝經二十二章校定爲十八章的記載；所以陸氏釋文敍錄說劉向「校定爲十八」，孫本說「世所傳者乃劉向之經文，而非顏芝經文」，實無根據。假定劉向已校定爲十八章，「與顏芝十八章大體相似」，則許愼既學古文孝經，何以不知係劉向所校，而其子許沖說是東漢衛宏所校？所以劉向根本無校定二十二章爲十八章之事。劉向未曾校定二十二章爲十八章，而陸氏偏要如此立說，是因爲二十二章的分章，係虛擬的，不能成立的，所以只好造出劉向的校定，以彌縫古文今文在事實上的並無分別。如實的說，所謂今文古文，實際只是一個來歷，一個本子；僅由作僞者利用當時的古文問題而變個花樣，以作此一來歷不明之書的掩飾。元吳澄在孝經校正定本序中，知道他所看到的古文孝經爲僞，遂以爲孔壁古文孝經，亡於魏晉以後。而怪司馬光、朱元晦，何以爲隋後之僞古文所欺。但他不知他所看到的古文，與漢志所記的古文，同爲一物，本出於虛擬僞造，無所謂眞古文亡於魏晉以後之事。並且古文孝經的僞造，我懷疑是由套「古論語」的架子而來的。漢志論語有論語古文二十一篇，如淳謂「分堯曰篇後，子張問如何可以從政已下爲篇，名曰爲政」。桓譚新論云：「文異者四百餘字」。古文孝經也套此而多分爲二十二篇。新論云「古孝經千八百七十一字，今異者四百餘字」。古論多分出一篇，對上下文意，並無問題；但古孝經多分出三篇，在文意上實在分不下去。且論語與孝經，兩書字數既甚懸殊，而異字之數，偏又若合符節（四百餘字），豈非怪事？所以古今文孝經的異字，我懷疑桓譚只是根據一種傳說的數目，而不是出自徵實的數目。孝經的來源只有一個，即許沖所透露的漢武帝末，昭帝時，有人把它僞造以後，爲掩飾它的無來歷，便托之於孔氏古文，由與孝有關的三老把它獻上；而當時的五經，是今文立於學官，遂又另僞造一今文孝經的歷史，以相呼應。僞造的人，可能便出自嫉忌王式的江公一干人之手，以迎合當時的潮流，加重自己的地位。東漢初特重讖緯，於是傳習經傳的人，多假讖緯以爭立于學官的地位；例如賈逵，便把左傳附會於讖緯，以爭取左氏的立官。孝經僞造出來以後，因爲是迎合當時的潮流，雖沒有遇到反對，但也沒有受到特別的重視；於是西漢末，東漢初，再加上緯書的謠言神話的攻勢（註四）。這些緯書，係迎合當時劉家的統治者的要求而僞造出來的，形跡昭著，是不待多說的。此一攻勢果然奏效，後漢書樊準傳謂明帝時，「期門羽林介胄之士，悉通孝經」。儒林傳謂明帝「自期門羽林之士，悉令通孝經章句」。成爲當時教育的必讀課本。大儒如鄭玄，且謂「孔子以六藝題目不同，指意殊別，恐道離散，後世莫知根源，故作孝經以總滙之」（註五）。這樣一來，孝經便負起痲痺士人，助長專制之責。

孝經既出於漢武帝末昭帝時的僞造，然則對於昭帝以前有引用孝經的文獻，又作何解釋呢？首先王應麟漢書藝文志考證謂「蔡邕明堂論引魏文侯孝經傳」，據經義考，蔡邕所引者爲「大學者，中庸明堂之位也」；其說荒謬，出於僞托，日人佐藤廣治，已有辨正（註六）。呂氏春秋察微篇曾引「孝經曰」一段，即孝經之諸侯章第三；於是許多人便以孝經爲先秦舊典（註七）。其實，呂氏春秋孝行篇

「敬其親，不敢惡人……此天子之孝也」一段，與孝經天子章第二，大體相同；但它沒有標「孝經曰」或「子曰」之名。孝行篇接着引「曾子曰：身者父母之遺體也……」一段，與禮記祭義所記者完全相同；但它也不曾標出禮記祭義的名稱。這可以有兩種解釋：一是先秦著作，除了詩書易以外，很少標擧引用的書名；最多也只是「傳曰」「語云」「志有之」，或直擧當事者的姓名。其二，禮記上的許多篇名，多數是二戴編定時所加上去的；此等篇名，先秦時尚未成立。在察微篇「在上不驕」一段，它的本意，原不是說孝的，何以偏偏加上「孝經曰」三字？這與呂氏春秋全書引書、乃至先秦一切著作引書的慣例不合。並且這幾句話，不僅對呂氏春秋及孝經各為一義；且在呂氏春秋的察微篇為有意義的話；而在孝經的孝道方面，實在沒有意義。察微篇的主要意思是在說明「治亂存亡，其始若秋毫」；能察到這種秋毫則治則存，不然則亂則亡。下面遂引了幾個實際的事例；其中之一，是楚不能察吳之微而自驕自滿，以致為吳公子光所敗；所以接著說：

「凡持國，太上知始（即微），其次知終，其次知中。三者不能，國必危，身必窮。孝經曰，高而不危，所以長守貴也。滿而不溢，所以長守富也。富貴不離其身，然後能確保其社稷，而和其人民，楚不能之也。」

假定孝經在呂氏春秋成立時代已經流行，而察微篇居然要引孝經這段說諸侯之孝的話來證明楚不能察微，呂不韋門客的學識，絕不至如此的貧乏。在孔子曾子子思孟子的思想中，怎樣也找不出「富貴不離其身」而可以算得是孝；這幾句話，與孝的本身，實在沒有關係；從孝經全書到處偸竊文句的情形看，是他偸了察微篇的話以後，代呂不韋的門客加上了「孝經曰」三個字。至於他何以要偸這幾句與孝無關的話，這與僞造孝經的整個時代背景有關，留在下面再說。

其次，是春秋繁露卷十五的五行對有「河間獻王問溫城董君曰，孝經曰，夫孝、天之經，地之義，何謂也？」的話，以下便是溫城董君用五行來解釋孝經；其內容牽強附會，固不待言。淸姚振宗漢書藝文志條理謂「此董君似獻王官屬」，則其非董仲舒可知。春秋繁露一書，頗有殘缺而經後人補輟者。此篇殆爲西漢末依附孝經者所假托，而後人因有「董君」二字，誤以爲係董仲舒，遂妄收於繁露中，不足爲董仲舒時已有孝經之證。

又其次，史記仲尼弟子列傳有「曾參，南武城人，字子輿，少孔子四十六歲。孔子以爲能通孝道，故授之業，作孝經，死於魯，」的記載。史公敍事取材，必有所據，則孔子爲曾子作孝經，似亦有所據。但仲尼弟子列傳，凡弟子之言行見於論語者，史公無不加以綴錄。以曾子在孔門的地位，史公對於論語中所記載的曾子言行，竟不綴錄一字；尤其是關於曾子傳一貫之道，及臨死時的紀錄，也不提及一字，此乃不能加以解釋之事；所以日人中井積德謂「曾子傳獨不引論語，且略，何哉？」（註八）這是有力的疑問。我在孔子誅少正卯的考證中，曾指出孔子世家中有關此事之記載，乃出於後人之增改；並懷疑增改之人，即係編定孔子家語的王肅。現按仲尼弟子列傳中的曾子傳、與孔子家語七十二弟子解中「曾參、南武城人，字子輿，少孔子四十六歲。志存孝道，故孔子因以之作孝經」之文，最爲近似。家語七十二弟子解中，雖弟子之次序，與史記相同；然史記除曾子外，凡在論語中有言行可錄者皆錄之；家語則一概不錄。兩書對同一人的敍述、無一人如對曾子敍述的相近似；則史記弟子列傳之曾子傳，殆亦爲王肅所改纂。改纂後而略去史公綴錄論語之原文（我認爲史公原文一定綴錄有論語中曾子之言行），因爲在論語中只有曾子傳孔子「忠恕」一貫之道，而無「以爲能通孝道，故授之業，作孝經」的痕跡；故不如一併略去，以免露出馬脚。司馬遷根本沒有看到孝經；其史記自序中，引其父臨卒「且夫孝始於事親、中於事君、終於立身」的話，爲孝經開宗明義第一章之言，而司馬氏未嘗稱之爲孝經，亦其一證（註九）。或者孝經上這三句鄙陋的話，即係偷自司馬談，亦未可知。從史記自序看，司馬談是一個很熱中的人。

還有趙岐孟子題辭謂「孝文皇帝，欲廣遊學之路；論語、孝經、孟子、爾雅，皆置博士。後罷傳記博士，獨立五經而已」。錢大昕潛研堂答問謂武帝「建元五年，置五經博士；則傳記博士之罷，當在其時」。按文帝立傳記博士之說，他無旁證。而最有充孝經博士資格的顏貞（見前），既不見於漢志，且與漢志傳孝經之五人，無絲毫線索，則此孝經博士究係何人？漢武帝好大喜功，因董仲舒公孫宏等之言而開始推明孔氏，似無將文帝已立之儒家重要傳記博士加以罷屈之理。此殆亦為偽造孝經者之謠言，特將論語、孟子、爾雅作陪襯。現就我所看到引用孝經的可靠材料，恐怕是始於匡衡的奏疏（註十）。在此以前的，皆係後人偽托追改。

註一：西漢末的孝經緯，及東漢儒生，皆認為孔子作。司馬光孝經指解認為係孔子弟子所作。晁公武姚鼐崔述認為係曾子弟子所書。朱元晦認為自開始之「仲尼閒居」，至「孝無終始，而患不及者未之有也」為曾子門人所記，以後為妄人所增。姚際恒謂「勦其文義，絕類記中諸篇……同為漢儒之作」。日人武內義雄以為係曾子後學演其師說而示孔門之神髓者，或即係孟子派之學者所傳孔子之教。日人佐籐廣治謂其成書不能追溯到孟子的時代。梁啓超以為只可歸入禮記，作孔門後學推衍孝字之書。王正已以為係孟子門人所作。以上請參閱張心澂編偽書通考四一八——四二九頁

註二：四庫全書總目卷三十二。

註三：此一名稱之不倫不類，已由姚際恆古今偽書考孝經條下加以駁斥。

註四：將孝經加以神化的孝經緯有鈎命決、孝經中契，孝經援神契等。

註五：孝經正義引鄭玄六藝論。

註六：佐藤廣治「經學中有關孝經地位之一考査」一文，收入支那學論叢。本項見該論叢七八七——七八八頁。

註七：如黃東發，王念孫、汪中、日人武內義雄、瀧川資言皆是。

註八：日人瀧川資言著史記會註考證仲尼弟子列傳所引。

註九：佐藤廣治前文亦曾指出此點。

註十：見漢書匡衡傳。

六、偽孝經內容疏謬之一般

僅從文獻的來源上考查，對於上面的結論，或難免因片面的推論而流於武斷。現在再考查它的文字結構及思想內容，幾乎每章都有問題；兩相印證，即可斷定上述結論之不誤。它的思想內容，朱元晦認爲「是後人綴輯而成」。又謂「其中煞有左傳及國語中言語……其言在左氏傳國語中，即上下句文理相接；在孝經中即不成文理」（註一）；這已說得很透澈了。但他因時代的限制，在態度上還有點保留妥協。茲將朱元晦所認爲「自天子章到孝無終始……只逐章除了後人所添前面子曰，及後面引詩，便有首尾，文義都活」（註二）的部分，即是前六章，稍加探索，以追查它的底細，其作僞的情形，即可完全明白。至全文的追查，則非本文篇幅所許。

開宗明義章第一：「仲尼居，曾子侍。子曰，先王有至德要道，以順天下，民用和睦，上下無怨，女知之乎？」

按至德指孝悌而言。論語「泰伯，其可謂至德也已矣。三以天下讓，民無得稱焉」。至德，乃德的極至。孔子僅以孝爲始德（註三）；未嘗以孝爲至德。陸賈新語愼微篇「故道無廢而不興，器無毀而不治。孔子曰；有至德要道，以順天下，言德行而天下順之矣」。陸賈所引孔子的話，與此處相同。不僅陸賈未嘗以此爲孔子論孝之言；且在陸賈用這兩句話，是泛說道德所能發生的效用，文意上較此處爲順；是知僞造孝經者抄襲新語，而非新語抄襲孝經。

「曾子避席曰；參不敏；何足以知之。子曰，夫孝，德之本也；敎之所由生也。」

按此二語與論語「君子務本」；及禮記祭義「子曰，立愛自親始」。「曾子曰，衆之本敎曰孝」；語意皆合。但與上文之「至德」有出入。

「復坐；吾語女。身體髮膚，受之父母，不敢毀傷　孝之始也。立身行道　揚名於後世　以顯父母；孝之終也。」

按此係取自論語「曾子有疾　謂門弟子曰……」一章；及禮記祭義「樂正子春；下堂而傷其足：

：：吾聞諸曾子，曾子聞諸夫子曰：……」一章。但上二處皆以不敢毀傷身體爲人子一生之事；且又將保全身體，與立身行道，合爲一事。所以論語曾子的話是「而今而後（今者將死之時），吾知免夫，小子」。祭義是「父母全而生之，子全而歸之，可謂孝矣。不虧其身，不辱其身，可謂全矣」。此處則將二者分爲「始」「終」兩階段，則在前一階段可以不立身行道？在後一階段可以毀傷髮膚嗎？一經轉手，義即不通。

夫孝始於事親，中於事君，終於立身。大雅云，無念爾祖，聿修厥德」。

按此文見史記自序司馬遷述其父之言，將孝分爲三階段；而此三階段，乃就人之一生而言。「終於立身」，然則人在「始」「中」二階段，可以不立身嗎？事父事君，可以不立身嗎？論語孔子自述「吾十有五，而志於學，三十而立。」此「立」非立身而何？大約鄭康成亦覺得這樣是解不通的，所以把「立身」解釋爲「七十行步不逮，縣車（懸而不用之意）致仕」。立身何以能解釋爲「致仕」？致仕又與孝何關？這都不能掩飾這三句話的不通。且此段乃就孝的一般原則而言，包括下面自天子到庶人五種人在內。若「中於事君」，則天子的本身便是君，更無君可事；而庶人又無事君的機會；這兩種人在生命的中間一段，便無法盡孝嗎？即就士的階段而論，前面所引的論語「子奚不爲政」章，說明孔子認爲在家庭能孝友，即等於爲政；絕非認爲要爲政（事君）才算盡孝道。下而曾子、子思、孟子（他曾經是不見諸侯的）乃至荀子，無一人認「事君」爲盡孝的必需條件。像孝經把事君說成孝的必需條件，便養成二千多年的知識分子，不僅從利祿上，並且從德行上，也非把政治當作唯一而不可缺少的出路不可。這就影響後來整個知識分子的動向，影響到整個社會的發展。因爲除事君外，一般知識分子在社會上更不承認有值得努力的事業，使知識分子與社會生活完全脫節。而在孝行方面，反把「菽水承歡」的眞意（註四），也因而染汚了。更重要的是：先秦儒家，是主張父子「以天合」；即係血統的自然結合；作爲這種結合的精神紐帶是「恩」是「親」；這是一個人從生到死的結合。君臣則是「以義合」（註五）；所謂以義合，即是合乎義便作人君的臣子，否則「不事王侯，高尚其事」（註六）；亦即所謂合則留，不合則去。這樣便可以維持士人的人格，和政治上的方向、目標，使統治者不致發生他自己是建中立極的幻覺，而可以在精神上抑制其獨裁的行爲。並且先秦儒家思想，在事親和事君的態度上，也分得十分清楚。禮記檀弓上「事親有隱無犯」，「事君有犯無隱」的話，可以說是這個意思的總結。現在既以事君爲孝道所不可缺的一部份，而將事親事君混同起來，於是人君便可以向人臣作人父對於人子的同樣要求。父子之間，有種自然之愛，以發生自然的融和作用；所以中國過去雖主張人子對其親有無條件的義務，但除因後母等特殊情形以外，很少有父親眞正虐待兒子的事實。雖然以後受了孝經「嚴父」這一觀念的影響（註七），而爲父親的多偏向「嚴」的方面。君是代表一種政治權力；人君向人臣要求無條件的義務，即是人臣向權力作無條件的屈服。這便使君權無限制的擴張，而助長了專制的氣燄。孝經此一「中於事君」的說法，正提供了專制者以無限制的壓制其人臣的理論上的根據，對知識分子發生了精神痲醉的作用。所以這三句話，是儒家孝道被歪曲的大標誌，是假借孝道以助長專制的總根源。

「中於事君」的這種觀念，我以爲是從法家那裏轉手而來的。因爲法家是要把人澈底隸屬於政治支配之下，所以一方面反對對於政治作消極抵抗的隱士，一方面反對盡力於父母，盡力於家庭的孝德。這在韓非子一書中可以看得很清楚。但正如我在辨孔子誅少正卯一文中所指出：他們一方面反對孔子，一方面又要利用孔子的招牌。他們一方面反對孝道，一方面又要利用孝道，即是把孝道拿來作他們自己所要求的解釋；有如他們反對仁義，但一面又把仁義按照他們的要求而作「仁義者，不失人臣之禮，不敗君臣之位者也」的解釋（註八），而加以利用。所以在韓非子一書中有忠孝篇，決不是偶然的。著有韓非子翼毳的日人太田方，根據兩點而認忠孝篇不出於韓非，日人多承述此說。他一以爲「韓子之學本於老子」，在這篇中不應攻擊「爲恬淡之學，而理恍惚之言」的人。殊不知韓非此處所攻擊者乃出於莊子一派之隱士；老子的消極，不是目的而是手段，與莊子的精神不同，所以這裏與他的本於老子並不相背。一以爲「史記秦始皇紀二十六年，更名民爲黔首，韓子之死在是前」，而覺得此篇不應有「黔首」之稱。殊不知始皇二十六年「更名民曰黔首」，乃是法令上的正式規定；而法令上的正式規定，常常即係採用先已存在的私稱；所以這也不能成爲否定此篇出於韓非的證據。所以我同意容肇祖韓非子考證一書中，認此篇「爲韓非所作」的說法；可惜他大概沒有看到太田方的論點而加以辨正。就此篇的思想內容說，在韓非的時代以前，先秦沒有把「忠孝」並稱的。尚書蔡仲之命有「惟忠惟孝」的話，正可以證明其爲僞古文。忠孝篇的目的，即是要把忠與孝混同起來，以達到「忠臣不違其君，孝子不非其親」，因而指摘堯舜湯武是「反君臣之義，亂後世之敎」（註九）。因此，韓非所說的孝，實際是他所說的尊君而卑臣的忠。他們既認爲知識分子非事君不可，而事君又與事親無二，這便醞釀出孝經上的「始於事親、中於事君」，及「資於事父以事君」的觀念，而輕輕的把先秦儒家的孝道來一個偸天換日了。

天子章第二：「子曰，愛親者不敢惡於人，敬親者不敢慢於人。愛敬盡於事親，而德敎加於百姓，形於四海，蓋天子之孝也。甫刑云：一人有慶，萬民賴之。」

按就孝的德性論，應無分於上下；即如此處「愛親者」二句，何以專屬於天子之孝？此書將孝按人的身份地位而分爲五種，而其內容又多不相應，實毫無意義。至就天子的地位來說，「愛敬盡於事親，而德敎加於四海」，這中間缺少孟子所說的「老吾老，以及人之老」的「及」字，便缺少許多政治上的實際設施，而認爲自己行孝便可以治天下，決沒有這樣便宜的事情。所以孝經才是孝治派。

第三章僞呂氏春秋的察微篇以言諸侯之孝，其荒謬已如前述。但僞造孝經的人，却何以要僞這幾句話？這便和僞造孝經的時代背景有關。我們從韓非子有忠孝篇，呂氏春秋有孝行篇等的情形來看，可見孝的觀念，已深入到社會各方面，而不復僅是儒家的思想。劉邦得天下後，除了以殺戮功臣來鞏固劉氏一姓的政權以外，政治的急務，便是如何恢復疲弊殘破的社會，使其能在安定中發展農業生產。孝惠帝四年正月，舉民孝弟力田者，復其身；這是他們開始所想出來的一個適合農業社會的大社會政策。高后元年二月，初置孝弟力田，二千石者一人（註十）。孝文帝十二年詔「孝弟，天下之大順也。力田，爲生之本也。廉吏，民之表也」（註十一）。在這詔書裏，此一社會政策的意義，更爲明瞭。文帝並以戶口率置三老，孝弟，力田的常員，以作其基層政治的基礎。到了武帝元光元年冬，初令郡國舉孝廉各一人（註十二），成爲漢代選舉制度的骨幹。這種意識的把孝悌與力田結合在一起，即是把人生的基本德行和生產，結合爲一個家庭的內容，這在當時收到了社會復興的很大効果（註十三）；因爲由孝弟所結合的家族，是可以促進農業生產的。後漢書樊宏傳說他的父親樊重「世善農稼，好貨殖。重性溫厚，有法度。三世共財，子孫朝夕禮敬，常若公家……故能上下勠力，財力歲倍：至乃開闢廣田三百餘頃……」，即其一例。並且中華民族的性格，因此而開始得到凝定、形成（註十四）。後來以一個朝代（漢朝）的名稱，即作爲一個民族的名稱（漢族），決不是偶然的。

再站在漢朝統治階級的自身來講，劉邦滅了項羽以後，殺戮功臣，剪除異姓，大封子弟，以作鞏固政權的手段。但劉邦是一個大流氓，他的子弟，缺乏周初姬姓子弟的教養；所以平勃安劉之後，此一統治集團的最大危機，即來自這些驕奢淫逸，而又富有野心的子弟。劉家爲了安定自身，建立本身的秩序，也非重視孝不可；這便是從惠帝起，每個皇帝加上一個「孝」字作廟謚的原因。田延年對這一點說得最清楚，「漢之傳謚，常爲孝者，以長有天下，令宗廟血食也」（註十五）。對社會須要提倡孝，對統治階級的自身，也要提倡孝，而典籍中提倡孝的文字雖然不少，但沒有講孝道的專書作教材，總是不方便的。僞造孝經的人，正是做這一椿投機生意。因此，孝經的諸侯章，係針對漢代的同姓諸侯驕奢淫逸的情形而說教的。這便是他所以要抄呂氏春秋察微篇與孝無關的幾句話的原因。

第四章以「非先王法服不敢服，……」爲卿大夫之孝，實係膚泛之談；既不切於孝，亦不切於卿大夫之孝。這是因爲無確實內容可說，而胡亂湊合的。日人武內義雄以爲這一段話，與孟子答曹交的「子服堯之服，誦堯之言，行堯之行，是堯而已矣」（告子下）的話，甚爲相近，即以此爲孝經係孟子學派傳曾子之學的證據。殊不知孟子此處並非貼切著孝來說，更不是僅指卿大夫而言。所以在孟子，這幾句話爲有意義；而在此處便毫無意義。士章第五：關係重大，玆迻錄如下：

「資於事父以事母而愛同，資於事父以事君而敬同。故母取其愛，君取其敬，兼之者父也。故以孝事君則忠，以敬事長則順。忠順不失，以事其上，然後能保其祿位。」

按此章主要係節取禮記喪服四制而成。原文是：

「其恩厚者其服重。故爲父斬衰三年，以恩制者也。……資於事父以事君而敬同……故爲君亦斬衰三年，以義制者也。……資於事父以事母而愛同。天無二日，士無二王，國無二君，家無二尊，以一治之也。故父在爲母齊衰期者，見無二尊也」。

將二者兩相比較，可以發現有兩點不同。第一、喪服四制的話，卿大夫、士都可適用；而孝經則專指爲士之孝。第二、在喪服四制是就喪服的特定事項說的，而孝經則將其變爲一般的原則。遂將孔孟事親與事君的區別完全抹煞，使君父在人倫中的分際完全混同。君有權勢刑賞以策鞭於其上，故實際上支配知識份子（士）精神生活的，是君而不是親；本出於人之至性至情的孝，也因此種混同而冲淡了。當然，這一大轉變，並不是突然來的；在强烈的政治氣氛之下，儒家中也會有人於不識不知中，忽略此一區別的重大意義；所以禮記的坊記也有「孝以事君」的話。坊記雖托之於孔子，但觀其以孔子的口氣來引用論語上孔子的話，可知其中有許多話是遠出於論語成書之後（註十六）。再加以法家的有意歪曲，並經讖緯家將孝經僞托到孔子的「行在孝經」裏面，遂使孝經在文獻上定於一尊，而將孔孟言孝的原意，掩蔽了近二千年之久。

庶人章第六，以「因天之道，分地之利，謹身節用，以養父母」，爲庶人之孝，這是從當時「孝弟力田」相結合的社會政策而來的，較爲切至。但其總結：「故自天子至於庶人，孝無終始，而患不及己者，未之有也」的幾句話，在語意上實在是講不通。以上是朱元晦認爲「只逐章除了後人所添前面子曰，及後面引詩，便有首尾，一段文義都活」（註十七）的，已是如此。下面係朱元晦所認爲「此後却似不曉事人寫出來」的，更不必詳加分辯。

我所以認爲這篇東西，不能與禮記上的表記坊記等相提並論，因爲表記坊記等，固然在時間上也前後間出，在內容上也眞僞互見；但這些都是由編纂而成，編纂者無心作僞（王制中的刑法思想，有一部份是博士有意滲雜了漢代所繼承的秦法），所以各章的文理，都是不成問題的。但在孝經，則每章的文理，却都成了問題。再加以唐明皇的御註，把其中偶然殘存的先秦儒家的遺意，也掃除淨盡，於是僞造孝經者的目的，更徹底完成了。例如聖治第九「父子之道，天性也。君臣之義也」。鄭註「君臣非有天性，但義合耳」。此係先秦儒家古義。鄭康成在六藝論中，也說過「古者君臣猶朋友」的話。但明皇註云：「父子之道，天性之常。加以尊嚴，又有君臣之義」。這便把君臣的關係，說成了「天性之常」，再加上「尊嚴」，不僅混同了親子君臣的關係，並且把君臣的關係，解釋成遠超過了親子的關係；這站在他的立場，自然會如此的。

今人王正已作孝經今考，指出孝經思想與孟子思想相同者五點，因而斷定是孟子門人所作（註十八）。在我看：孟子除了「尊親之至，莫大乎以天下養」（註十九）這一句有問題的話，和孝經「嚴父莫大於配天」（註二十），找得出關連以外，此外只能找出相反的證明。即就此一句話來講，孟子是特指舜而言，而孝經則作爲一般的原則來說。特有所指的話，和作爲一般原則性的話，其中實有很大的分際的。我現在再總括舉出孝經與孟子相反的兩點來，以作這一章的結論：第一、如前所述，孔孟（包括曾子、子思。下同。）言孝，總是歸結到內心德性的要求；而孝經言孝，則總是歸結到權勢、利祿。例如「富貴不離其身，然後能保社稷」（諸侯章第二）。「然後能守其宗廟」（卿大夫第四）。「然後能保其祿位」（士章第五）。這正代表了偽造者當時「蓋利祿之路然也」（註二十一）的風氣。第二、孔孟論政治，總是為了人民；而在孝經上，則變成是為了統治者的祖宗，這也是非常可笑的。例如：「故得萬國之歡心，以事其先王」（孝治第九）。「故得百姓之歡心，以事其先君」（同上）。這完全是「天下為家」的觀念爛熟以後，所自然流露出來的。

註一：朱子語類卷八十二。

註二：同上。

註三：大戴記衛將軍文子「孔子曰，孝，德之始也」。

註四：禮記檀弓下「孔子曰，啜菽飲水盡其歡，斯之謂孝」。

註五：春秋公羊莊公三十二年「君臣之義也。」論語微子及禮記祭義「君臣有義」。孟子滕文公上「君臣有義」。此外尚多。

註六：見易蠱卦及禮記表記。

註七：易家人卦「家人有嚴君焉，父母之謂也」，這是以家庭比譬朝廷的話，以說明家是以父母為秩序的中心。孝經則始有「嚴父」的話，這是先秦文獻中所沒有的。禮記哀公問「孔子對曰，夫婦別，父子親，君臣嚴，三者正，則庶物從之矣」。可知偽孝經一面把子事父的態度轉移為人臣事君；一面又把君臣間的嚴，代替了父子間的親，以成一大混亂。

註八：韓非子難一。

註九：同上忠孝篇。

註十：西漢會要卷四十五。

註十一：漢書文帝本紀。

註十二：同上漢武本紀。

註十三：可參閱史記平準書及漢書食貨志。

註十四：可參閱東亞論叢第五輯守屋美都雄之「漢代宗族結合之一考察」一文。

註十五：漢書霍光傳。

註十六：禮記坊記：「子云，君子弛其親之過而數其善。論語曰：三年無改於父之道，可謂孝矣」。斷無孔子以自己的話來爲自己作證的。

註十七：朱子語類八十二。

註十八：見古史辨第四。

註十九：見孟子萬章上。

註二十：見孝經聖治章第九。按「嚴」與「敬」有別。嚴父之嚴，與語孟父子主親主恩之意義相去甚遠。

註二十一：漢書儒林傳敍。

七、歷史中與孝有關的突出問題——三綱，理學，五四運動。

以下，我再就孝經成立以後，實際即是專制政治壓歪了儒家思想，也壓歪了孝道思想以後，在許多與孝有關的問題中，特別提出三綱、宋代理學、及五四運動三個問題來說一說。

首先是三綱的問題。在群體生活中要建立秩序，則此秩序一定要有個中心點。而且，凡是中心點，在某一範圍內，總只能是「一」。這個「一」是代表統一而不是分裂，是代表協調而不是矛盾；此即前面所引禮記喪服四制中所說的「以一治之也」的意義。在如何形成這個「一」，及如何行使這個「一」的上面，才有種種不同的內容，以致使「一」的性質，形成天壤懸隔。但僅就「一」的本身而言，是無間於古今中外的。任何政制，它的中央政府只能有一個，而作爲全體代表的只能有一人。從這點說，「天無二日，土無二王，國無二君，家無二尊」的說法，也是很順乎自然的說法。由此一說法而演變成爲三綱之說，也是自然之勢。譬如說，中央政府是地方政府之綱，閣揆是閣員的綱，這在實際上並沒有什麽說不通的。我所以要首先指出這一點，是想說明凡是經過大家長期在理論上所接受過的觀念，並不會完全沒有一點道理的。三綱之說，正復如此。但在先秦儒家的倫理思想中，却找不出三綱的說法；而三綱說法的成立，乃在專制政治完全成熟以後的東漢，首先出現於由漢明帝御前裁決的白虎通，這在思想史上，是繼孝經僞造以後的一件大事。秩序中有一個中心，有個一，這是自然的趨勢。但若僅從這一方面來談秩序，則此中心的一，便成爲一種外在的權威，而秩序也成爲以權威爲基礎的秩序。從人類自身所發出的災害，無不來自此種權威。所以人類理性的覺醒，亦無不表現於反對此種權威、轉化此種權威之上。因此，儒家的倫理思想，只强調每一個人應盡的義務，以相互間的義務爲秩序的紐帶，而不强調此種秩序中心的一，乃至白虎通上所說的「綱紀」（註一）。義務是發自各人的德性；德性是平等的，所以義務也是平等的。因爲是平等的，所以它是雙方的而不是片面的。於是我們人與人的關係，不是立根於外在權威之上，而是立基於道德自覺之上；此時外在的，形式上的中心，一，即所謂綱，乃成爲一種虛設的不重要的象徵的存在，等於君主立憲的君主，或者民主政治的首揆一樣，實以「多」爲「一」的具體內容，自然不會有由外在的權威而來的災禍。左傳隱三年「君義臣行、父慈子孝、兄愛弟敬，所謂六順也」。順即是和順，這裏只有各人的義務而沒有誰是綱、誰是紀的問題。論語孔子答齊景公問政是「君君（人君者盡人君之道、即義務。下同）臣臣、父父、子子」（顏淵）。這裏也只有各人的義務而沒有誰是綱，誰是紀的問題。孟子「父子有親。君臣有義。夫婦有別。長幼有序。朋友有義」（滕文公上）。此中也無誰是綱誰是紀的意思在裏面。並且若就「民爲貴」及「民之所好好之」的政治思想來說，應當是君爲政治形式之綱，而民爲政治具體內容之綱。若就「以位，則子君也，我臣也，何敢與君友也。以德，則子事我者也，奚可以與我友」（萬章下）的君臣關係來說，則在名義上君爲臣綱，但在實際上臣爲君綱。家庭中自然是以父爲中心；但先秦儒家從來不涉及這一點；因爲父子主恩，「父子之間不責善；責善，賊恩之大者也」（註二）。「門內之治，恩掩義」（註三）。在恩的氣氛中，自然不會從綱與紀上去計較。禮記郊特性，有「婦人從人者也」一段話，即所謂婦人的「三從」，我懷疑這是經法家轉手後的漢人說法，因為它和先秦許多談夫婦關係的話不相合。在先秦，夫妻的地位是平等的；所以「妻」即作「齊」字解釋。「壹與之齊，終身不改」，鄭註「齊謂共牢而食，同尊卑也」(註四)。易咸卦主張「男下女」；昏禮則男子要親迎；成家以後，則「女正位乎內，男正位乎外」(註五)，在分工原則之下，各人有各人的正當地位。所以只要讀過柏柏爾(Ferdinand August Bebel 1840—1913)的名著婦人論，而又讀過中國儒家古典中談到夫婦關係的人，一定會驚訝在十九世紀五十年代以前，歐洲婦人的地位，還沒有取得中國兩千年以前由儒家所奠定的婦人的地位。這一點，從墨子的非儒篇也可以得到有力的反證。非儒篇說「取妻身迎，祇揣(玄端之服)為僕，秉轡授綏，如仰嚴親；昏禮威儀，如承祭祀」。所以在恩與敬的家庭中，只是「愷悌」、「和樂」，壓根兒沒有所謂「父權」「夫權」之類的觀念。到了法家，便把由德性所轉出的人格平等，及由各人德性所轉出的義務的倫理關係，簡化而為地位上的服從的關係；把以德性為中心的人倫，轉變而為以權威為中心的人倫，這才完全配合上了他們極權專制的政治構想。所以韓非子忠孝篇說「臣事君，子事父，妻事夫，三者順，則天下治；三者逆，則天下亂」；而責「孔子本未知孝弟忠順之道」(註六)。這一套思想，形成秦代專制政治的基底，為漢代所承繼。西漢儒家，如前所述：一部份人是對專制的抗爭，一部份是對專制的妥協。到了東漢初年，便通過讖緯而幾乎完全投降於專制君權之下。讖緯，尤其是緯，是盡了把學術思想轉向專制的大責任。於是三綱之說，乃正式成立。白虎通三綱六紀篇說「三綱者何謂也，謂君臣父子夫婦也。……故君為臣綱，夫為妻綱。……綱者張也，紀者理也。大者為綱，小者為紀；所以強理上下，整齊人道也。……若羅網之有綱紀，而萬目張也」。綱紀，主要是由「大小」「上下」而來，亦即由外在權威而來，這是法家思想，挾專制之威，篡奪了儒家的人倫思想，乃儒家人倫思想的一大變化，實亦中國歷史命運的一大變局。在這種變化中，儒家以其殘餘之合理性，如諫諍，愛民，重視家族等，滲上由法家轉手而來的奴才道德，這對於專制政治的穩定，是發生了積極作用的。祗要把漢書儒林傳敍論、和後漢書儒林傳敍論兩相比較，即可看出此中消息。雖然班固和范蔚宗兩人自己，並沒有意識到這一點。

其次，我應提到宋朝的理學。一般人認爲宋朝理學，特重視綱常、名教，所以特別是專制政治的護符。但祗要平心讀過他們的著作，便不難發現，在他們中，有一部份人，是因爲三綱之說，便把君臣的關係絕對化了；這可以程伊川爲代表。但懷疑到這種絕對關係的，也大有人在，如朱元晦陸象山們。不過，他們即使是篤信三綱之說，但他們也要經過自己理性的較量。他們沒有想到君主專制是可以推翻的；但他們並不是以爲凡是屬於君主專制體系下的東西，都是合理而應當服從的。即以程伊川爲例，他任崇政殿說書時，以周公輔成王自期（註七），以師保之義爭之於當時的朝廷，力主講官應座講於殿上（註八）；而責當時的人「以順從爲愛君，以卑折爲尊主。以隨俗爲知變。以習非爲守常」（註九）。等到他受讒外調，他便堅決要求致仕歸田；理由是「臣身傳至學，心存事道。不得行於時，尚當行於己。不見信於今，尚期信於後。安肯失禮害義，以自毀於後世乎」（註十）。正因爲這種守道不屈，所以招到進一步的貶謫，連學也講不成；弄得死時沒有人敢送葬。今日信口開河罵理學家是維護專制的人們（章太炎甚至說他們是鄉愿），試把自己的立身行己，來和他們的出處辭受取與之間，稍作對照，若稍有廉恥，恐怕眞要抱慚無地了。

在此，我應特別提出的是，在先秦，孝悌爲儒家奠定我國固有文化的基石；而在宋代，則孝悌又爲儒家復興我國文化的轉捩點。魏晉的玄學，接上由印度傳來的佛教，以超務出世的教說，一方面不斷動搖由漢代所凝結的人倫社會的基礎；一方面更助長了知識份子脫離社會實際生活的趨向。其結果爲中唐以後的混亂，而極於五代五十多年的黑暗。宋代要重新建立社會秩序，鞏固社會基礎，便有儒家的復興運動。此運動開始於唐代的韓愈、李翺，到宋代二程出而始完成了本身從理論到實踐的結構。這即是一般人所說的新儒學運動。此新儒學運動，究竟以什麼爲它的轉捩的樞軸？朱元晦常喜提出「窮理」二字以作說明。意思是說佛老講空講無，在空與無中，安放不上一個「理」字，所以在現實生活上都落了空，而得不到人生的一個立足點。程伊川特別提出「體用一源，顯微無間」(註十一)來，把佛老將現象與本體分而爲二的，打成一片；在現象中認取本體，即當下認定現象界之本身，不是空，不是無，而係有其理；由窮此現象界之理而可以當下承認現象界之價值，可以當下爲吾人之生命在現象界中立根基，而不致掛空虛度；這即是他們從佛老轉出來的樞軸。所以程朱一生，最重「即物窮理」。他們這種說法，當然是很對的。但我覺得這種說法，有點近於抽象。凡是抽象的、概念上的東西，其影響常局限於知識分子，而不易發生大的社會影響。在朱元晦所特爲重視的窮理的觀念裏面，實有一更爲具體的內容；因爲有了這種更具體的內容，才能發生千年來廣大的社會影響。這種具體內容，即是程伊川所作的明道先生行狀中的「知盡性至命，必本於孝弟。窮神知化，由通於禮樂」的兩句話。盡性至命，是窮究人生的根源；窮神知化，是探求宇宙的法則；這是佛老與儒家共同的要求。但佛老不從人倫道德的實踐中去窮究人生的根源，不在社會共同生活的實踐中去探求宇宙的奧秘，結果只是停在觀想界中，無助於人生社會現實生活的充實向上。伊川的所謂必始於孝弟，即是從人倫之愛的實踐中擴充出去，以達「混然與物同體」的仁(註十二)；使個人生命，融合於宇宙整個生命之中；盡一己的責任，實現一己生命的價值，同時即係盡了整個生命的責任，實現了整個生命的價值；於是盡心，知性，知天，只是一件事。所以由此以盡性至命，是有其具體的內容、歷程，而能證驗於現實生活之中，以昂揚充實現實生活的。禮指的是社會生活的秩序，樂指的是社會生活的諧和；這裏所說的窮神知化，不是近代科學上的意義，而是價值哲學上的意義。宇宙是一個有秩序而得到諧和的存在；但人祇有通過自己群體生活中的秩序與諧和，而始能體認到宇宙法則的秩序與諧和；此時宇宙的法則，在人群的現實生活中生根；而人群的現實生活，可以向宇宙的法則上昂揚，於是儒家的天人合一，乃有其現實上的意義，有其社會上的意義，這便涵攝了佛老的要求，而迥然不同於佛老的歸趨與作用。此是宋儒出入於佛老而回頭向六經立脚的眞實內容，這也是宋儒重新貞定我們民族生命的大貢獻。他們所說的孝弟，完全回到孔孟的德性上立基。他們虔敬的人生態度，及由此所流露出的人格尊嚴，並且講學所開出的在政治以外的民族自存自保的方向和努力，沒有絲毫與專制者以假借；不能把孝治派加在他們頭上。他們自身在宋代政治上所受到的迫害，及在元代的慘酷黑暗中重新給民族以生存的方向與信心，都是歷史上偉大的見證。任何學問，尤其關於人自身方面的學問，必定有所偏，有所蔽；宋儒也不能例外。反宋儒理學的，經過了三個階段：開始是出於補偏救蔽；以後是出於好名爭勝；當前許多人，則是以此來掩護自己人格上的慚德。至於盲目附和，而實則任何東西也不懂的人，則在三階段中常是滿坑滿谷。這裏應當說的話很多，現在只說到此處為止。

最後，說到五四運動中的反孝的問題。首先我們不能因為當時反傳統文化，反作為傳統文化核心的孝道的人們，言辭激烈、知識淺薄，而忽視了他們所代表的為他們自己所不自覺的一種意義。孝弟，是一種道德行為。凡是行為，總是以情感為基底；無感情的活動，即不會發生行為。孝弟的情感，既不是冷靜的，也不是熱烈的，而是一種溫暖的情調。人生在溫暖的情調中，總有些拖泥帶水，即俗語所說的「清官難斷家務事」。「斷」是出於堅强的意志，須要情感的冷靜。同時，正因為它有點拖泥帶水，缺少堅强的意志，所以它的活動，多半是旋磨式的活動，既不能決然捨棄什麼，更不易一往直前的追求什麼；因為一往直前的追求，是需要在情感的兩極狀態下進行的；即是感情在某一方面的冷靜，丟掉什麼而無所顧惜；另一方面的熱烈，執着什麼而不怕犧牲。所以由孝弟所培養的生活感情，它對人生是發生一種帶有韌性的融和團結安定的作用，而缺乏勇往直前的作用。由孝弟精神所形成的家族生活，正是上一說明的具體表現。不過在先秦儒家以恩為主的理念中，家庭是一種愷悌和樂，自然會賦與生命以活力和生氣。但三綱之說成立以後，在家庭生活裏便佔了兩綱，大大的冲淡了「主恩」或「主親」的原來意義，於是在家庭生活中的活力與生氣，會因此而感到不够，不免有沉滯沉悶之感。宋儒過分的虔敬主義，也多少加重了此種傾向。它可以安定以農業為生產中心的社會，但它不能把它推進向前。到了鴉片戰爭以後，以生活感情的兩極化為其基底所形成的西方工商業社會的力量，一下子衝垮了安定而沉滯的古老的農業社會；工業社會的生產品，衝垮了農村的自給自足的經濟體制，也破壞了在家族自治體中的純樸生活方式，使生活在這種社會中的人，必須急起自救。要急起自救，則須採他人之長；要採他人之長，便不知不覺的感到我們家庭生活的單純方式，尤其是蘊藏在這種方式裏的生活情調，並不能與大家所要求的新事物相適應；於是便由富有時代感觸力的聰明之士，發而為反孝的運動，也可以說是事有必至，理有固然的。換言之，這是因為中國要由農業社會進而為工商業社會，須要有大幅度的生活方式與情調上的調整。在這種調整，未能順利進行時，便會激出一個大的反動。所以五四時代反孝的根源，是來自西方工商業社會衝擊着古老的農業社會所引起的。就我的直接記憶所及，從辛亥革命到民國十五年這一段時間裏，窮鄉僻壤，以各族的祠堂為中心的家族自治體，其解體之速，至足驚人。這種解體，事實上與陳獨秀魯迅吳虞們的反孝活動，毫無關係。也可說先有這種社會基礎動搖的事實，才有他們的言論。歷史上多是事實在先，解釋事實的理論在後。所可惜的，當時的知識份子，對於這種事實，缺乏冷靜的理解；因而他們的態度，不是出之於理智，而依然是訴之於感情。凡是訴之於感情的，容易獵取一時的聲名，但多不能盡到解釋事實的責任，因而只能破壞，而不能為人類現實生活開闢新的途徑。再加以狡獪者流，知道在社會轉變時期，只要言辭激烈，便能不憑任何學問，即可以獵取聲名。於是相激相蕩，離開原意愈遠。這裏我只節錄錢玄同藉以成名的寫給陳獨秀的一封信，以見一般：

「獨秀先生：

……欲祛除三綱五倫之奴隸道德，當然以廢孔學為唯一之辦法。……欲廢孔學，欲剿滅道教，惟有將中國書籍，一概束之高閣之一法。……但是有人說中國舊書雖不可看，然漢文亦不必廢滅。

……如其仍用野蠻之舊字，必不能得正確之知識。……至於有人主張改漢字之形式——即所謂用漢字羅馬字之類——而不廢漢語……殊不知改漢字爲拚音，其事至爲困難。……（所以他主張連漢語一起廢掉）。我再大膽宣言道……欲使中國不亡，欲使中國民族爲二十世紀文明之民族，必以廢孔學，滅道教，爲根本之解決。而廢記載孔門學說及道教妖言之漢文，尤爲根本解決之根本解決。至廢漢文之後，應代以何種文字（按他這裏實包括語言而言）……玄同之意，則以爲當採用文法簡賅，發音整齊，語根精良之人爲的文字 Eoperanto」。

錢玄同只憑這一封信，便成爲當時英雄好漢之一。陳獨秀對錢玄同的答復是「惟有先廢漢文，且存漢語」，比錢玄同的漢文漢語同時都廢的主張，似乎緩和一點。胡適之則認爲「獨秀先生主張先廢漢文，且存漢語，而改用羅馬字書的辦法，我極贊成。凡事有個進行次序」。

我在這裏，只想讓大家針對着現實來作一番沉靜的回想，用不着什麼批評。眞正有力的批評，是時代的眞實情況。最後，我提出一點感想來作本文的結束。

爲了譁衆取寵而放言高論，那是最便宜，最容易的事。但落實下來要解決與羣體有關的實際生活問題，便會想到論語上「爲之難，言之得無訒乎？」（顏淵）的話。在一個沉滯的社會裏，提倡娜拉從家庭中出走，這很易使人耳目一新。但歐洲近代婦女從家庭走向工廠的前一段歷史，未必可以代表婦女的解放；而我國則中上人家的婦女，多從家庭走向麻雀牌桌子上；臺灣山地婦女，則多從家庭走向酒家；可見走出來是容易的；走出來以後應如何？則並不簡單。吳虞在「家族制度爲專制主義之根據論」裏，在大罵了孝弟之後，却以下面這一段來作收束：

「或曰：子既不主張孔氏孝弟之義，當以何說代之？應之曰，老子有言，六親不和有孝慈。然則六親苟和，孝慈何用？余將以和字代之。」

吳虞引老子的話，要以和字代替孝慈；殊不知孝慈正是達到和的手段；同時，也是和的具體表現；所以老子也並不會反對孝慈；他在「六親不和有孝慈、國家昏亂有忠臣」的下面，接着說「絕仁棄義，民復孝慈」，是其明證。所以吳虞費了九牛二虎之力來打倒孝慈；但遇着實際上會發生的「或曰」一問，他便不知不覺的走了回頭路，這便是嘴上英雄遇着實際問題時的尷尬相。不僅五四時代許多知識分子在文化上的主張，若與今日的共產黨相對比；則他們是左派，而共產黨反爲右派。即在今日流亡在外的許多知識分子，其反中國文化的情緒，且過於共產黨。連抱著線裝書吃飯的人，一聽到線裝書中有有價值的東西，立即發生反感。這種奇怪的情形，是因爲共產黨究竟是在實際問題中打轉，而這些人除了自己的興趣，聲名外，對國家社會的實際問題，一切都不負責任，並且以這種態度爲鳴高，爲得意。五四時代的澈底反傳統文化，多激於一時愛國之情；在今日無條件的反中國傳統文化，我懷疑是由於不知不覺之中，中了殖民主義的毒。時代的悲劇，豈是偶然？因此，我覺得以家族來形成整個社會的自治體的時代，已經是過去了；我們須要有更多的文化、經濟、政治等自治體，以適應並推動我們當前的生活；而不能像過去一樣，只靠一個家族的自治體。但每一個人，若能有以孝弟爲紐帶，亦即以愛的精神爲紐帶的一個安定和樂的家庭和家族，與其他許多社會自治體，並立並存；一方面可使每一個人在社會利害的競爭中，有一個沒有競賽氣氛的安息之所；一方面在許多利害角逐的團體中，滲入一點愛的溫情，以緩和兩極的情感；讓人與人的競爭，不僅是靠法的限制，同時也可以得到溫情的調和；這對於我們乃至整個人類的生活，是不是更爲健全呢？這是經過了暴風雨後，或正在暴風雨中，値得鄭重考慮的問題。至於人類是否需要以愛來融和個體與全體的對立，藉此以建立眞正諧和的社會？假定有此需要，則中國先秦儒家，以愛爲精神紐帶的倫理思想，家庭生活，是否能給現代的人們以若干啓示？這也許不失爲對人類有責任感的思想家們的研究課題。當我看到世界人權宣言第二十六條第三項有「父母有選擇其子女應受教育之種類的優先權利」的規定時，發生不知其然而然的感動。提出這一項規定的先生們，已知道在苦難的時代，眞能保障下一代的，只有靠各人的父母。這即是要求大家對於「慈」的正當性和必要性，作了一次法定的承認。但慈易而孝難。現代許多文明先進國家，壯年人對於自己的子女，無不舐犢情深。但對於他的衰年父母，則異常冷淡，在感情上還得不到他們豢養的貓狗所能得到的溫暖。禮記坊記中也有「子云，父母在，不稱老，言孝不言慈……君子以此坊民，民猶薄於孝而厚於慈」的話，可見古今中外的人情是一致的。慈是生理作用的成分多；孝則要訴之於理性的反省。有慈而沒有孝的社會，等於是每一個人都沒有圓滿收場的社會；也即是每一個人從他的工作退休時，即失去了人生意義的社會。難說這便不算一個社會問題？人生問題？而不值得把中國的孝道加以新的評價嗎？

註一：白虎通有三綱六紀篇。

註二：父子間不責善，在孟子凡兩見：一見於離婁上「公孫丑問曰：君子之不敎子何也」。一見於離婁下「公都子曰：匡章通國皆稱不孝焉」。按「責善」乃嚴格認眞要求能實現某一善的標準。論語上所說的「幾諫」，祇是委婉補救某一過失。一係積極的，一係消極的；二者不可混同。

註三：禮記喪服四制。

註四：禮記郊特牲。

註五：易家人卦。

註六：此處之順，乃順從之意，與前引左傳「六順」之義不同。六順之順，乃偏在和順方面。

註七：伊川文集卷二經筵第一劄子及上太皇太后書。

註八：同上，又上太皇太后書。

註九：同上。

註十：同上乞致仕第二狀。

註十一：程伊川易傳序。

註十二：程明道識仁篇，「仁者渾然與物同體。」

評訓詁學上的演繹法

答日本加藤常賢博士書

日本東京大學名譽教授加藤常賢博士，是湯島聖堂（即孔廟）與斯文會的負責人，著述宏富，乃日本漢學界重鎮之一。我於一九六〇年在日本旅行至京都時，與日本京都大學中國哲學研究室主任教授重澤俊郎博士，頗相知好。他勸我回東京後應看看他的老師加藤先生。我由京都返東京，即寄上拙著「中國思想史論集」給他，請他教正。隨後他也寄了幾種著作給我，並約期在湯島聖堂見面。見面時是宋越倫先生陪在一起；加藤先生把我送給他的「中國思想史論集」給我看，從頭至尾，都用紅色筆圈點一過。並說「你所用的治思想史的方法，與我不同；但我承認你是開闢一條新路」。又說：「在論集中你和錢穆先生有關老子、中庸的爭論，我完全贊成你的意見」。並對我「釋詩的比興」一文，特加稱道，認爲「解決了兩千年來說詩上的難題」。我對這位前輩先生的誠篤態度，非常感動；對他治學之勤，用力之深，也深爲佩服。但對他所用的方法，心中不甚以爲然；這一點，他當時也感到了。去歲承他寄了一篇功力很深的論文抽印本給我。今年夏，我寄上一部「中國人性論史先秦篇」給他。旋奉到這位老學人八月五日來信謂：『頃者大著中國人性論史先秦篇一册惠賜，感謝無任。書中言及拙著「中國思想史」有所批判，多謝。唯敝生論禮之書小册，別包拜寄，極乞賜批判……』。加藤先生信中所提的「中國思想史」，不僅是東京大學所用的教材，並且其中對禮的起源的說法，在日本漢學界發生了很大的影響，在今日幾成爲通說；所以我在「中國人性論史先秦篇」第三章中曾略加批評。不久奉到他的大著「中國原始觀念之發展」，時我正陪內人在臺北治病，將加藤先生原著讀過後，即回了一封長信，坦白陳述了我的看法。當我回這一封信時，批評到自己很敬佩的前輩先生，內心非常難過。但我在此信中所批評的，不是對加藤先生在學問上的成就的懷疑，而是對他所用的方法的懷疑。他所用的方法，正是我國以阮元爲中心，一直蕃衍到現在的中國許多人所用的方法。但加藤先生雖然沿用了這一派的方法，却決沒有染上中國這一派的偸墮自私的情形。我之所以寫這樣一封批評的信，並現在把它刋出，是完全相信學術乃天下之公器，而方法的當否，又決定學術研究的內容，希望能由此而引起對中國學問有誠意者的反省、討論，以開闢今後治中國學問的生機。在一封信中不可能說得很詳盡。我希望關心此一問題的人，同時參閱我在「中國思想史論集」中「有關思想史的若干問題」一文裡面第四節的「治思想史的方法問題」，及「中國人性論史先秦篇」的第一章。關於進一步的治思想史的方法，還有待於闡述，我在這裡只簡單提破一句，即是把治文藝批評中「追體驗」的觀念、工夫，轉用到治中國思想史的最後程序之上，是相當地恰切、必要的。

五十二年十二月一日誌於東海大學

加藤前輩先生道鑒：手教及尊著「中國原始觀念之發展」，均先後敬謹奉悉。拙著「中國人性論史先秦篇」中，商討及由先生所督修之「中國思想史」中有關禮之起源問題，先生不加叱責，更以尊著相贈，使觀得詳審先生立說之根據，藉便多所領益，此眞大君子以學術爲天下公器之用心；敝國今日則不復易見此典型矣。謹將讀完尊著後之若干感想，附呈如後，倘因此而得先生進一步之指教，幸

八月三十日　徐復觀敬上

※　※　※

奉讀　尊著「中國原始觀念之發達」，深嘆　先生學殖之深，目光之銳，非觀所能幾企於萬一；而觀苦心所在，欲將「發展」、「演變」之觀念，導入於中國思想史研究工作之中，以救過去中國學者多缺乏「史的意識」之失，不期而與先生之用心，互相契合，私衷竊以爲榮幸。然尊著以 tabu 爲

禮之起源之斷定，終覺有商討之餘地者，則因先生係承以阮元爲中心之學派之流，在方法上主要係用「訓詁學之演繹法」。觀年來深感此一方法，至今日于省吾輩之「新證」（註一）而流弊極矣。乃輒欲改途易轍，主要用「資料之歸納法」（此二名詞皆觀臨時造作）。治思想史非僅賴此一方法即可卒事，但要當以此一方法爲起點。在此一方法內，並非置字形字聲之訓詁於不顧，而係將由字形字聲所得之義，在一句之構造中，在一章之上下文義中，互相參證，以求其文從字順。更進一步則將某一時代之有關資料，某一書某一家之有關資料，加以歸納後，較同別異，互相勾稽，以求能在較廣大之背景與基礎上，得出較爲實際之結論。其無資料可資參證、歸納者，則寧可暫存而不論。

所謂訓詁學之演繹法者，乃不待上下文句之參證，不由有關資料之歸納、勾稽，而僅以由某字之原形原聲所得之義，爲推論之根據。若本字之原形原聲不能與所期之結論相應，則由通假以濟其窮。如王引之釋孟子「序者射也」，王氏不知此猶存古代有以射爲教之實況，而疑「射乃偶一行之，不得專命名之義」，遂謂「射繹古字通。爾雅云：繹、陳也。……則射者陳列而宣示之，所謂謹庠序之教，申之以孝弟之義也；此序訓爲射之說也。」按王氏由射聲而推出與繹古字通。再由「繹、陳也」而推出「射者陳列而宣示之」。更由「陳列而宣示之」，推出「謹庠序之教」；以符合彼所能了解之庠序情形。此一例也（註二）。如先生不滿意許氏說文「義，己之威儀也」之「己」，而欲擴大其爲指一般性的威儀儀容而言，乃先引戴侗「六書故」「我，戈也」之說，以證明義字之「我」不作「己」解。再推論「我」爲「雅」之假音；再由雅而推論「雅」與「夏」通假；更引阮元「夏、人身動容也」之說，以得出「義之古義，乃威儀之意」；更由此以推斷今文尚書多方中之「義民」，左桓二年之「義士」，爲「辨知儀禮之男子」；步步推來，每步皆詳徵他說以爲佐證，先生之立論，可謂密矣。但此中之問題，一在於忽視文字之字義，常在引伸演變之中。一在於由上一步以推下一步，其中僅有「可能性」，而無「必然性」；故尙待資料上之歸納證明。阮元系統之學風，則將此種「可能性」視爲「必然性」。將多義之前提條件，視為一義之前提條件。於是在預定結論之下，反而對資料作武斷性之解釋。阮元與傅斯年對「性」字所作之解釋，即其顯證。就此處之「義」字而言，若改用歸納方法，則其結論將為之一變。據陳夢家「卜辭綜述」中對甲骨文「我」字所作之歸納則知此時之「我」字，乃指「集團之我」而言，如「我」之「方國」之類。爾後則逐漸演變為「個體之我」。是我之原形，殆有取於執戈以捍衛其集體安全之義，而非「戈之名稱」明矣（陳夢家說經多妄；惟此書乃採綜合歸納之方法，故頗多可信）。「夏」之原義，可能如阮元所謂「人之動容」。然「夏」為四時之一，「夏」為朝代之名，此在周前即已存在。詩經中有十一個「夏」字，殆無一字可作「動容」解釋；先秦所傳古代樂舞之不以「夏」名者，亦不可以一二舉；則阮氏「周曰頌、古僅曰夏」之「僅」字，正阮氏之武斷，而先生不免為其所欺矣。至「義」字之古訓為「己之儀容」，殆無可疑。然今文尚書「康誥」中有「用其義刑義殺」之語，此「義」字斷不可作「儀容」解釋：而左桓二年「武王克商，遷九鼎於洛邑，義士猶或非之」之「義士」，殆指伯夷叔齊輩而言；亦非僅限於「辨知儀禮之男子」。而先生引劉申叔以周語「義，文之制也」之「義」，係指禮儀威儀之說，殆亦不能成立。蓋此處之「文」，乃指禮儀威儀而言；「義」在此處係與文相對舉。「義，文之制也」，乃指義所以為文之節制。詩經上有三義字，皆不作儀容字解。另有約三十三個儀字，絕對多數作儀容解，或連「威儀」為一辭。亦間有應作說文之「度也」解，如「儀刑文王」，「儀式刑文王之典」者是。則先生由義之古訓以釋「義民」，此或亦演繹太過之一例也。

先生對「儒」之起源，駁胡適原儒之說，甚為切當。先生以儒為「老人之教」，此推之古代社會，亦為情理所應有。然中國古代社會之「老人之教」，是否稱之為儒？是否「師儒合一」？由歸納之觀點言之，則仍為可疑。蓋見於春秋時代以前，在職官中所稱之「師」，不能看出其特有教化之意義。論語中「三人行，必有我師焉」，「人之患，在好為人師」，此乃師之新義。今文尚書中無儒字，詩經中無儒字；左傳國語中似亦無儒字。周官中始有與孔子以後所流行之師儒觀念相合之師字儒字。周官一書，觀推斷爲長期發展、演變，至戰國中期以後，由編纂而成之書；其中有周初及其以後之觀念材料，亦有戰國時之觀念材料：故周官中所言之「儒以道得民」，或係孔子以後之觀念。綜合上述情形，可知儒字出現甚晚。則由「儒」字從需轉「須」，爲有須（鬚）者之稱，在文獻中仍難爲證驗也。

尊著第二章「禮之原始地意味」，正面指出禮之原意義爲 tabu-mana，「而所謂 tabu，包括人及物之神聖性，由神聖性而來之某種禁止及嚴肅性之三義」（六三頁）。又謂「tabu 的禁止觀念與 mana 之神秘力觀念聯合在一起，便發生種種宗教之禮儀」。「儀禮十七篇中之種種儀禮，可完全視爲宗教地禮儀」（六六頁）。因此，先生斷定中國之禮起於 tabu-mana，而禮之原義乃隔離之意。先生爲證明上說，首先引「敬」與禮的關係，以敬爲相當於由 mana 而來之嚴肅性。引樂記「樂者爲同，禮者爲異。同則相親，異則相敬。樂勝則流，禮勝則離。」及論語有子曰「禮之用，和爲貴……知和而和，不以禮節之，亦不可行也」，以證明「禮之基本在有差別、隔離之事實」，而主張「以 tabu 之觀念說明禮爲至極適當」（以上六七—六九頁）。

據觀所見，中國古代必有由神秘感而來之禁忌、隔離之風習，此即先生之所謂 tabu。即至今日亦尚保存於社會之中，如過年節時輒以紅紙帖寫上「天地陰陽，百無禁忌」，「童言不禁」，「泰山石敢當」之類。此種禁忌之風習，亦必有一部分混入於「禮」之中，如論語中之「鄉人儺」，及喪禮中之「祓」，即其明證。但人死後若僅有祓除不祥之觀念，必不能產生詳密之喪禮。詳密之喪禮，觀以爲係長期演進之結果。在此長期演進中，實包含三種因素：一爲原始之祓除觀念；此觀念愈演而愈縮小範圍。二爲「事死如事生，事亡如事存」之觀念。三爲「喪思哀」、「喪致乎哀而止」，以儀節表現內心之哀之觀念。禁忌係人類原始之觀念；觀由歸納綜合所得之結論，禮乃周初始逐漸發展之觀念。先生將已發展成爲一完整系列之喪禮，僅歸之於祓除禁忌之一點，更以此而推及於全禮之解釋，竊以爲過矣。

禮之中，必含有敬之精神狀態。然敬字之本身，已有演變。敬之原義，或同於向外警戒之「警」。但周初所流行之敬，已多係指內心之敬愼而言。敬與禮相結合，亦由逐漸演變而來；且多出於以敬要求禮，防止禮之太過；並非認爲「敬係禮之所自出」。亦非謂禮與敬之觀念，係同時存在。周初所謂敬，其目的在對於其所敬之對象求能相「通」。敬天所以求自己之精神能通於天；敬事所以求自己之精神能通於事；敬民，所以求自己之精神能通於民。既與tabu之由禁忌而隔離者爲不類。亦非與禮之觀念，關連而不可分。「齊」（齋）乃敬之特殊表現：「齊三日，乃見其所爲齊者，」（禮記祭義）其以齊求通於鬼神之意，甚爲明顯。先生以齊爲「在日常生活之隔離」，證明齊之目的在隔離（九二—九三頁）；而不知齊之對象，非日常生活而係鬼神；齊之目的正如先生所謂之「爲使與神性同一」（九三頁），則其目的在求通，而不在離也昭昭矣。詩經中有二十個敬字。有係就禮而言者，如「各敬爾儀」者是；有非就禮而言者，如「敬明其德」者是。此皆與 mana 之觀念無關，亦即與 tabu 之觀念無涉。況先生所引證之材料，乃由左傳所代表之春秋時代之觀念，其時代爲更後，即與原始觀念之 tabu mana 相去或已更遠。此不僅爲社會進化之公例；徵之文獻，亦莫不如此也。

樂記之「禮勝則離」，乃承上句之「禮者爲異」而言。對各種不同（異）之人，各種不同（異）之事，而各賦與以相適應之各種不同儀式，以建立人與人及人與事之秩序，此之謂「禮者爲異」。「異」猶荀子之所謂「分」；「爲異」即是「明分」。「勝」乃「太過」之意。「禮勝則離」者，乃謂禮太過，則有疏遠隔離之流弊；與上句樂太過則有流蕩之流弊，對擧而言，以見禮與樂之互相爲用，而不可偏廢。似非謂禮原於「離」，或禮之目的在「離」也。論語有子之言，正爲此處之所本，似不可以此作禮起於 tabu 之證也。

先生信任周禮將禮分爲吉凶軍賓嘉五類之說，甚爲正當。然先生追求吉凶二字之原義「爲喫與空飯之義」；由此以推論「祭喪二禮，爲喫與空飯之義」；更以喪須斷食，祭須食肉爲證。更由詩天保之「吉蠲爲饎」大戴記諸侯遷廟篇引作「絜蠲爲饎」，而推論「吉」乃「絜」之假字。引廣雅釋言「絜，清也」；由此而推論吉禮爲「潔禮」，凶禮爲「汙禮」（七七—七八頁）；以符合於 tabu「有因純淨而隔離被禁止者；及因不純淨而隔離禁止者」之兩種情況（七五頁）。此亦係用訓詁學之演繹法。夫吉凶二字之原義是否爲「喫與空飯」，姑置不論。然對「禮」加以分類，乃後起之事；故周禮將禮分爲五類，其時代不能推及太早。自周初文獻中之尚書，易之卦辭爻辭，下及左傳、國語，其中所用之許多吉字凶字，皆不見「喫與空飯」之義；或由喫與空飯所引伸之義。則以喫與空飯爲前提所演繹之結論，其與周禮分禮爲五類之時間，殆難相脗合矣。蓋此分類之時間，恐不能早過於春秋以前；而在此一原形原義之演繹中，却將先生所主張之發展演變之觀念，事實上已加以取消也。祭可以受福，故曰吉；死喪乃人生、家、國之大不幸，故曰凶；蓋亦取吉凶之通義以爲言耳。

先生若將 tabu 之觀念，棄置一旁；更參酌以資料歸納方法，則先生對禮之問題，固已把握甚爲眞切。　先生謂「禮者，本來儀禮之意，乃神聖之接觸，及關聯於接觸之手續或手段」（七一頁），此其爲義既已精要矣。先生又引祭統「是故君子之齊也專致（推致之意）其精明之德……然後可以交於神明也」（九四頁）；又解釋祭祀所用之物爲「似在於發生神與人及人與人之交融關係」；「神人融合一致，是獻進此飲食儀禮之精神」（一〇二頁）。其爲說不更精乎？　先生此種結論，必得自資料之歸納，而非得自訓詁學上之演繹，可斷言也。正因禮之起源，在於通過各種儀式，以達成神與人，人與人，人與事之交融、溝通爲目的，化「離」而爲「通」，故由此而可以導出中國文化之豐富內容，形成先秦儒家思想之骨幹。每一思想，其見端雖甚微；但後來若有豐富之發展，則在其見端處必已涵有後來發展之可能性。若禮之發端爲禁忌、隔離之 tabu ，恐不易有後來之豐富發展，而引起先生之關心也。

觀近年來深有感於以阮元爲中心之治學方法，蕃衍至今，如治絲愈棼，流弊不可究詰；雖以先生之高明，似猶未免爲其所累；此非僅爲一事一物得失之爭，更非敢與先生絜長較短；乃關於治學方法、態度上之根本反省；敬望先生有以進而教之，倡而導之，則感幸者豈特觀一人之私意乎？

一九六三、八、三十

註一：今人于省吾著有尙書新證，毛詩新證，易經新證，老子新證，莊子新證諸書，臺灣亦有印行，其中十之七八皆採用臆測式之演繹法，荒謬至不可董理。

註二：以聲音講訓詁，以訓詁講校勘，就余所知，淸代以王念孫最爲平實。其「讀書雜志」一書，爲治國學者所必讀之書，蓋彼在文義上有切近之歸納勾稽，而不輕作臆測式之演繹也。其子王引之，則多走向演繹一途矣。故此特引王氏爲例。

本文原刊於中華雜誌

孔子德治思想發微

一、在夾攻中的中國文化

極權主義和殖民主義對中國來說，他們在文化上有一共同之點，即是都徹底反對以孔子為中心所展開的中國傳統文化。極權主義之所以如此，是因為中國文化，係立基於性善思想之上；這便眞正把握到了人類尊嚴、人類平等、及人類和平相處的根源；當然也是政治上自由民主的根源（註）。所以極權主義者一旦稍稍接觸到它的時候，便立刻會感到這種由人性所發出的呼聲、力量，對於他們是致命的威脅。今日大陸上毛澤東集團之所以誓言要根絕中國傳統文化，這是非常容易理解的。

註：對於中國文化在這一方面的意義，我們少數幾個人，年來作了相當的研究、闡述。

殖民主義者之所以如此，是因為由對自己文化的尊重而來的民族自尊心及與此相關連的國家獨立意識，乃任何國家一切建設的前提條件。但與殖民主義者所追求的殖民目的，却是背道而馳的。因為殖民主義，只能建立在自卑自賤的民族之上；而對於自己文化的詆譭、侮辱，正是自卑、自賤的動力和表現。以孔子為中心的傳統文化，乃至以老莊為中心的傳統文化，都是徹底地和平主義的性格，這只要稍有常識的人便可以承認。所以抗戰期中，陳立夫氏以教育部長的地位，說提倡孔學，也是爭取世界和平的最好途徑時，這話並不算錯。但費正清氏於一九四三年十一月十九日提向美國駐華大使的節畧中，認為陳氏提倡孔學，「為了美華文化關係，我們（美國）必須反對，原因是孔學含有侵畧性質。」（註）這裏特別值得注意的是：費正清氏此時在重慶，正是美國派在中國的外交工作人員；而他的意見，乃是向他的大使提出，要以此形成美國正式底的外交政策。以駐外的外交人員，居然要在外交政策上從正面反對駐在國的傳統文化，這是外交史上所沒有的先例。有人說他是出自殘餘的殖民主義的心理，我實在沒有方法為他辯護。他既徹底反對孔子，那裏還有中國文化？還說什麼「華美」文化關係」呢？

註：按六月廿八日徵信新聞報梁和鈞氏「費正清改造了毛澤東？毛澤東改造了華盛頓？」一文中附註「見國務院一九四三年國際關係，頁三八五。」

今日在反共人士佔絕對多數的美國和中國，費氏把反對孔子最徹底的毛澤東，說成是繼承了孔子的傳統，這是巧妙地告訴美國人士和反共的中國人士，「你們要反對毛澤東，便要先反對孔子」。這是費氏要打倒中國傳統文化的一種巧妙策略的運用。

極權主義者和殖民主義者的反對孔子，都有其現實上的必然性。我們若不能說服他們放棄極權主義和殖民主義，便不應希望他們改變對孔子的態度。但站在作為一個人的基本條件上，我們可以要求他們的反對，應建立在有關孔子的眞實材料及對這種材料的正常解釋之上。所以我在這裏特提出孔子的「德治」思想來作一探討。

二、美國費正清所提出的德治問題

費正清認為「中國是被孔子的一個偉大創作所控制，他就是德治的神話（The Myth of Rule By Virtue）。依照這個神話，一個超人的本於正當行為樹立一個楷模……那些愚昧的人，如不能為皇帝的楷模所感召，則就以刑賞去對付」。「無論如何，中國依然為偉大的儒家政治虛構，即德治之神話所統治」（註）。陶百川氏在六月六日徵信新聞報「費正清對華言論的再檢討」一文中謂「我以為譯為禮治主義，更能切合費正清教授的說法」；這裏我得先說一句公平話，由陶氏的改譯看來，陶氏對此問題的了解，可能還不及費正清；這到後文自然會明瞭。

註：這裏是從中華雜誌第四卷第六號曹敏氏「陶百川先生費正清再檢討的檢討」一文中所轉引。

孔子正式提出德治的有論語下面的一段話：

「子曰：爲政以德，譬如北辰，居其所，而衆星共之。」（爲政）

堯舜在孔子心目中是最高的德治典型。下面的話，可以說和上面的話是完全相應的。

「子曰：無爲而治者，其舜也與；夫何爲哉，恭己正南面而已矣。」（衞靈公）

「恭己」「正南面」，即是德治。何晏論語集解對「爲政以德」的解釋引「包曰，德者無爲；猶北星之不移，而衆星共（拱）之」；是包氏以德治乃無爲之治；把上引兩段話互相印證，包氏的解釋是有根據的。所以朱熹集注對前一段話的解釋也說「爲政以德，則無爲而天下歸之」。這裏先作一個小小的結論，德治即是無爲之治。但所謂無爲，如後所述，乃是不以自己的私意治人民，不以强制的手段治人民；而要在自己良好的影響之下，鼓勵人民「自爲」；並不是一事不作，這是兩千多年來的共同認定。

再進一步要追問的是，德治的德，到底作何解釋？邢昺論語集解疏謂「德者得也。物得以生謂之德。淳德不散，無爲化淸，則政善矣」；這大體是採用老子的思想。邢疏是由剪裁皇侃疏而成，其受老子思想的影響，與何晏正同。這種解釋，先不說孔老思想的異同，僅指明它在此處的含意，顯得非常空洞籠統。朱熹集註謂「德之爲言得也，行道而有得於心也」；這便由老子之所謂德，轉到孔子之所謂德，與「志於道，據於德」（述而）之德，可以貫通得上。但用在這裏，依然有點空洞籠統。語類卷二十三對此處（爲政以德）的解說是「凡人作好事，若只做得一件兩件，亦只是勉强，非是有得。所謂得者，謂其行之熟而心安於此也」。這是把行爲和內心連結在一起來作德的解釋。若把這段話稍稍變通一下，則所謂德，「乃是內外如一的規範性的行爲」。「爲政以德」，即是人君以自己內外如一的規範性的行爲來從事於政治。周初用「德」字，多指行爲而言；春秋時代，則多以有恩惠於他人的行爲爲德。孔門也將「德行」連辭。所以把爲政以德的德，作如上的解釋，應當是和原意相切近的。由此可知費正淸氏以「正當行爲」解釋德治，並不算太錯；而陶百川氏的改譯，反爲多事；因爲德可以包含禮，但較禮更為廣泛些。根據此種解釋，則論語下面的話，都說的是德治。

「子謂子產，有君子之道四焉。其行己也恭，其事上也敬。其養民也惠。其使民也義。」（公冶長）

按左襄公二十四年子產在告晉宣子的話中有「夫令名，德之輿也；德，國家之基也；有基無壞」。子產的話，也可以說是德治思想。孔子這裏說子產「有君子之道四焉」，這也可以說子產是為政以德。

「子曰：雍也可使南面。仲弓問子桑伯子，子曰，可也，簡。仲弓曰，居敬而行簡，以臨其民，不亦可乎？居簡而行簡，無乃大（太）簡乎？子曰，雍之言然。」（雍也）

按「簡」與「無為」相近。「居敬」是德，而「居簡」則易流於不德；所以居敬而行簡，可以說是德治的另一說法。

「齊景公問政於孔子，孔子對曰，君君、臣臣、父父、子子。」（顏淵）

按君君，是說為人君者應盡自己為人君之道，亦即是盡人君之德。孔子在此處雖君臣父子並稱，但因為是答復齊景公的，所以重點當然是放在「君君」上面；這也是德治的主張。

「季康子問政於孔子，孔子對曰，政者正也。子帥以正，孰敢不正。」（顏淵）

「季康子患盜，問於孔子；孔子對曰，苟子之不欲，雖賞之不竊。」（顏淵）

「季康子問政於孔子曰，如殺無道，以就有道，何如？孔子對曰，子為政，焉用殺？子欲善，而民善矣。君子之德風，小人之德草。草上之風，必偃。」（顏淵）

「子曰，其身正，不令而行；其身不正，雖令不從。」（子路）

「子曰，苟正其身矣，於從政乎何有？不能正其身，如正人何？」同上

按「子帥以正」「其身正」的「正」、指的是正當的行為，即是「為政以德」的「德」。「苟子之不欲」、「子欲善」，這是近於德。「孰敢不正」、「雖賞之不竊」、「而民善矣」、「不令而行」，

是言德治的無為之效。「君子之德風」三句，是以比喻說明「不令而行」的原因。在答樊遲的學稼章中謂「上好禮，則民莫敢不敬；上好義，則民莫敢不服；上好信，則民莫敢不用情」。「好禮」「好義」「好信」，即是德治的德。「莫敢不敬」等，即說的是德治之效。又：

「子路問君子，子曰，修己以敬。曰，如斯而已乎？曰，修己以安人。曰，如斯而已乎？曰，修己以安百姓。修己以安百姓，堯舜其猶病諸。」（憲問）

按修己，即是「其身正」，即是德。修己以安百姓，即是德治。周易復初九象（註一）「不遠之復，以修身也」；孟子盡心上「殀壽不貳，修身以俟之」。上面所說的修身，都是從論語「修己」的觀念而來。到荀子而有修身篇。到大學（註二）而不僅將修身列為八條目，並且說「自天子以至於庶人，壹是皆以修身為本」；也即是說齊家治國平天下，皆以修身為本。這是把孔子的德治思想，組成了一個完整的系統。孔子的正名思想是偏在倫理方面，他所要求的是各人在政治上有某種名，即應盡到由此名所要求之實；亦即是他所主張的「君君臣臣」。這對負政治領導責任者而言，同樣是德治思想。由此不難了解，孔子乃至整個儒家的政治思想，都是由德治觀念所貫通的。

註一：按象辭當成立於戰國初期或中期。見拙著中國人性論史先秦篇第七章。

註二：按大學當成立於秦統一天下的前後。見拙著中國人性論史先秦篇第九章。

三、德治思想的背景

現在要進一步追問的，孔子提出德治的背景是什麼？

孔子的思想，主要是通過人的自覺、向上，以達到人格的完成。亦即是要每個人發現自己的德，完成自己的德。作為統治者的人君也是人，而且是負有更大責任的人；則人君應完成自己的德，使首先能作為一個人而站立起來，這在孔子的立場，無寧是必然的事。但除了此一基本立場外，孔子之提出德治，還有其時代背景。

從哀公問「何爲則民服？」（爲政）及季康子問「使民敬忠以勸如之何？」（爲政）等情形看來，當時統治者與被統治者之間的矛盾，已達到使統治者感到不安的程度。在這種情形之下，統治者常常覺得只有加强對人民的要求、管制，更只有以刑罰來作要求、管制的保證，才可將矛盾加以彌縫。這樣一來，政治自然會完全變成爲「刑治」，而使人民憔悴於虐政。但實際，統治者與被統治者的一切矛盾，是由統治者採用與被統治者兩種不同的行爲標準所發生的。而統治者一切不合理的要求，都是來自統治者把自己的行爲，安放在對人民要求標準之外。孔子針對這種情形，便首先要使統治者把要求於人民的，先要求於自己，先從自己實現。能如此，人民將不待政令的要求，在行爲上自然會和統治者一致了。前面提到的「季康子問使民敬忠以勸，如之何？」這是問用怎樣的方法能够使人民對於他會「敬忠以勸」的。孔子立即把問題轉回到季康子自己身上說，「臨之以莊則敬；孝慈則忠；舉善而教不能則勸」。上面三句話，即是很顯明地指出統治者與被統治者中間的矛盾，是要從統治者本身求得解決。並且通過論語、孟子、中庸、大學等典籍來看，凡是談到政治問題時，尤其是在與統治者談到政治問題時，無不認爲政治問題的發生，皆是出在統治者的自身，而不是出自老百姓；這在消極方面，即是要減少乃至減掉統治者對人民的要求，使人民在精神與物質生活上，能多得到自由的保障；這是提出德治的第一個背景。

如上所述，統治者對人民的要求，是以刑罰作保證的。現在既將要求轉回向統治者自身上去；並且認爲由此一轉回，便可使人民同歸於德，使刑罰歸於無用，這是認爲德治可以代替刑治，因而要求即以德治去代替刑治；這是提出德治的第二個背景。下面的一段話，將德治與刑治，對比得最清楚。

「子曰，道之以政，齊之以刑，民免而無恥。道之以德，齊之以禮，有恥且格。」（爲政）

政是要求於人民的政令；齊是整齊；刑即是刑罰。有一點特須注意的是：孔子在這裏所說的政、刑，是指正常的政、刑而言，不是指亂政亂刑而言。即使是正常的政、刑，它所收的效果，只能使人民苟且免於罪，但並不能使人民有以犯罪爲恥之心，人民依然可以隨時犯罪。這即是認爲正常的政刑，其效果依然是有限的，是不能根本解決問題的。政刑是由統治者所加於被統治者的强制力量；孔子對政刑效果的看輕，實際乃認定人民的問題，是不能靠强制力量加以解決的。這裏面含有對當時的政治，在實質上加以否定的意味。所以他希望「無爲而治」。

「道之以德」，即是「子帥以正」的「帥以正」，亦即是所謂「爲政以德」。德與政相對，禮與刑相對。禮刑同是禁民爲非的；二者的分別，大戴記禮察篇說得很清楚：

「禮者禁於將然之前，而法者禁於已然之後……禮云禮云，貴絕惡於未萌，而起敬於微眇，使民日徙善遠罪而不能知也。孔子曰，聽訟吾猶人也，必也使無訟乎，此之謂也。」

「以禮義治之者積禮義，以刑罰治之者積刑罰。刑罰積而民怨倍；禮義積而民和親。故世主欲民之善同，而所以使民之善者異。或導之以德教，或毆之以法令。導之以德教者，德教行而民康樂。毆之以法令者，法令極而民哀戚。哀樂之感，禍福之應也。」

禮的觀念，經過春秋時代的發展，它的範圍已經包括得很廣。在孔子，更解消了貴族社會中的階級意義，而賦與以純道德的意義；即是以仁義代替了階級。（註）切就齊之以禮這句話來說，乃是把人倫之道，實現於日常生活中的一種「合理的行爲方式」；由這種合理的行爲方式的積累，而成爲社會的善良風俗習慣，此即所謂「化民成俗」。刑是强制、懲罰；而禮是啓發、薰陶。由齊之以禮，以至化民成俗，一方面可以使社會的秩序與自由得到調和；一方面可以鼓舞人的積極向善的精神，此即所謂有恥且格。據我的考證，格應作感通感動來解釋。儒家政治理想之一，乃是「象刑」，「刑錯」。孔子提倡德治，在消極方面，便是要使「無訟」，即是要使「刑錯」。所以連季康子殺無道以就有道的殺，孔子也加以反對。我不知費正淸氏以何方法，竟可把德治歸結到刑治上面去。

註：論語「人而不仁，如禮何？人而不仁，如樂何？」又「義以爲質，禮以行之」。此即以仁義規定禮之內容。

四、德治思想的根據

然則孔子有何根據而能信任德治的效果呢？這裏先得說明一點：從孔子「善人爲邦百年，亦可以勝殘去殺矣」，及「有王者作，必世而後仁」（子路）的話看，他並不認爲德治會收得到「其應如響」的效果。上面引的許多話，好像孔子把德治的效果說得非常容易；我想，這是爲了要扭轉當時政治的方向，帶着一種鼓勵的意思在裏面的。但孔子信任德治必然有無爲而治的效果，則是很明顯的。孔子這種信任的根據，先簡單的說一句，是出於對人的信賴，對人性的信賴。孔子雖未明說人性是善的，但實際他是認定人性是善的。（註）詩大雅蒸民的詩有謂「天生蒸民，有物有則；民之秉彝，好是懿德」；孔子對此詩的解是「爲此詩者，其知道手。故有物，必有則；民之秉彝也，故好是懿德。」（孟子告子上）。鄭箋對上詩的解釋是「民所執持有常道，莫不好有美德之人」。美德爲人所同有，故亦爲人所同好。既爲人所同好，則統治者的德，對於被統治者自然會發生啓發的作用。孔子說「斯民也，三代之所以直道而行也」（衞靈公）；直道，是順着人之所以爲人之道，與政治上刑罰詐僞的手段是相對立的。當時的統治者，認爲對於人民，必須用刑罰詐僞的手段去統治；孔子意謂：三代盛時，是順着人民自身之道以治其人民，亦即中庸所說的「以人治人」，而無所用其刑罰詐僞。三代時的人民，在本質上與今日的人民無異；然則今日爲什麼不可以直道而行呢？即是爲什麼不能用德治呢？在二千五百年以前的社會，我們不難推想，人民對政治的依賴性特別大，統治者所給與於人民的影響也特別強；統治者自己實現其德，即等於實現了人民本身所潛伏的共有的德。孔子是由這種對人性的信賴，發而爲對德治的信賴的。這類的話，在儒家典籍中，隨處可見；而尤以大學下面一段話說得更爲明顯：「所謂平天下在治其國者，上老老而民興孝；上長長而民興弟；上恤孤而民不倍；是以君子有絜矩之道也。」上老老、長長、恤孤，是在上者實現其德；此德乃人民共有之德，故人民受此啓發而即興孝、興弟、不倍。絜矩之道，即是以己身之德爲矩，由此以通於天下之人。而天下之人所共有之德，也即是統治者一己所有之德；所以絜矩之道的另一面便是「民之所好好之，民之所惡惡之」。德治者的模範性，是啓發的性格；是統治者自己限制自己的權力的性格。所以統治者最高的德，乃在於以人民的好惡爲好惡，這是德治的最大考驗。一切的極權政治，皆來自對人的不信任；而民主政治的眞正根據，乃來自對人的信任。費正清氏認爲孔子的德治思想是神話，是因爲他缺乏對於人自身的基本信心，他便不了解孔子說這種話的背景及其根據，所以閉着眼睛把孔子和毛澤東連在一起。費氏自己認定中國的人民，是「愚昧之人」，却反而說孔子把當時的人民是當作「愚昧之人」。費氏所加於孔子的話，無一不與孔子相反，不能不算是一樁怪事。

註：請參閱拙著中國人性論史先秦篇第四章。

五、德治的積極內容

因爲費正清氏認爲孔子的德治是神話，從神話落實下來便只有靠刑罰。他的這種認定，可能是因爲道家的無爲思想，結果變成了法家以刑罰爲主的政治思想的根據。孔子的德治既然也是無爲的政治思想，費氏便認爲也會與道家同其結果。我上面所說的，孔子係以對人性的信賴爲其德治思想的根據，費氏可以說這是唯心論，乃至只是一種理論；面對現實政治而言，依然是神話。關於這，我再提出三點來討論。

第一、孔、老提倡無爲，是爲了極力防止統治者以自己的好惡爲標準去統治人民，並不是完全不作事。老子說「爲無爲，則無不治」（三章）；所謂「爲無爲」，應當解釋作「爲而無爲」；其眞實內容，乃是「輔萬物之自然而不敢爲」（六十四章）；「自化」，「自正」，「自富」，「自樸」（五十七章）即係「自然」，自然是「自己如此」，有如今日之所謂「自治」；無爲的目的，正爲了好讓人民能根據自己的意見去作事，這是「無爲而無不爲」的根據。但人民雖然「自然」，仍待聖人的「輔」；輔依然是「爲」；不過這種爲，是以人民爲「主」，而統治只居於「輔」的地位，這便沒有統治者的私意夾雜在裏面。無私意之爲，即是無爲；所以老子特重視「無私」；無私之實，即是「生而不有，爲而不恃，長而不宰」（十章）。「輔萬物之自然」的「輔」，在愼到發展而爲「因」的觀念。他說「天道因則大，化則細。因也者，因人之情也；人莫不自爲也。化而使之爲我，（按指統治者），則莫可得而用……故用人之自爲，而不用人之爲我，則莫不可得而用矣；此之謂因」（四部叢刊本愼子頁二）。無私和因的觀念，亦爲孔子的德治無爲的思想所涵攝。所以他答子張「何如斯可以從政」之問，特提出「因民之所利而利之」（堯曰）的主張。由此可知德治並非不管人民的事；而實際是幫助，啓發人民去作人民自己的事。

第二、老子與法家的結合，並非出於老學必然的發展。這種結合，在學術上，是出於申、韓有意的依附。在政治上，乃來自西漢初年，在感情上因反對秦代暴政而趨向黃老；而在現實上又是繼承秦代由法家所奠定的政治制度；於是便形成黃老申韓互相結合的局面。在秦代，則並沒有這種結合。所以認爲道家的無爲必流爲申韓，這已經是由司馬遷等而來的誤解（註）；更由此以推論儒家的德治與毛澤東思想的關係；這完全是常情以外的比附。

註：史記將老子與韓非同傳。

第三、恐怕費氏對孔子所說的德治的積極一面，缺少基本的了解。這也是中國過去的傳注家所不曾盡到的責任，不能僅怪費氏。例如語類二十三「爲政以德，不是欲以德去爲政；亦不是塊然全無所作爲。但德修於己，而人自感化。然感化不在政事上，却在德上。蓋政者所以正人之不正，豈無所作為？」又說「為政以德，是非不用刑罰號令，但以德先之耳」。按朱熹的最大錯誤，是把德和政治行為分作兩事看。其所以分作兩事看，乃是把德只從個人的生活上着想；而不知德乃內外如一的合理行為；凡人君所應作的事，而能內外如一（誠）的合理去作，這都是人君的德；換言之，人君是一個人，應當先在人的條件上站了起來，這是「人的德」；人君又是一個統治者，同時要盡到統治者所應盡的責任，這是「人君的德」。人的德與人君的德是不可分的；在人的德裏面即涵有人君的德；如子路問君子，孔子說「修己以敬」；而修己以敬的究竟便是「修己以安百姓」。修己之所以能安百姓，必是由修己擴充出去，以善盡其安百姓的責任。哀公問「何為則民服？」孔子的答覆是「舉直錯諸枉，則民服。舉枉錯諸直，則民不服。」（為政）人君最重要的是用人；用人得當，便是人君的德；用人不得當，便是人君不德。而人君用人得當不得當，與人君的「修己」，有直接地關係，所以修己與用人，對人君來說，是不可分的。在舜的「恭己正南面」中，即含有舉直錯諸枉在裏面。所以子夏對樊遲「舉直錯諸枉，能使枉者直，何謂也」之問，而答以「舜有天下，選於衆，舉皐陶，不仁者遠矣」（顏淵）；而論語集解，對「無為而治者其舜也與」（衞靈公）的解釋是「言任官得其人，故無為而治」，這是非常得當的。又：

「定公問一言而可以興邦，有諸？孔子對曰，言不可以若是其幾也。人之言曰，為君難，為臣不易。如知為君之難也，不幾乎一言而興邦乎？曰，一言而喪邦，有諸？孔子對曰，言不可以若是其幾也。人之言曰，予無樂乎為君；唯其言而莫予違也。如其善而莫之違也，不亦善乎？如其不善而莫之違也，不幾乎一言而喪邦乎。」（子路。）

按上面對定公一言興邦喪邦的答覆，實際是對君道得失的扼要答覆。知為君之難，「則必戰戰兢兢，臨深履薄，而無一事之敢忽」（朱注），這即是德治。唯予言而莫之違，「則忠言不至於耳，君日驕而臣日諂，未有不喪邦者也」（朱注引范氏）。「言」是對於事的共同商討；要能善其事，必先能使人盡其言；所以聽言納諫，爲人君要德之一。中庸「子曰，舜其大知也與！舜好問，而好察邇言（切於人民利害之言）。隱惡（隱其言之不當者）而揚善（宣揚其言之當者。按此乃所以鼓勵人之進言）；執其兩端，用其中於民，其斯以爲舜乎？」「好問」，「察邇言」，「用其中於民」，在古代只有「恭己」、「正身」的人君，才可以作得到；並且也即包涵在「恭己」「正身」之內。又「子曰，道千乘之國，敬事而信，節用而愛人，使民以時」（學而），這裏當然也說的是德治，而是把愛民養民包含在裏面的。概括的說一句，凡善盡人君所應盡的責任的行爲，便都是德治；所以德治是有一定的政治內容，如何可稱之爲神話？

更重要的是：德治是爲了反對刑治而提出的。「齊之以刑」的「刑」，是由政府的強制力所施行。「齊之以禮」，便不可訴之於政府的強制力。因爲禮固然帶有若干的強制性；但發展到孔子，禮的強制性乃發自各人良心的要求，而不應來自政治的壓力。「有子曰，禮之用，和爲貴；先王之道，斯爲美」。（學而）「子曰，能以禮讓爲國乎，何有。不能以禮讓爲國，如禮何？」（里仁）禮在政治中的意義，在孔子看來，是以讓爲主。通過政治壓力以實現禮，對孔子而言，這已經不是禮了。所以爲了實現「齊之以禮」，孔子便發展了「教」的觀念。教即是教育；它的方法是啓發、薰陶，就人的各種個性以成就各種個性之德，這是由孔子自己施教的實際情形而可以確定的。

「子適衞，冉有僕。子曰，庶矣哉。冉有曰，既庶矣，又何加焉？曰，富之。，曰既富矣，又何加焉？曰，教之。」（子路）

「富民」「教民」，是孔子德治的綜括性的目的、內容。而先富後教，無形中成爲與各種極權主義的大分水嶺。極權主義者多是以控制人民的胃，使人民經常在半飢餓狀態下以行其極權之教的。對於這一點，此處不作深一層的研究。這裏特須提出的是，由於孔子在政治中對教的特別提出，便在以政（號令）刑爲主的政治中，開始導入了教育的機能和意義；這是道家所缺乏的觀念；正是他們弱點之所在，所以便為法家所乘。在此後二千多年的專制政治中，教育的機能，雖然未曾得到充分的發展；但也盡到了保障、培養社會生機的最大功用了。孔子的德治思想，與「教」的觀念，是一而非二，所以後來便有「德教」的名詞。「子曰有教無類」（衞靈公），這句話的意思，是認為有了教育的力量，便沒有智愚貴賤乃至種族等等各種的分別（類），而人類可同歸於善；這是他自己「誨人不倦」的經驗，同時也是對於教的最大信心。在他這句話裏，可以看出他認為教育可以解決人類自身的一切問題。美國目前人種的衝突，站在孔子的立場看，這是美國不曾作過平等教育工作的結果。由教育的發達，而可使政治的强制力歸於無用。因此，不妨這樣說，孔子在政治上的無為思想，極其究，乃是要以教育代替政治，以教育解消政治的思想。這是德治最主要的內容。

六、德治思想的發展及其在歷史中的影響

論語是由孔子的弟子及再傳弟子所記錄，把孔子有關德治的話，散記於全書各部份；我們只有很細心的發現各有關語言的內在關連，始可了解德治思想，實際構成了孔子政治思想的完整體系。但在語言表達的形式上，並沒組成一個系統。在語言表達的形式上組成為一個系統的，應首推中庸「哀公問政」（注）一章，這要算第一階段的發展。此章以「修身」立基；君臣父子夫婦昆弟朋友的「五達道」，是修身的對象；每一人必生存於此五種基本關係（達道）之中，故修身必須以此五達道為對象。知仁勇「三達德」，是修身的內容；為使五達道能各盡其分，必須有三達德的精神與能力。這是就每一個人的修德（修身）來說的。若推之於政治之上而為德治，則組成了「九經」的系統。九經是：

「凡為天下國家有九經。曰，修身也，尊賢也，親親也，敬大臣也，體羣臣也，子庶民也，來百工也，柔遠人也，懷諸侯也。修身則道立，尊賢則不惑，親親則諸父昆弟不怨，敬大臣則不眩，體羣臣則士之報禮重，子庶民則百姓勸；來百工則財用足；柔遠人則四方歸之；懷諸侯則天下畏

之……送往迎來，嘉善而矜不能，所以柔遠人也。繼絕世，舉廢國，治亂扶危，朝聘以時，厚往而薄來，所以懷諸侯也。」

這裏我只說明一點，上面所說的柔遠人，懷諸侯的原則，在今日可能還是國際政治上追求和平的重要原則；這是從論語上「遠人不服，則修文德以來之。既來之，則安之」（季氏）的精神發展出來的。費正清氏所指的德治中的侵略性，到底從何說起呢？

註：中庸應分爲上下二篇；上篇出於子思，下篇出於子思的門人。這裏所引的是屬於上篇。詳細的考證，見拙著中國人性論史先秦篇第五章。

德治思想到孟子而發展爲王道。王道的具體內容是：

「五畝之宅，樹之以桑，五十者可以衣帛矣。鷄豚狗彘之畜，無失其時，七十者可以食肉矣。百畝之田，勿奪其時，數口之家，可以無飢矣。謹庠序之教，申之以孝悌之義，頒白者不負戴於道路矣。七十者衣帛食肉，黎民不飢不寒，然而不王者，未之有也」。

上面的話，孟子說了三遍，可見這是王道最具體的內容；亦即是孔子養民教民的德治的最具體內容。這裏特須注意的是：中國的學校觀念，就我考證的結果，是從孟子開始的：這是孔子「教」的觀念的大發展。（注）在國際政治上，孟子提出了「仁者爲能以大事小」，「智者爲能以小事大」（孟子梁惠王下）的原則；這與論語、中庸上有關的原則是相符的；這中間有半點侵略的因素嗎？

註：詳見拙著中國人性論史先秦篇第九章。

秦以刑罰爲治。漢承秦後，因而未改。其刑罰的殘酷，略見於史記酷吏列傳及漢書刑罰志。所以兩漢，尤其是西漢的知識份子，都想扭轉這一以刑罰爲主的政治方向，於是德治的觀念特爲顯著；董仲舒便是一位代表人物。他的天人三策，在陰陽五行的神秘外衣中，包含著這一偉大的願望。他說：

「然則王者欲有所爲，宜求其端於天。天道之大者在陰陽。陽爲德，陰爲刑。刑主殺而德主生。

是故陽常居大夏，而以生育養長爲事。陰常居大多，而積於空虛不用之地；以此見天之任德不任刑也……王者承天意以從事，故任德教而不任刑……今廢先王德教之官，而獨任執法之吏治民，毋乃任刑之意與」。（漢書五十六董仲舒傳）

所謂先王德教之官，指的是主管學校教育，以教化代刑罰之官；這實際是由孔子的「教」，經過孟子所發展出來的觀念。又說：

「夫萬民之從利也如水之走下。不以教化隄防之，不能止也……古之王者明於此，是故南面而治天下，莫不以教化爲大務。立大學以教於國，設庠序以化於邑；漸民以仁，摩民以義，節民以禮。故其刑罰甚輕而禁不犯者，教化行而習俗善也。」同上

但是他並沒有忽視養民的重要，所以在第三策中，特反復要求在上者不可與民爭利，好像他已預見到武帝後來所行的各種專利政策。他說「夫皇皇求財利，常恐乏匱者，庶人之意也。皇皇求仁義，常恐不能化民者，大夫之意也」。不過他上述的主張，必有一個基本立足點；這在專制時代，便是當時的皇帝。皇帝不自修其德，則一切無從說起。所以他說：

「故爲人君者，正心以正朝廷，正朝廷以正百官，正百官以正萬民」同上

政治上的要求「反自貴者始」（同上），正是德治的起點。綜合董氏所言，完全是發揮孔子德治的思想；而他的所以特別强調德治，正是對治由秦以來所加强的刑罰之治的。

東漢光武開國，「頗以嚴猛爲政」（注）。當時的思想家應首推桓譚。他在新論王霸第二中有謂：

「夫王道之治，先除人害，而足其衣食，然後教以禮義，使知好惡去就；是故大化四湊……霸功之大者尊君卑臣，權統由一，政不二門，賞罰必信，法令著明，百官修理，威令必行，此霸者之術。王者純粹，其德如彼；霸道駁雜，其功如此」。全後漢文卷十三

按桓譚上文之所謂王道即是德治；所謂覇功，即是與德治相對的法家之治；也即是當時立國的精神。

註：後漢書第五倫傳，褒稱盛美以勸成風德疏中語。

杜林奏諫從梁統增科禁（言）疏謂：

「夫人情挫辱，則節義之風損。法防繁多，則苟免之行興。孔子曰，導之以政，齊之以刑，民免而無恥。導之以德，齊之以禮，有恥且格。古之明主，動居其厚，不務多辟（刑）。……大漢初興，……蠲除苛政……人懷寬德（按此指西漢而言；乃立言時之方便，非事實）。及至其後，漸以滋章；吹毛索疵，詆欺無限。果桃菜茹之饋，集以成臧（贓）；小事無妨于義，以爲大戮。故國無廉士，家無完行。至于法不能禁，令不能止。」（後漢書杜林傳）

註：增科禁，即是增加刑罰的條文。

按杜林的話是以當時的事實，爲孔子德治的主張作證明。歷史中像這類的議論，不可勝數。我在這裏試作兩點結論：

一、孔子德治的思想，在中國爾後兩千多年的歷史中，盡到了「思想」所能盡的影響；因而在專制政治的歷史中，也盡到了補偏救弊的責任。德治思想實通於民主政治，也要在徹底地民主政治中才能實現。若因其在過去歷史中未曾完全實現，即目之爲神話，是油漆，這是由於根本不了解理想性地思想，在人類生活中的意義；也是根本不了解理想對現實生活的意義。沒有理想的現實，乃是沒有照明的漆黑一團的現實。

二、德治是對刑所提出。德治縱然不能一下子根絕刑治；但它是要由減輕刑治以達到「必世而後仁」（子路）的「仁的社會」，即是「刑錯」的社會，則是決無可疑的。我眞不了解費正清氏何以會把它和刑罰連結在一起。更和毛澤東思想連結在一起。

費正清氏的錯誤，假定是來自他學力的不足，那是可以原諒的。因爲有許多負有聲譽的中國知識份子，對自己的傳統文化，也是一無所知，何能遽以之責備一個美國的所謂「漢學家」。假定是來自他預定的政治立場，便不惜故作違心之論，那便是他缺少了學術的良心；結果不僅想害中國，實際上也將先害他自己的國家。中國不論怎樣變，決不可能變到殖民主義上去，這是費正清氏，及靠費正清氏吃飯的人，應當弄清楚的。不過，費正清氏認爲包括共產黨在內的大陸，不論怎樣，也會受到傳統文化的影響，這一點是正確的。可是，傳統文化的影響，必然是反對毛澤東思想而不是維護毛澤東思想；這是目前大整肅運動所證明。我不知費正清氏面對這種鐵的事實，再會提出什麼說法。

按此文先發表於孔孟月刊此係根據民主評論十七卷九期所轉載

論語「一以貫之」語義的商討

一

論語有兩處說到「一以貫之」：

1.子曰：參乎，吾道一以貫之。曾子曰唯。子出，門人問曰：何謂也？曾子曰：夫子之道，忠恕而已矣。（里仁）

2.子曰：賜也，女以予爲多學而識之者與？對曰：然；非與？曰非也，予一以貫之。（衞靈公）

何晏論語集解對參乎章的一貫無解。邢昺疏：「吾道一以貫之者，貫，統也。孔子語曾子，言我所行之道，唯用一理以統天下萬事之理也。」邢疏蓋採自皇侃義疏。但皇疏謂「貫猶統也，譬如以繩穿物，有貫統也。」在訓詁上語意更明。集解對賜也章謂「善有元，事有會。天下殊塗而同歸。百慮而一致。知其元，則衆善舉矣，故不待多學而一知之。」

朱元晦集註對參乎章謂「貫，通也……聖人之心，渾然一理，而泛應曲當，用各不同。曾子於其用處，蓋已隨事精察而力行之，但未知其體之一耳。」又謂「蓋至誠無息者，道之體也，萬殊之所以一本也。萬物各得其所者，道之用也，一本之所以萬殊也。以此觀之，一以貫之之實可見矣。」

何晏、皇侃，深受老子思想的影響，所以他兩人之所謂理，在內容上與朱子所說的不同。而何晏「不待多學而一知之」之語，尤與孔子原意不合，亦與朱元晦之用心不同。但若僅就語義的形式上說，則沒有多大的出入。自此以後，對一貫之內容，有各種不同的說法；但對一貫語義的形式解釋，卻沒有多大的出入。可是自王念孫之說出而情形爲之一變。

王念孫廣雅疏證在釋詁二「貫，行也。」下說「……一以貫之，即一以行之也。荀子王制『

爲之貫之』，貫亦爲也。漢書谷永傳云，『以次貫行，固執無爲』。後漢書光武十王傳云，『奉承貫行』；貫亦行也。爾雅，貫，事也。事與行義相近，故事謂之貫，亦謂之服。行謂之服，亦謂之貫矣。」按荀子王制「爲之，貫之，積重之，致好之者，君子之始也。」四之字逗句，各爲一義；故楊注「貫，習也。」若如王氏「貫亦爲也。」則「貫之」兩字爲虛設，很明顯的與荀子原意不合。谷永傳的「以次貫行」，師古注「貫，聯續也。謂上所陳衆條諸事，宜次第相續行之。」光武十王傳「奉承貫行」章懷注，「貫行，謂一皆遵奉也。谷永曰，一以貫行，固執無違。」是兩貫字皆由貫穿之貫所引伸（參閱後文），實爲確詁。若如王氏「貫亦行也」之說，則成爲「以次行行」，可謂不辭。凡以同義二字所組成之複詞，必係當時之通行語；而「貫行」二字，並非通行語。由此可知王氏所援引以爲立說之例證者皆有問題。故以「一以行之」釋「一以貫之」，其根據實甚薄弱。「且周金文『不記月中齋』『有王令中先相南或（國）串（貫）行』」之語，吳闓生楊樹達皆以「通」釋貫，『貫行』即『通行』（楊著積微居金文說卷五頁一二九）。尤可證「貫行」之「貫」，不應釋作行。但反宋儒爲乾嘉學派的主要目的。王氏之說，可作反宋儒的重大工具，遂爲阮元等所承述。劉寶楠論語正義即採焦循與王念孫、阮元諸說，而謂「求之經旨皆甚合。」焦說與王、阮之說，在反宋儒的這一點上固然相同；但在訓詁與內容上甚不相同，劉氏亦不能分辨。流行迄今，王、阮之說，幾形成此語解釋上的主流。此一解釋的得失，不僅是訓詁上的問題，實際也是學風上的問題，所以我想提出作一徹底的商討。

二

首先，應從「貫」字的訓詁問題著手。

許氏說文有關貫字的收有四字。七上，「毌，穿物持之也。從一橫毌，毌（此從段注補正）象寶貨之形。凡毌之屬皆从毌，讀若冠。」又「貫，錢貝之貫，从毌貝。」一二下：「遦，習也。从辵，貫聲。」十二上：「慣，習也。从手，貫聲。春秋傳曰慣瀆鬼神」，按此語見於左昭二十六年，今本作「貫」。此外，未收者二字。串，或謂「卽毌字横書之。詩串夷載路：又患字從串，故知古有此字而說文漏收」。「摜」乃遦慣後起之俗字。說文所收四字之關係，是「毌」爲本字。由毌而孳乳爲貫。「貫」行而「毌」廢。其本義爲貨貝之貫。漢書食貨志「都內之錢，貫朽而不可用，」卽其本義。貨貝必穿而通之，故許氏卽以穿爲「毌」義。我們可以說，錢貝之貫，爲狹義的本義，「貫穿」爲廣義之本義。皇疏、朱注對「貫」字的解釋，皆切近本義，而加以引伸的。

「古有習貫之語，而無專字，借貫爲之。後乃作遦慣以爲專字。寫經者苦其繁，故今本仍作貫」。(王筠說文句讀) 故許氏所見之左氏爲「慣瀆鬼神」，而今本則作「貫瀆鬼神」。說文通訓定聲以「習」解之「貫」，皆「遦」「摜」之假借，這是很正確的。由此也可以知道，「貫」與「遦」、「摜」，在意義上原屬兩個系統；「貫」與「遦」「摜」的關係，僅有「遦」「摜」從「貫」得聲的關係。此兩系統之混淆，乃來自「貫」常假借爲「遦」、「摜」。

因爲「貫穿」爲「貫」字的廣義之本義，所以早期的「貫」字，多用此義，或由此義稍加引伸。易剝卦六五「貫魚以宮人寵」王注，「貫魚者謂此衆陰也。駢頭相次，似貫魚也。」書太誓「商罪貫盈」正義，「紂之爲惡，如物在繩索之貫，其惡貫已深矣。」詩何人斯「及爾如貫」箋，「我與汝俱爲王臣；其相比次，如物之在繩索之貫也。」詩猗嗟「射則貫兮」傳，「貫，中也。」中於正鵠，卽穿於正鵠。儀禮鄉射「禮不貫不釋。」左僖二十七年「貫三人耳。」左宣四年「汰斬以貫笠轂。」宣六年「以盈其貫。」禮記禮器「貫四時而不改柯易葉。」荀子勸學篇「誦數以貫之」。及王霸篇「貫日而治詳。」列子周穆王篇「貫金石。」離騷「貫薜荔之落蘂。」無不作貫穿解。

至於詩碩鼠「三歲貫女」傳，「貫，事也。」論語「仍舊貫」朱注，「貫事也。」貫釋爲事，只有由兩條線索來加以了解：一種是如段玉裁之說，「貫亦借爲宧字，事也。如毛詩之『三歲貫女』，魯詩作宧是也。」（段注說文解字）若如此，則作「事」解之「貫」字，本應當作「宧」字，與貫之本義及貫之引伸義無關。一種是「摜」「遦」兩字皆作「習」字解；習的對象是事，是一件事情的反復，因此而引申爲事。所以郝懿行爾雅義疏在「貫事也」下謂「下文，貫習也；習與事義亦近」，是「事」義由「習」義引伸而出。若如此，則「貫，事也，」實際是摜遦兩字的引申義，而非「貫」字的引申義。

在廣雅以前，沒有將貫作「行」字解的。王念孫，阮元引作「行」解的例證，實皆不應作「行」解，前面已稍稍提過。若承認「貫，行也」之義，只有如李富孫說文解字正俗之說：「按遦與摜雖均訓習，然一爲行之遦，一爲事之摜。」是「行」義應由遦字引申而出。不論如何，貫穿之「貫」，引申不出「行」的觀念。「貫行」之「貫」，乃「行」之副詞。然卽使是由「遦」而得「行」之義，此「行」乃如今所謂「慣行犯」之行，指的是習慣性之行爲，與一般所謂「行」的觀念不同。王念孫所謂「一以行之」的行，應當是一般所謂「行」的觀念，而不是「慣行」的觀念。

大約王念孫，阮元們雖爲「貫，行也」引了若干牽強附會的例證，但在古典中實在找不出確切的例證，所以因爾雅有「貫、習也」之外，又有「貫事也」一語，他們便都強調「事與行相近，」凡是把「貫」作「事」解釋的，卽轉移作「行」解釋。首先我應說明，古典上的「貫」字，絕對多數是作貫穿（毌、貫）及習（遦、摜）解釋；其作「事」解釋的，非常之少。可能只有「三歲貫女」及「仍舊貫」和周禮職方氏「使同貫利」三例。「事」與「行」，雖有密切的關係，但「事」是行的客觀對象，「行」是屬於主觀的努力，兩字不應輕易互換使用；尤其是「行」字不可輕易改換爲「事」字。如論語「行有餘力，」不可說成「事有餘力」。「子張問行，」不可說成「子張問事。」「行之必可言也，」不可說成「事之必可言也。」「文行忠信，」不可說成「文事忠信。」再從「事」字說，也不可輕改換爲「行」字。「事父母，」不可說成「行父母。」「生事之以禮」，不可說成「生行之以禮。」「成事不說」，不可說成「成行不說。」「好從事而亟失時，」不可說成「好從行而亟失時。」因此我可以得出這樣的結論：以「行」釋一貫的「貫」，違反了作貫穿解的「貫」字的本義及其引申義。「貫，事也」之貫，應爲「宦」之假借，或爲摜的引申。「貫，行也」之貫，應爲「遺」字的引申。在廣雅前，無以「行」釋「貫」之文。以古典中「貫，事也」之例證，轉而作爲「貫，行也」的例證，這不是採證的妥當方法，所以實在沒有作證的資格。因此，王念孫們對一貫的解釋，是因成見作祟，採用了混亂歪曲的訓詁方法。至於附和者如洪頤煊之徒，「忠即是一，恕即是貫」，眞不知說的是什麼？而他引「董子云，一貫三爲王；莊子德充符云，以可不可爲一貫。」分明皆應作貫穿的貫通解，但他卻引作「古人解貫字皆屬行說」的證據（見其讀書叢錄），眞不知何以幼稚至此。皇疏「貫、猶統也。」朱注「貫，通也。」這在訓詁上的基礎，非王、阮之說所能動搖於萬一。朱駿聲說文通訓定聲，即以貫穿之義釋一以貫之。焦循雕菰樓集中，對一貫的解釋，乃是以混亂的詞意，攻擊宋儒。他一面以「容」字釋「貫」字（在訓詁上毫無根據），但終於也說出「貫，通也」的話。可惜他的文字理路，是完全不通的，他也不知道在自己的文字中含有許多矛盾。

且「行」爲孔門非常流行的觀念；是所有的學生聽了都懂的觀念。若孔子的意思，眞如王、阮所云，則他何以不乾脆說一個人人皆懂的「吾道一以行之」的「行」字，偏偏要用一個生僻的「貫」字呢：（「貫」字不生僻，但「貫」字作「行」解，便非常生僻。）簡朝亮論語集注補正述疏說「然道在行事，二三子宜即告也；門人皆在，何爲獨呼曾子以告乎？夫孔子稱予學而問子貢也，則子貢爲從學久矣。其曰，女以予爲多學而識之者與？而乃對曰，然，非與？是子貢久學竟未曾言有行也，豈不知弟子行有餘力者乎？」此對以「行」解釋「貫」的批評，極爲深切。

三

然則王、阮們在訓詁上爲什麼走上那樣混亂歪曲之路呢？因爲他們不相信有貫通一切之道。他們認爲宋儒喜歡講一貫，只是玄虛不實的禪。他們把宋儒所講的一貫之道，從訓詁上推翻了，便證明宋儒是禪而非儒，這便把宋儒的地位推翻了。

孔子的所謂道，包括由聞見而來的知識，及形成人格、誘導行爲的最高原則而言。此最高原則，被人以工夫加以吸收融化時，則成爲一個人的精神狀態。孔子是把知識歸結向形成人格的精神狀態這一方面。凡是可稱爲知識的，一定有其條貫性，一定有其系統性。否則不配稱爲知識。某種知識的條貫之所到，系統之所到，即某種知識一貫之所到。不過這種一貫，都是以其知識的範圍爲範圍。貫穿一切的一貫知識，這是形而上學的知識。何晏、皇侃們所說的一貫的理，即是形而上的理。他們是受了老子的影響，以形而上之道，形而上的知識，來解釋孔子一貫之道。形而上的知識是否是眞？形而上的一貫是否是眞？當然是可以爭論的問題。但人類自身即是形而上的存在，所以人有追求形而上的傾向，有追求一貫的傾向。二十世紀的哲學思想，一面是徹底反形而上學，一面又是形而上學的復興，便是這種原因。我們可以反對形而上的一貫，但不能反對一般學問知識上的一貫；因爲若是如此，便反對了學問的本身，反對了知識的本身。我經常說，乾嘉學派的人們，只有餖飣的「認知」活動，而缺少系統的知識的自覺與努力，所以三百年來，順著此一系統下來的，皆不成其爲學問，不成其爲知識；這從他們徹底反對有一貫之道的這一點上，也可以得到一個大概的說明。

人的行爲，是從適應環境開始。但只求生存利益而不求生存價值的人，便沒有作人的基本觀念與立場，此時作爲行爲動機的精神狀態，都是隨機取巧；機不同，取巧的態度也不同；這種人的確沒有統一的精神，沒有統一的人格；因之，自然沒有一貫的精神狀態。這實際便是人格分裂的人。人格形成的過程，乃是人生價值把握的過程。把握到一分價值，此一分價值的精神，便要貫通到一分的生活行爲。把握到十分價值，此十分價值的精神，便要貫通到十分的生活行爲。人生價值的內容，儒、道、佛，各不相同；但他們都各以其所認定、所實現的人生價值，貫通天人物我，則毫無二致。朱元晦「聖人之心，渾然一理」，實際是就孔子人生價值完成的精神狀態說的。朱在此處，把層次說得稍爲高了一些；但決沒有脫離孔子說此話的基線。不承認人格上有統一的，因而不承認是有一貫的精神狀態的，實際卽是精神分裂的人。所以在阮元這一系派及其後裔中，出不來一個堂堂正正的人。這更是中國三百年來學術的大悲劇。

孔子所謂一貫的一，在告訴子貢的話中，分明與「多學」的「多」相對。孔子是非常重視多聞多見的。但從知識上說，多聞多見，在由「學」到「思」時，便應可以發現多中之一；發現了多中之一，此一便可貫穿於多。至於他在人格形成的過程中，更會得到各種層次不同的精神統一，亦卽會有各種層次不同的一貫。他說「人而不仁，如禮何？人而不仁，如樂何？」這卽是以「仁」一貫於禮樂的玉帛鐘鼓之中。他說「詩三百，一言以蔽之，思無邪？」這卽是以「思無邪」一貫於三百篇之中。他說「君子之於天下也，無適也，無莫也，義之與比。」這卽是以「義」一貫於與天下相肆應之中。他說「博之以文，約之以禮，亦可以弗畔矣夫。」這卽是以「禮」一貫於「博文」之中。他說「言忠信，行篤敬，雖蠻貊之邦行矣。」這卽是以「忠信」「篤敬」一貫於一切言行之中；所以他又說「主忠信。」以忠信爲主，卽是以忠信的精神貫穿一切。但以上都是應機分提的；而對曾子、子貢，則是總提。孔子總提一貫之道，應當卽是「仁」。他說「君子無終食之間違仁，造次必於是，顛沛必於是，」可見仁是貫穿於人的整個生命生活之中。在孔子，仁是工夫，是一切學問行爲的總動力。又是本體，是一切學問行爲的總歸宿。仁有各種層次之不同，而關鍵在於一念之提撕自覺。當人努力於多聞多見以追求知識時，好像是與仁並不相干。這便是一般做學問的態度。但孔子則要求將仁貫穿於聞見之中，亦卽是使知識融入於人格之中，成為人格升進的一種助力，及由人格所發出的一種作用；所以他便向曾子、子貢加以提醒；而曾子應門人之問，當下卽將一貫的內容——忠恕，具體指出來。忠恕是以為仁之方；其本身也是仁之一體；仁是一種精神狀態，忠恕也是一種精神狀態。一以貫之，卽是以仁——忠恕——的精神，貫通於求知與立行之中。這是孔子把平日分提的話，在此處作一總提，本無所謂最後一悟；也無所謂把自己最高的境界剖示出來以傳道的意思。此語與「君子無終食之間違仁」及「主忠信」等語，並無兩樣。所以我說朱元晦把層次說得太高了一點。

阮元把「一」字作「皆」字解，吾道一以貫之，卽吾道皆以行之，把「一」解作「皆」，這在訓詁上可以說得過去，但與孔子的立教不合。孔子把言行對擧時，固然總是要求「先行其言而後從之」；但「子以四教，文行忠信」，行乃四教中之一，不能說皆以行之。並且卽使是「皆以行之」，而在「行之」後面，沒有作為行的基本動力的統一精神、統一觀念，以一貫於皆以行之之中；則與一般動物何以異。以一個道理、觀念，以一種精神狀態，貫穿一切，這是儒家的大統。中庸上篇以中和或中庸貫通一切；下篇以誠貫通一切。又說「君臣也，父子也，夫婦也，昆弟也，朋友之交也，五者，天下之達道也。知、仁、勇，天下之達德也。所以行之者一也。」又謂「凡為天下國家有九經，所以行之者一也。」孟子謂「夫道一而已矣。」又謂「三子者不同道（按此指伊尹、伯夷、柳下惠三人立身處世之態度不同。此語之道字，與所引上一語之道字，不屬於同一層次），其趨（歸結）一也。一者何也？曰仁也。」荀子「以類行雜，以一行萬。」（王制篇）中庸、孟子之所謂一，偏於一種精神狀態。荀子之所謂一，則指的是禮，亦卽是理。在知識與人格上，沒有一貫之一，便不成其為中國文化。西方的哲學家，都自成其為系統，卽無一不有其一貫之道。古今中外的大文學家、大藝術家，也必通過人格內部的對立，以達到統一諧和，形成他們精神、觀念的一貫。一貫之一，並不排斥多；並且須由多中提鍊而出。也自然向多中流貫而去。但提出問題時，有時重點是放在多的方面，有時則是放在一的方面。由王念孫所引起的「一貫」之爭，只說明從訓詁上，他們是以主觀的成見，歪曲了客觀訓詁的學風。而從內容上，則他們的這一歪曲，乃中國文化向下墜落的一大標誌。

五七、七、一、於大度山寓

原人文

HUMANISM 一詞，在西方的長期發展中，含有多方面的意義。所以用中文加以意譯時，有人性、人道、人文、人本等不同的名稱，而以「人文主義」一詞，用得最爲普遍。但 HUMANISM 在西方文化中，範圍狹而特性易顯；人文主義在中國文化中，範圍廣而其內容亦不易遍舉；於是一般人一談到中國的人文主義時，立卽聯想到西方的 HUMANISM，無形中在二者之間，畫上一個等號，這便會引起許多誤解。本文卽在推原中國所謂「人文」的初義，以便對中國之所謂人文，能作根源性的把握。

「人文」一詞，首見於易賁卦彖傳。「彖曰，賁亨，柔來而文剛，故亨。分剛上而文柔，故小利有攸往，天文也。文明以止，人文也。觀乎天文，以察時變。觀乎人文，以化成天下。」

彖傳，我以爲是出於孔門的後學，其成立當在陰陽觀念，尙未介入易義之前。欲了解此處所謂人文的意義，當首先了解「文」的意義。

從論語看，文有的是指典籍，如「則以學文」者是。有的是指文字及文字紀錄，如「吾猶及史之缺文」者是。有的是指文飾，如「文質彬彬，然後君子」者是。從說文「文錯畫也，象交文」的解釋來看，交錯而畫之乃成文，則文飾似爲其本義。易序卦「賁者飾也」，則以文飾釋人文之文，與卦義相合，似無問題。但這樣的解釋，過於空泛，我們應當作進一步的探索。

首先我們要想到，周初的武王周公，把他們的父親文王，抬高爲天的代言人的地位，而卽謚之以「文」，而周公亦謚爲文公，則「文王」之「文」，決非以文飾爲了義。論語，「文王既沒，文不在玆乎」，既不應以文飾作解釋，也不能以詩書等典籍爲解釋，因爲詩書文王時尙未成立。於是中庸便進一步解釋說「詩云……於乎不（丕）顯，文王之德之純。蓋曰文王之所以爲文也，純亦不已」。這裏所作的解釋，我認爲是適合於武王周公們論其父爲文的用心，也與孔子所說的「文不在玆乎」之文的意義相合。這便說明在西周初年，「文」已突破了「文飾」的限定，而賦與了以更深的意義。但這種意義，在人生境界上太高，在觀念把握上太抽象，仍不適於一般立教之用。我們還應當進一步去探索。

論語上對「文」之一字，有若干特殊的用法。如孔子說孔文子「敏而好學，不恥下問，是以謂之文也。」又「公叔文子之臣，大夫僎，與文子同升諸公。子聞之曰，可以爲文矣」。但最具體而切至的用法，則以禮樂爲文的具體內容。如「周監於二代，郁郁乎文哉」，朱注「言視其二代之禮而損益之」。「文不在玆乎」朱注「道之顯者謂之文，蓋禮樂制度之謂」。朱子的解釋，較中庸爲落實而亦可相涵。「煥乎其有文章」朱注，「文章，禮樂法度也」。法度實際可以包括在禮裏面，朱子在這種地方，實際是以禮樂釋「文」。尤其是「子路問成人，子曰，若臧武仲之知，公綽之不欲，卞莊子之勇，冉求之藝，文之以禮樂，亦可以爲成人矣」的一段話，更分明以禮樂爲文的具體內容。「文之以禮樂」的「文」作動詞用；「文之以禮樂」的結果，文便由動詞變而爲名詞。因此，可以這樣的說，論語上已經有把禮樂的發展作爲「文」的具體內容的用法。

再看易賁卦的彖傳說「文明以止，人文也」；吳澂對文明的解釋是「文采著明」，約略與文飾之義相當；「止」是節制，文飾而有節制，使能得爲行爲、事物之中，本是禮的基本要求與內容；則所謂「文明以止」者，正指禮而言。古人常以禮概括樂，易正義謂：「言聖人觀察人文，則詩書禮樂之謂」，詩書禮樂，成爲連結在一起的習慣語，實則此處應僅指禮樂，而禮樂亦可以包括詩書。「觀乎人文以化成天下」，實卽是與禮樂以化成天下。賁大象「山下有火賁。君子以明庶政，無敢折獄」，卽孔子之所謂「齊之以禮」，以與「齊之以刑」相對。因此，中國之所謂人文，乃指禮樂之教，禮樂之治而言，應從此一初義，逐步了解下去，乃爲能得其實。

並且以禮樂爲人文的具體的內容，與「賁，飾也」之義亦相孚應。我國每一重要名詞，率皆有廣狹淺深的不同，而又可相通之義。荀子禮論「凡禮，事生，飾歡也。送死，飾哀也。祭祀，飾敬也。師旅，飾威也」。這都是飾字的廣義與深義。廣義深義之飾，與「文之以禮樂」的廣義深義之文，是恰相一致的。

由上面的疏導，可以知道，要了解中國所謂「人文」的基本意義，卽等於要了解中國禮樂的意義。

樂的起源甚早。而樂的意義，常須通過禮的意義以顯。所以論語言禮多於言樂。禮是在封建政治中所發展起來的，我已在另一篇文章中說到。但禮的本身，是不斷在演變；此一演變，至孔子而奠定了新的基礎，並賦予以新的意義與新的作用。近百多年來，談到此一問題的人，粗疏浮薄，不能從演變中來加以把握，而只膠執在封建政治社會的秩序維持，於是孔子的重視禮，卽等於孔子是主張維持封建政治社會；這樣一來，當然會說出禮教是吃人的，而中國的人文也是吃人的。

卽使在封建時代，禮也是維繫「人地」地位及人與人的合理關係，而不是吃人的。封建的宗法制度，主要是靠親親與尊尊兩種精神；禮卽是把兩種精神融合在一起，以定出一套適切的行爲規範。這與由法家只有尊尊而沒有親親的精神所定出的秦代禮儀，絕不相同，在實際上大大緩和了政治中的壓制關係。漢儒多反對叔孫通取秦儀以定漢儀，而思另有所制作，其根本原因在此。

封建政治中的家族身份制度，是罪惡的原泉；也是封建時代的禮的黑暗面。孔子在政治中提出「選舉」的觀念（如論語「選於眾，舉皐陶」，卽是由孔子所倡的選舉觀念而來）以澈底推翻封建政治中的家族身份制度，因而對禮的基礎自然也作了一個大的回轉。他說「義以爲質，禮以行之」，這很清楚指出禮的基礎內容，是義而決不是封建社會中的一套身份制度。論語中的所謂義，常與利對舉，如「君子喻於義，小人喻於利」；由此可知義是事物之所當然；而決定事物所當然的客觀準則是與私利相反的社會共同利益。在實現廣義地社會共同利益的要求之下，規定出一套與其相適應的立身處世的行爲形式，這卽是孔子所說的禮。此一禮的新的內容、基礎，乃發於內心的仁，亦所以實現內心的仁；所以他才說「人而不仁，如禮何？人而不仁，如樂何？」的話。至於孔子對於音樂，則將「鄭聲」與「雅樂」劃分淸楚，而將最高的標準安放在舜的韶樂上面，因爲他認爲韶樂是由天下爲公而來的和平中正之音，其意境是與仁相通。這是音樂方面所作的大抉擇，在抉擇中作了超越表徵三代家天下的不純不備之音。在上述的轉變與抉擇中，於是孔子才可以說出「興於詩，立於禮，成於樂」的人生教養的歷程，而易象傳才可以說「觀乎人文以化成天下」。

華僑日報人文雙周刊一九七〇・六・七

談禮樂

我在原人文一文中，曾說明我國在戰國中期前後所出現的「人文」一辭，指的是禮樂的教養；並說明孔門所說的禮樂，在內容上實際賦予了一個大的轉變。現在再進而略談禮樂的意義，以見中國人文主義的特性。

禮樂的意義，包羅廣大，這裏僅先指出它的意義的一端，乃在於對具體生命中的情欲的安頓，使情欲與理性能得到諧和統一，以建立生活行為的「中道」。更使情欲向理性昇進，轉變原始性的生命，以成為「成己成物」的道德理性的生命，由此道德理性的生命，以擔承自己，擔承人類的命運。這便可以顯出中國人文主義的深度，並不同於西方所謂人文主義的深度。

禮樂的作用表現在三方面：一是表現在政治方面，此即孔子所說的「禮治」。孔子所說的禮治，漢儒在親歷當時所繼承的秦代法治的殘酷中，體會得最為深切。司馬遷首先以感憤之情，特於史記中寫出禮書、樂書（二書有殘缺，而決非出於他人之手。）針對當時政治的情形，以發其「人把人看待」之義，這是了解禮治問題的基礎。在這篇短文中，只好從略。

禮樂在社會方面的意義，是要建立一個「羣居而不亂」（荀子禮論），「體情而防亂」（春秋繁露天道施），既有秩序，又有自由的合理的社會風俗習慣。每一個人，生活在合理的風俗習慣中，可改過遷善於不知不覺之中，以遂其生，養其性，大家相互過著「人地生活。」孔子主張禮樂征伐自天子出，不僅是要求政治的統一，更進一步是要求對禮樂征伐的審慎。漢儒堅持治定制禮，功成作樂，因為治不定，功未成所制的禮樂，常是統治者把一時誕妄便利之私的變態心理，通過禮樂的形式，以強加於羣體生活之上，這對羣體生活是最深刻的損害。禮樂在社會生活中的具體意義，或者可以荀子樂論中「樂合同，禮別異」的兩句話，加以概括。羣體中的各組成分子，潛伏著共同的情感。通過共同的情感，以發揮羣體之愛，凝集羣體之力，這對羣體生活的維持、推進，是非常重要的。這種潛伏在各人生命裏的共同情感，是要通過樂的作用來加以發抒和合的。這卽是所謂「樂合同」。羣體中的各組成分子，有各異的地位，有各異的年齡，有各異的責任，以組成一個分工合作的有機體的社會。分工合作得好，社會的功能便得以發揮；分工合作得不好，便秩序混淆，以至相妨相克。禮便是根據合理的原則、方式，把羣體中的「異」來作合理的分別，使每一組成分子，能各盡其「異」之「分」，以完成一個分工合作的社會機能的。這卽是所謂禮別異。樂所以能合同，因爲樂是「中聲之所止」（荀子樂論）。禮所以能別異，因爲禮是「立中制節」（荀子禮論）。而禮樂互相爲用，使同而不流，異而不離，更是能得其中的羣體生活形態。社會生活，在合乎中道上運行，這才眞是人已各得其所的「人地生活」。

禮樂的第三意義，是個人的修養。這本是前兩種意義的根基；但春秋時代所流行的禮，多是表現在人與人，及人與事的關係之上。把人自己的生命作爲對象，以發揮禮樂的意義，可能也是始於孔子，或至孔子而這一方面的意義特顯。

孔子對禮樂在個人修養上的意義，以論語「興於詩，立於禮，成於樂」三句話說得最完整。這三句話，說明了一個人的修養過程。此外，他又曾說：「不學禮，無以立。」，「不知禮，無以立」的話。「成於樂」，定要通過「立於禮」而始能得到保證的。

「立」是自己站得起來的意思。所謂站得起來，並非指熟習與人相接的禮儀，因而能與人相處而言。因爲若僅如此，乃是應順世俗人情的生活。應順世俗人情，卽是依賴世俗人情，這正是自己站不起來的生活形態。所謂立，乃是自作決定，自有信心，發乎內心的當然，而自然能適乎外物的合理趨向，亦卽是自己能把握自己而又能涵融羣體的生活。要達到這種生活，只能靠情與理相諧，以得情理之中的禮的修養。人的修養的根本問題，乃在生命裏有情與理的對立。禮是要求能得情與理之中，因而克服這種對立所建立的生活形態。宗教常主張斷情，這可以作人生向上的標本，但不能作人生向上的具體生活內容。因爲情也是生命中所固有。斷情，便把生命的完整性破壞了。禮所以制情與理之中，實卽是以理制情，使情在理的許可範圍之內發抒，而並不是把生命中之情加以斷絕。久而久之，情隨理轉，情可成爲實現理的一股力量，而情亦是理。完整的生命，便在這一修養過程中昇進。亦卽是由「克己(情欲)，復禮」，而實現人我一體的仁。仁是人己俱成的「人的主體。」但在立於禮的階段中，仍有以理制情的要求，生命中的對立尚未完全泯去。「成於樂」，則情理相融，生命通過對立的克服，而重新歸於純一，歸於澈底的諧和統一。以一個原始生命爲立足點，再加知能的發揮的西方人文主義，始終是人己相克，我看是「立」不起來的。

後儒深通禮樂之意的，無過二程。他們曾主張因民俗以制樂，因民情以制樂，恢復禮樂在社會中的意義，這本是戰國中期以來言禮樂的通義。而伊川在「明道先生行狀」中，說出明道由佛老轉回到儒家的內容是「知盡性至命，必本乎孝弟。窮神知化，由通於禮樂」。通於禮樂，生命在禮樂中，不斷昇進，這才是生命親歷的窮神知化。僅憑思辯以言窮神知化，這在今日勢必落入於西方形上學的窠臼，正是明道所譏王荆公坐在塔的對面來說塔頂上的相輪的情形，縱使說得善巧，生命仍是乾枯的。二程的敬義夾持，是根原性的禮。觀喜怒哀樂未發時氣象，以體得生命裏中和之實，是根源性的樂。其意義是非常深遠的。

現代文化的危機，根源非一。但人的情感因得不到安頓以趨向橫決；人的關係，因得不到和諧，以致於斷絕，應當也是主要的根源。我這時提出中國人文的禮樂之敎，把禮樂的根源意義，在現代中，重新加以發現，或者也是現代知識分子，值得努力的課題之一。

人文雙周刊一九七〇・六・廿九

心的文化

中國文化最基本的特性，可以說是「心的文化」。我講這個題目的目的，是爲了要澄清一些誤解，爲中國文化開出一條出路。因爲目前對於中國文化的誤解，許多是從對於「心」的誤解而產生的。由於這些誤解所形成的局面，使人感到中國由幾千年來所積累的傳統文化，好像已經逼得走頭無路。

一、人生價值的根源

首先，我們應承認，在人類文化發展的過程中，很多人在尋求解決人生價值的根源問題。因爲一個人必須有他最基本的立足點，否則便會感到漂泊、徬徨，沒有方向，沒有力量；故必要求有一立足點，然後才有信心、有方向、有歸宿。「人生價值由何而來？由何而評定？」的根源問題，實際便是人生最基本的立足點的問題。人生價值的根源，有的以爲是神、是天，有人以爲是一個形而上的東西，有如理型、絕對精神；也有人以爲是人與人相互間之利害及對環境的刺激反應，或如美國一位生物學家，追溯到原生質上面去。那麼，中國文化以爲此人生價值根源是在什麼地方呢？

中國文化有數千年的歷史，而且中華民族是一個偉大的民族。在現實生存中，經過了長的歷程；在長的歷程中自然有很多曲折。因此在文化摸索中也有很多曲折，正如黃河的水一樣，挾帶著泥沙而俱下。換言之，在中國文化中，有許多分歧而夾雜的東西；對人生價值根源的問題也有各種各樣的解答。但是，從這個歷程追到底，把其中的曲折夾雜去淨，便可以簡截地說：中國文化認爲人生價值的根源卽是在人的自己的「心」。這個基本的肯定，除二十世紀西方若干思想家正在作同樣方向的努力，而尙未能「一針見血」之外，可說是中國文化的特性，是其他民族所沒有的。

中國文化所說的心，指的是人的生理構造中的一部分而言，卽指的是五官百骸中的一部分；在心的這一部分所發生的作用，認定爲人生價値的根源所在。也像認定耳與目，是能聽聲辨色的根源一樣。孟子以耳目爲「小體」，因其作用小；說心是「大體」，因其作用大；但不論作用的大或小，其都爲人身生理構造的一部分則一。可以把生理構造的這一部份分說成西方唯心論的心嗎？西方唯心論的心，指的是人身上生理構造的一部分嗎？所以把中國文化中的心，牽附到唯物方面去，還有點影子；因爲生理本是物；心的作用正是生理中某一部分的作用。牽附到唯心方面去，便連一點影子也沒有了。還須要附帶說一說的，易傳中有幾句容易發生誤解的話：「形而上者謂之道，形而下者謂之器」。這裏所說的道，指的是天道，「形」在戰國中期指的是人的身體，卽指人而言。器是指爲人所用的器物。這兩句話的意思是說在人之上者爲天道，在人之下的是器物；這是以人爲中心所分的上下。而人的心則在人體之中。假如按照原來的意思把話說完全，便應添一句，「形而中者謂之心」。所以心的文化，心的哲學，只能稱爲「形而中學」，而不應講成形而上學。

現代科學的發展，並不足以否定中國的心的文化。因爲，問題不在於這種作用到底是心還是大腦，而是在於人的生理中，究竟有沒有中國文化中所說的這種作用，亦卽是有沒有孟子所說的惻隱、羞惡、是非、辭讓等作用。如果在生命之中，沒有這種作用，則無話可說；如果我們確能體認出有惻隱之心、是非之心、羞惡之心、辭讓之心，則證明在我們身上總有一處具有這種作用。正如有些人認爲現代的心理學不能證明文學中的心靈活動；但在心理實驗操作中不能證明這種心靈活動，這是心理學自身的問題。關鍵在人的生命中是否有這種心靈的活動。如果在人自身中體認出有這種作用，則中國的心的文化，乃是具體的存在，這與信仰或由思辯所建立的某種形而上的東西，完全屬於不同的性格。

二、對於「心」的誤解

很多人以為傳統中國文化中一提到心，便是一種唯心論；而唯心論在政治上又必然是反動的。唯心唯物，在政治上是否卽是反動與革命，我還沒看到有人從歷史上拿出確切的證據，建立堅實的理論；其是非暫存而不論。我所要澄淸的是：中國文化的「心」，根本不是唯心論的「心」，與唯心論完全無涉。中國文化中之唯心論，有如「三界唯心，萬法唯識」，是從印度佛敎傳過來的。唯心論唯物論在西方哲學的本體論中很早已有爭論；到底是精神在先，還是物質在先？到底是精神創造物質，還是物質創造精神？精神就是心。簡單地說，唯心論就是認定心在物質之先，心創造物質。這是宗敎所延續下來的問題。但這個問題並不是在每個文化系統中都出現的；在中國文化中，並沒有把這當作一個重大問題來加以爭論。

其次，把中國所說的心，附會到唯心論上去，可以說是牛頭不對馬嘴。周予同在漢學師承記選注序言中說：「陸九淵為『心卽理』論的主張者，以為一切現象都由心生，離心則一切現象無存在的可能……」。我曾寫過象山學述一文，讀過陸象山的著作多次；陸象山以至其他主張「心卽理」的人都認為倫理之理，乃由心而出；所以極究地說，便說「心卽理」。一切現象（卽是經驗世界），與象山所說的倫理之理，風馬牛不相及。把「心卽理」這句話解釋為「一切現象都由心生」，那完全是胡說八道的話。但是，這種胡說八道，現在有些弄思想史的人，竟還停頓在這種程度。他們有一個大前提：哲學不是屬於唯物的，就是屬於唯心的，屬於唯心的卽是反動的，屬於唯物的才是革命的。中國哲學中所說的「心」，像周予同一樣，分屬到唯心論方面去，這麼一來，中國文化，在最根源的地方，便逼得走頭無路。他們一方面不能眞正了解西方的唯心論，而對中國的東西也沒有認眞讀懂，一味牽強附會，於是把中國文化最重要的部分非完全抹煞不可。

三、心的作用所表現的各種價值

人生的價值，主要表現於道德、宗教、藝術、認知等活動之中。中國文化，主要表現在道德方面。但在很長的時間中，對道德的價值根源，正如其他民族一樣，以爲是在神、天。到孔子才體認到道德根源乃在人的生命之中，故孔子說：「仁遠乎哉？我欲仁，斯仁至矣。」又說：「爲仁由己。」這些話都表明價值根源不在天，不在神，亦不是形而上的，否則不能這樣「現成」。但孔子並未說出是在生命中的那一部分，亦即是未點明是「心」。孔子所說的心，仍是一般意義的「心」。

中庸首句說：「天命之謂性。」這可說是一個形而上的命題。但是，此形而上的命題有一特點，卽是當下落實在人的身上，而成爲人的本質（性）。性是在人的生命內生根的。因此，中庸並不重視天的問題，而僅重視「性」的問題。到孟子才明確指出道德之根源乃是人的心，「仁義禮智根於心」。孟子這句話，是中國文化在長期摸索中的結論。這不是邏輯推理所推出的結論，而是「內在經驗」的陳述。這句話說出來以後，使夾雜、混沌的生命，頓然發生一種照明的作用，而使每一人都有一個方向，有一個主宰，成爲人生的基本立足點。以後，程明道、陸象山、王陽明等都是從這一路發展下來的。

老子的道，是形而上的性格；要求人去「體道」，是以在道之下的人，去合在人之上的道。不能說道是在人生命之內所生出的。但中國文化，總是走著由上向下落，由外向內收的一條路。莊子卽把老子之形而上的道，落實在人的心上，認爲虛、靜、明之心就是道。故莊子主張心齋、坐忘，使心之虛靜明的本性呈現出來，這卽是道的呈現。人的精神由此而得到大解放。

我所寫的中國藝術精神，一個基本的意思，是說明莊子的虛靜明的心，實際就是一個藝術心靈；藝術價值之根源，卽在虛靜明的心。簡單來說，藝術要求美的對象的成立。純客觀的東西，本來無所謂美或不美。當我們認為它是美的時候，我們的心此時便處於虛靜明的狀態。故自魏晉時起，中國偉大的畫家，都是在虛靜明之心下從事創造。唐代有名的畫家張璪說：「外師造化，中得心源。」這兩句話便概括了中國一切的畫論。而外師造化，必須先得虛、靜、明的心源。唐末張彥遠之歷代名畫記一書，指出在唐人心目中王維的造詣，實不及張璪，這表示中國是以心為藝術的根源。

在知識活動方面，荀子的解蔽篇可說是中國古典性的認識論。荀子說：「心何以知道？曰：虛一而靜。」「虛」是說心永遠能接受能容納；「一」是說在認知活動中不能同時認識兩個以上的對象，只能集中在一個對象上，而心便自然集中在一個對象上。要把對象認識得清楚，必須在「靜」的狀態，而「心」在作認識活動時，便自然會平靜下來。換言之，荀子很早便知道心是知識得以成立的根源。

在宗教方面，中國因為人文精神發達，很早便消解了原始宗教，慢慢以人文精神代替了宗教。但是，在現實中，人生有許多不能解決的問題，如生死、最後歸宿等問題。因此，對宗教的要求，在一般人中間還是存在著。也因為這樣，佛教東來，很容易為中國人所接受。

佛教認為人通過對佛的信仰可以超越生死輪廻，升天成佛。這是通過信仰向上向外的追求，以滿足人的宗教要求。但到了禪宗出來，認為「明心見性」，「見性成佛」；這實際是認為本心卽是佛，不應向外向上追求。換言之，佛教在中國發展到禪宗，卽把人的宗教要求也歸結到人的心上；所以禪宗又稱為「心宗」。這個意思在印度也有，但到中國才發揚光大。禪宗後來演變到呵佛駡祖，只在心上下工夫，便完全沒有宗教的意味。因而有許多大德，主張以淨土救禪宗的流弊。淨土卽西方極樂世界，這是人現實生命生活之外之上的。但是，淨土宗發展下來，又以為：淨土卽在人心，心淨卽是淨土，心穢卽是穢土。這說明了中國文化立足於心的力量是太強了。

四、由工夫所呈現出的本心，是了解問題的關鍵

要注意的是，以上所說的心的活動，與一般所說的心或心理學上的「意識」，並不相同。在與其他的生理作用混淆在一起活動時，心不但不能發揮它本有的作用，反而在由其他生理而來的欲望中，成爲這些生產慾望的幫兇或奴隸。換言之，這時的心，不是本心，不是心的本來作用，當然不能在此建立人生價值的根源。這是屬於今日心理學所研究的範圍。孟子、莊子、荀子以及以後的禪宗所說的心，是通過一種修養工夫，使心從其他生理活動中擺脫出來，以心的本來面目活動，這時心才能發出道德、藝術、純客觀認知的活動。所謂其他的生理活動，即儒家所說之私欲；所以孟子說「養生莫善於寡欲」。寡欲就是減少其他生理作用的干擾；這樣，心的本性才能表現出來。道家更進一步說「無知無欲」，知指的是成見。擺脫這些成見與私欲，才顯出心的本來作用，由心的本來作用主宰知與欲，轉化知與欲。在這裏，心才是人生價值的根源。

一般人並不作什麼「工夫」，本心便不發生作用嗎？這種說法是錯誤的。本心既在人的生命之中，則任何人隨時隨地都有本心的作用，否則是心理變態之人。但一般人所發生的本心的作用，是間歇性的，混淆性的；由此所表現的人生是「善惡混」的人生。其中受成見私欲之累輕的，本心呈現的時候多。成見與私欲多的，本心呈現的機會少。窮人與體力勞動者的道德，往往較富人與知識分子爲高，原因在此。

更深一層來看，心爲何是道德、藝術、認知的根源？這涉及許多一直到現在還無法解答的問題。古人對這種無法解答的問題，常以形而上學的命題來作交待。孟子說：「此天之所與我者」；程伊川說：「良能良知，皆無所由，乃出于天」，這都是把心的問題轉到形而上方面去。一個問題追到最後不能解答時，近代學者往往就建立一種基本假設，古人便往往把它掛在形而上學上。但程明道說：「

只心便是天」，這便在由工夫所得的內在經驗中，把虛懸的形上命題，落實到自己的生命之內。「只心便是天」，是他眞正體驗的工夫到家，然後才敢說的。

中國文化是心的文化，有人乃以爲中國文化是主觀性文化，道德是主觀性道德，是與客觀相對的。這是很大的誤解。人心是價值的根源，心是道德、藝術之主體。但「主體」不是「主觀」。普通所說的主觀，是指一個人的知、欲方面而言。而本心之顯現，先要「克己」，要「無知無欲」，要「寡欲」；即是通過一種工夫，把主觀性的束縛克除，心的本性才能顯現。因此，心之爲價值根源，須在克服主觀性之後才能成立的。此時，客觀的事物，不致被主觀的成見與私欲所歪曲，才能以它的本來面貌，進入於人的心中，客觀才眞正與心作純一不二的結合，以作與客觀相符應的判斷。可以說，人的價值主體呈現時，才能使客觀的事物，站到自己應有的地位，得到眞正的價值。未被成見、私欲所纏縛着的心，不但能分辨善惡，實在也是好善而惡惡的。這從看一部成功的倫理或純情的鉅片時直覺的反應，當下卽可得到證明。在看電影時，總是希望善人得到好報，惡人得到惡報的。就不約而同的總傾向來說，不管生活條件如何，總是「人同此心，心同此理」的。

五、總結——心的文化的特點

可以總結心的文化的幾個特點如下：

甲，心的作用是由工夫而見。是由工夫所發出的內在經驗，它本身是一種存在，不是由推理而得的（如形而上學的命題），故可以不與科學發生糾纏。

乙，心可以主宰其他的生理作用，但是亦不離開其他生理作用；而且心的作用，須由其他生理作用來完成，此卽孟子的所謂「踐形」。因此，心的作用一定是實踐的。所以孟子強調「必有事焉」，王陽明強調「知行合一」。只是空談，便如王陽明所說，是被其他私欲隔斷了。

丙，人生價值的根源在心的地方生根，也即是在具體的人的生命上生根。具體的生命，必生活在各種現實世界之中。因此，文化根源的心，不脫離現實；由心而來的理想，必融合於現實現世生活之中。由生命所發，由現實世界所承，由五官百骸所實踐的文化，必然是中庸之道。凡過高過激的文化，都是由冥想、熱情、或推理而來的文化。

丁，任何人在一念之間能擺脫自己所有的私念成見，即可體驗到心的作用。故心的文化是非常現成的，也是大眾化、社會化的文化。王陽明曾嘆息說他在龍場驛講學時，鄉人野老都能明白。反而回到中原後不能爲許多人所了解；因中原士大夫都各有成見，不及龍場驛的人，都是非常純樸，能自然與自己之心相合。

戊，人生價值根源就在自己的「心」，所以程明道便說：「每個人都是天然完全自足之物」。如此，才眞有人格的尊嚴，眞有人的信心；並且每個人在心的地方開闢一個內在世界，在心上得到人生的歸宿，不需外在的追求和鬭爭。所以這種心的文化，是和平的文化。

己，研究中國文化，應在工夫、體驗、實踐方面下手。但不是要抹煞思辯的意義。思辯必須以前三者爲前題，然後思辯的作用才可把體驗與實踐加以反省、貫通、擴充，否則思辯只能是空想。

最後引王陽明詩一首作本講的結束：

「人人自有定盤針，萬化根源總在心，
卻笑從前顚倒見，枝枝葉葉外邊尋。」

附錄一　五十年來的中國學術文化

一

從辛亥革命，民國成立，迄今已五十年。辛亥革命，是民族主義，民權主義的共同結晶，也是鴉片戰爭以後，學術文化活動的總結果。在辛亥前期，學術文化活動的特色，走的是以康有爲的今文學派爲中心、作橋樑，共同迎接西方的科學與民主的大方向。他們所講的今文學的本身，是否站得住脚，此處不論。但有一個重大的意義，却爲人所忽略；中國傳統的學問，本是以經世致用爲目的的；因此，中國學問的本身，二千餘年來，本是以對現實問題負責所形成的「思想性」爲其主流的。中國學問的活動，自先秦以來，主要是「思想」的活動。但在滿清統治之下，知識份子受到異族與專制的雙重壓迫，乃不得不離開思想的主題——現實問題，而逃入到零碎的訓詁考據中去，使中國傳統文化，對人生社會，完全成爲無用的東西。同時，搞考據的一般人，自戴東原以下，皆是矜心戾氣，互爲名高；凡不合他們口味的，排擠不遺餘力。他們的「實事求是」，最大限度，也只能以兩漢經生之所是，代替先秦諸子百家之所是。不僅把唐宋元明歷代學術文化中的思想性，完全排除了；連先秦諸子百家乃至兩漢中凡是有思想性的東西，也都給他們整死了。以康有爲爲代表的今文學的興起，儘管他們猖狂附會，但把中國傳統學術文化中的思想性，經過他們這一轉手而復活起來，重新對時代的問題，負起了學術文化所應負的責任，依然是有某一限度地意義。他們之所以能如此，並非出於對文化自身的自覺；而是有兩個重大的外在原因。一是外患的刺激；一是滿清的統治權威，已因外力壓迫而下墜，知識份子在心思的運用上，無形中得到某程度的精神解放。他們有許多話，假使是在乾嘉及其以前的時代說出來，便會惹起許多文字的大寃獄。中國傳統的學術文化，在精神上復活了，以此而迎接西方文化，不論康梁也好，不論中山先生所領導的革命勢力也好，並沒有發生中西文化衝突的問題；而辛亥革命的成功，也可以說是中西文化自然合作的初步的成功。

二

辛亥革命後，接著便是袁世凱的竊國，及北洋軍閥的割據；天下聰明才智之士，奔走國事者多，從事學術工作者少。但蔡元培長北京大學，氣象恢宏，規模遠大，對學術不立門戶，對人才不分畛域，兼容並收，蔚爲一時之盛。五四新文化運動，北大登高一呼，四方響應，一方面是時勢造成；一方面也是由蔡元培開明闊大的精神所造成的基礎。只有蔡元培才能代表北大精神。後來蔡元培精神從北大逐漸消失，亦意味著北大對全國學術影響的消失。

從歷史發展來看五四新文化運動，它是由辛亥革命成果的落空，政治上空前的混亂，一切沒有得到正常發展，知識份子的心靈，抑鬱而無可宣洩，因而以對外問題爲導火線所爆發起的運動。從此運動的本身看，實含有政治革命的強烈因素。但因當時國民黨未能接上此一運動，亦無其他政治勢力可以擁抱此一運動，於是對當時現實政治，未能發生積極地作用，只有完全落在文化運動方面。因此，便發生兩種結果：一種結果，五四的新文化運動所走的路，不是正常地學術文化發展所走的平實的路，而是走的帶有火藥氣味的文化革命的路；因而其本身的命運，注定了破壞性多於建設性。另一種結果，則是國民黨及後起的共產黨，直承五四運動的政治革命情緒，另作現實政治活動的展開，使它在政治方面的後果，與作爲此一運動標誌的「科學與民主」脫了節。即是，它是給與了爾後政治的發展以影響，但所給與的却不一定是科學與民主的影響。

三

從純學術發展來看此一運動，我們可以簡單提出幾個特點：

首先，辛亥前由今文學派所誘導的中西融合趨向，因爲不是發於眞正文化的自覺，所以今文學派中，到了民國初年，除了梁啓超等極少數人，依然能保持其文化的思想性以外，其餘受今文學派影響的人，又轉落到考據的窠臼中去，而特出之以怪誕，這便助長了五四運動時以誣衊方式反中國傳統文化的氣燄。

第二，五四文化運動，應當是康梁維新運動以後的繼續發展。但事實上，則是以突變的姿態出現，而以打倒孔家店的口號，否定中國傳統文化的一切。

第三，文學大衆化，是近代的總趨勢，所以胡適等的白話文運動很收到了成功。但他們似乎停頓在「白話即是文學」的階段；直接在胡適旗下的人們，在文學方面都沒有成就。這一重大部門的空隙，完全留待以後的左翼作家來塡補。

第四，胡適們不僅拿「科學方法」來打中國傳統的文化，並以此來打西方素樸的實在論以外的一切哲學，尤其是與道德有關的價值哲學。「科學與玄學」之戰，實際是初步的，素樸的實在論，對康德系統哲學之戰。他們用「玄學鬼」三個字，否定了一切文化中的價值系統。張東蓀、張君勱，對西方學術的了解，遠在胡適們之上。但因爲「玄學鬼」這三個字的魔術力量，始終把他們排斥在學術王國的邊緣。此一混戰，以吳稚暉的「黑漆一團的哲學」收場，這即說明作爲五四運動的主將們，因褊急、淺薄而精神完全墜入於幽暗的虛無主義之中。

第五，陳獨秀與胡適分途後，胡適這一派，從談西方學術，掉回頭來整理國故，提倡乾嘉考據學派。他們與乾嘉學派不同之點，一是他們爲了打倒國故而整理國故；二是他們的考據，較之於乾嘉諸人，遠爲「速成」而大膽。

總結的說，以胡適這一派爲中心的五四運動，是以革命的氣氛開始，以懷疑的虛無主義告終。以科學民主開始，以整理國故告終。但在社會大轉變的時代，畢竟不能沒有思想的指導。對西方文化的吸收，也不能等他們把國故打倒之後。於是以民國十五年國民革命軍的北伐爲一轉機，學術文化，展開了另一局面。

四

五四運動的大本營是北平，而北伐的大本營是廣東；這一地理上的懸隔，也意味着學術與政治之間的距離。此即一般所說的三民主義與自由主義者之間的距離。此一距離，由胡適派的大量加入國民政府，似乎已得到了彌縫。但事實上，三民主義與自由主義者之間的距離，並不是思想本身的距離，而是扛著主義招牌以維護現實權益者之間的距離。因此，他們在政治上的合作，也未曾意味著思想本身的融和，而是現實權益間的調劑分配。以北大、清華乃至其他各大學爲中心的純學術性的研究工作，由北伐成功以後，一直到對日抗戰發生以前，已經漸漸的展開，已經漸漸的有了基礎。學術在由五四的宣傳時代，進入到北伐以後的研究時代；中西文化對立的形勢，也已漸漸的消失；打倒孔家店這一派的人，已失掉了對學術界的影響力。因爲這種對立，在最主要之點，並不是來自中西文化的自身，而係來自宣傳者的意氣與利益。眞正的研究工作開始了，宣傳者的標語便自然由研究者的成果所代替。馮友蘭的中國哲學史，並不是成熟的東西；但立刻取胡適的中國古代哲學史而代之；胡氏在北伐前風行一時的大著，至此而被金岳霖、陳寅恪們，說得一錢不值；即係表示此一事實的具體證據。甚至可以這樣的說，由五四運動而參加政治的人物，不斷拿這些純學術研究工作者來作自己政治活動的本錢；而眞正從事學術研究的學人，早已把五四時代的人們遺棄在時代的後面。

北伐以後的國民黨，似乎始終沒有一個正確的文化政策，而只是想以組織活動，加在學術工作的上面；這便與純學術工作者始終保持一個距離。國民黨人開始似乎只信任在組織以內的學術文化工作；繼則許多人憑藉組織之力以奪取學術文化中的地位。其結果，便是以組織代替了學術。這樣一來，學術研究工作者，不斷感到國民黨對學術是一種干擾、壓迫；眞正讀書的人，在國民黨勢力範圍之內，並不能出頭；於是由抗戰所形成的全國大團結的良機，不久即演變爲國民黨與絕大多數學術工作者的對立；這可以用西南聯大與國民黨的關係演變作代表。政府的政治情勢惡化，學術界對國民黨平日所蘊蓄的惡感也表面化。結果，當然是兩敗俱傷的。

把上面的話總結一句，中西文化衝突的局面，在學術工作者中已漸消解。但由五四運動起家的人們，却以各種方式，帶入到政府裏面，抵消了政府對學術文化所應把握的方向。尤其因國民黨的組織觀念，使學術疏隔了政治，政治也疏隔了學術；於是民國十五年北伐以後，學府中的學術思想，對現實社會，互相脫節，這便造成了共產黨利用文化的機會。民國十五年以後，領導社會思想的學術文化活動中心，既不是南京，也不是北平，而是上海。這批左翼文化工作者，他們所倡導的不是考據，而是思想；不是白話，而是文學。他們活動的對象，不是自己個人，而是社會大衆。這和完全失掉了思想性社會性的五四老牌們比較起來，當然摧枯拉朽一樣的奪取了青年領導的地位。這一不幸的發展趨向，究竟應怎樣加以解釋呢？

五

神州陸沉以後，大家來到臺灣，是政治重建的機會，也是學術文化重建的機會。學術文化最主要的土壤是學校。自從陳雪屏當教育廳長，大量起用過去三民主義青年團的幹部，接充各校校長，此一趨向方針，爲歷任教育廳長所遵循而不易。所以大陸是黨化教育，而臺灣則是「團化教育」。在團化教育的人事中，也有不少有能力的幹部；但學術文化，在這十一年的歲月中，已不斷從省立各級學校中退潮，大概是可以承認的事實。國民黨以陽明山莊爲中心，對學術文化，十年來也作了很大的努力。但在大潰大敗之後，把現實政治向學術文化上提，則政治有出路，學術也有出路。若把學術文化向現實政治下拉，則學術是絕路，政治也是絕路。他們走的是那一條路，我因爲從來不曾上過陽明山，不敢臆測。

傅斯年把中央研究院歷史語言研究所搶搬到臺灣，並搶救了一部分學人到臺灣大學，這是他很大的功勞；所以談臺灣今日的學術文化，不能不重視這兩個學術機構。傅斯年過去以不談仁義禮智自豪。但他充臺大校長後，却規定以孟子及史記爲大一國文教材，這可能是表現由他們過去無思想性的學風的一種轉向；傅氏是帶有點豪氣霸氣的人，可能作這種轉向。可惜他死得太快了。十年以來，這批學人，若從學術的思想性來說，有點像寺院裏的尼姑，高貴而沒有生育。胡適回臺長中央研究院，頗要有所作爲。但他自己似乎還憧憬於他的民國十年前後的黃金歲月，而不知那些歲月已經是不留情的溜走了。他所選的中央研究院的院士，在人文學科方面，似乎只注重做了若干整理資料，校對若干文獻的學者，他們始終以一個研究者的助手所作的工作，爲自己最高的殿堂。不思不想，勢必激起另一方面的胡思亂想。從學術思想來看，中國的前途眞要算是任重而道遠了。

四九、十二、二五於東海大學

附錄二　中國歷史運命的挫折

一

客觀地看，回顧中華民國五十年的歷史，只能說明我們歷史的運命，正受了最大的挫折。我所說的挫折，與政權的遞嬗，並無關係。不僅在民主時代，政權由甲黨遞嬗到乙黨，乃是理所當然。即在專制時代，王朝的興亡，若把它興亡的其他背景，置而不論，也與歷史的進行，略無本質上的意義。我所說的挫折，乃指中山先生所倡導的民主政治，不斷地受到阻擾，最後使整個大陸，淪入於極權政治的鐵幕而言。中國兩千年的專制，乃中華民族一切災禍的總根源。中山先生所領導的打倒專制，建立民主共和的運動，這不是劉邦劉秀們爲個人打天下的運動，而是爲中華民族開萬世太平之局的運動。人類只有在民主政治之下，才可以根據自己的意志，選擇自己的政府；政權可以在人民自由選擇之下，作和平地遞嬗，才能保證因爭奪政權所發生的殺伐虔劉之禍，使人類在精神上，在物資上，得到不斷地發展。因此，民主政治的建立，是表現中國歷史運命的飛躍地展開。而民主政治的沒落，是表現中國歷史運命的總挫折。這大概只要是頭腦正常地人，總可以共同承認的。

使我們歷史運命受到總挫折的原因很多，尤其是由袁世凱以下的軍閥，及以日本爲代表的晚期帝國主義，對於我們所作的罪惡，眞是擢髮難數。不過，我在這裏所想說的，只就作爲文化擔當者的知識份子，對於此一挫折所應負的責任，作一點反省；也是古人所說的「思不出其位」的意思。但是，有一點也得事先申明一下：我在這裏所說的知識份子，僅指的是在文化上曾經作過若干努力，並發生過若干影響者而言。至於停頓在各式八股程度上的份子，根本沒有文化上的任何意欲，也不受文化上的任何影響，乃是唯利是視，無所不爲的一種人，所以並不包括在我這裏所說的知識份子範圍之內。

二

中國近代知識份子的性格，就一般地來說，在消極方面，缺少分析思考的能力，缺少艱苦實踐的精神。在積極方面，則常以浪漫的情調，與徹底自私的現實主義，作不調和的結合。這兩個方面，實際只是一個性格的兩面。在這種性格之下，很容易接受什麼，在接受時不願多作考慮。也很容易拋棄什麼，在拋棄時決無半毫顧惜。而最後的立場，亦即最後決定其意志的，却只是自己的名，自己的利；爲了這，可以不顧一切。正因爲知識份子的這種特殊性格，便缺乏了擔當建立民主政治的眞正文化上的努力，因而在我們歷史運命的總挫折中，應當分擔一部分，甚至是一大部分的責任。

上面這種性格，可以簡單地舉出兩個人作代表。第一個是康有爲先生。他在學問上，可以一下子把古文學家的經典，說成完全是出於劉歆的僞造；而把今文學家的殘編斷簡，誇張到包天蓋地。在政治上，他抓住禮運的大同章，作任意地解釋，而主張打破一切限制的徹底自由平等的大同世界。但結局，却和張勳通聲氣，要恢復滿清的餘孽。第二個，我可以舉吳稚暉先生。他在學問上，要把線裝書丟到廁所去；但一生却寫線裝書中的篆字；在寫的篆字中，摘錄線裝書中的一些斷章零句。在政治上，他把無政府主義、三民主義、現實主義、具備於一身，幾乎可稱爲古今完人。這兩位先生，實可作許多人的寫照。不過，他兩人的私生活，似乎相當乾淨。我於辛亥革命那一年在鄉下發蒙讀書；留給我最深刻地印象是鄉村的知識份子，忙着到廟裏去打菩薩；過了幾個月，再做捐啓募捐重建。後來認識吳禮卿先生，在談天中，知道辛亥革命成功後，他當南京的警察總監，在他的回憶中，最熱烈地一幕，也是革命黨人的打菩薩，毀廟宇的一幕。當時以爲這樣做了，便可以洗滌舊染之汚，宏開萬年之盛。

百十年來，一直到現在，我們的知識份子，可以不好好地讀通一部書，却能上下古今，無條件地恭維什麼，無條件地打倒什麼，信口開河，而毫無愧色。逐風氣，趕熱鬧，逞口快，無責任心，其歸結，則止於個人的私利。民主主義的性格，只是「庸言之信，庸行之謹」，以忠自處，以恕待人的性格。並且任何學術、思想、主義，都離不開「擇善固執」，「鍥而不捨」的精神，才能有所成就，才能發生影響。而近百十年來的知識份子，却多是想不費半分氣力而即可以得到一切的大聰明人。最聰明的辦法，便是由罵倒一切，以反映出自己是知道一切。口口聲聲罵中國文化是毫無價值，這便會使人覺得他該有多大的西方學問。其實，「這山望見那山高」的人，只是捧場、看熱鬧，對什麼學問也不肯費力氣的人。這是近代中國知識份子的性格。這種知識份子，萬事不生根，如何能在文化上擔負得起民主主義的啓蒙責任。

從政治方面看來，則在國民黨的歷史中，總算集結過不少優秀的知識份子。但民國十三年，則一窩風地向左轉，左到非馬列不可。民國二十年前後，又一窩風地向右轉，右到非莫、希不可。到了臺灣以後，一下子是王陽明思想，於是七十歲的老教授，根本不知道王陽明所說的「知」「行」是什麼，也在報紙上大寫知行合一的文章。一下子又是基督精神，於是連道德也要跑到外國去才能重整。一下子又是自然科學，於是使學文史四五十年的人，頓覺自己所學的一無價值，暗中飲恨，悔不當初。大家對於學問，和跑到飛機場上擠得汗流氣喘，以一睹走紅的女明星一眼爲快的心情，毫無兩樣。假定說國運與知識份子有關，則國運跟着這些知識份子左飄右蕩的飄蕩到什麼地方去呢？

三

現在想稍稍追溯一下，近代知識份子上述的性格，僅從文化上說，是怎樣形成的。這便不能不稍說遠一點。

第一、清代學術的主流，大家都知道，是以乾嘉時代爲中心的訓詁考據之學。他們對宋學而言，自稱「漢學」；他們的意思是繼承兩漢的學問。最重要的理由，是兩漢近古，由兩漢以通經，最爲可靠。但兩漢凡是第一流的有思想的知識份子，皆求大義而不在訓詁上落脚；所謂「大義」，用現在的話說，即是「思想」。漢書揚雄傳「雄少而好學，不爲章句」。後漢書桓譚傳，「徧習五經，皆訓詁（此處應作動辭解釋）大義，不爲章句」。王充傳「好博覽而不守章句」。張衡傳「遂通五經，貫六藝」，我想這也會是不守章句的。因爲僅守章句，便不能「通」「貫」。所謂章句，據章懷注「謂離章辨句，委曲枝派也」，這即是兩漢二流以下的儒生的專業。這種儒生的專業，在當時的評價，是「通人鄙其固焉」，「譊譊之學，各習其師」；「而迂滯若是矣」（皆見後漢書儒林傳論）。清人所張皇神聖的，正是這一流學問；這在兩漢，是第二流以下的學問。

第二、漢代知識份子的眞正精神，可以說是完全落在現實政治之上。西漢第一流的知識份子所爭的是要以儒家的德治，代替漢承秦後的法家的刑治；更進而爭政權的天下爲公。東漢則主要表現爲對外戚宦官之爭，對政治言論自由之爭。不了解兩漢知識份子的眞正精神是在當時現實政治之上，便根本不了解兩漢的學術。但乾嘉的漢學，正是作爲逃避現實政治的護身符而成立的。

第三、以陰陽配合五行之說，在秦代才慢慢抬頭，至西漢而大盛。到東漢則更墮落而爲讖緯。這都爲先秦諸子所未有，更爲六經所絕無。我最近對此，曾寫了一篇考證性的文章，大概可以得出這樣的結論。但兩漢的經生，却常常是通過陰陽五行之說，以解釋先秦經典的內容；事實上，只是胡說八道。所以許氏說文，凡解釋有思想性的文字，十有九錯。但清儒固陋頑鄙，却硬要套在這一套架子裏面去，以通先秦經典，這未免太可笑了。隨便舉一個例子吧！在作爲當時大宗師的阮元的揅經室集裏面，十有八九，便是胡說。錢大昕，總算是最爲通達的；但他硬把詩經中的「古訓是式」解釋成連周宣王時的仲甫，也在講訓詁之學（見經籍纂詁序），以張大他們的門戶。

綜合上述三端，可以了解乾嘉學派所講的漢學，是講的兩漢學術中最沒有出息的一方面的東西。所以他們是完全沒有思想的學派。再加以他們爲了張大自己的門戶，便無條件地反對宋學，而實際則與今人相同，只是以此掩護自己生活中的瘡疤，預防由自己良心發現而來的不安的感覺。中國學問，自西周初葉，以迄清代初葉，雖然其中有注重求知識，因而開有研究自然科學之門的這一方面；但這一悠久的傳統文化，其中心乃在追求人之所以爲人的道理，包括人與人之間，如何可以諧和共處在裏面，並加以躬行實踐；這只要稍有常識的人，便可以承認的。但這一文化傳統，在乾嘉學派手上，完全被否定了，這還有什麼中國文化可言。但今日高踞學術壇坫的人，依然是以能作乾嘉學派的餘孽而自豪自喜，這還有什麼學術可言呢？

作爲清代學術主流的乾嘉學派，既無思想，又不承認由躬行實踐以建立人格的意義，這在太平盛世，躲在鹽商鉅宦的門下當清客，東抄西摘一陣，原無不可。不幸而西方的勢力，挾堅甲鉅砲以俱來，使大清帝國，搖搖欲墜，其勢非驚醒太平的美夢，使其中尙有良心血性之士，必須面對此一驚奇局勢，想出辦法來應付不可。但當時的學術氣氛，在對事物的思考和人格的建立上，所能給與於他們的，都是一種負號，這便自然形成他們只能以浪漫的情調來看問題，來處理問題。浪漫沒有結果時，只有轉落到完全自私中去了。許多良材美質，便在這種情形下斲喪掉。

今日的文化問題，不僅不應當有漢宋之爭，實際也不應當有中西之爭。好學深思之士，所應切實把握的，是文化自身有些什麼問題，當前人類有些什麼問題，守住中國以天下爲己任的傳統，盡其一己之誠。既不曲學阿世，亦不嘩衆取寵；使學術工作走上開明堅實之道，國運或者可以慢慢地轉移過來的。

五〇、十、十、徵信新聞

附錄三

在非常變局下中國知識份子的悲劇命運

此文係應香港某報之請，爲其二十五周年紀念所寫的一篇文章。結果該報並未刊出，乃由中華雜誌改標題，刋出於（五二年八月）創刋號。

五六、九、廿六補記

一　中國傳統知識份子性格的現實與理想面

距今前二十五年的八月，是民國二十七年，即中國對日抗戰的一週年。本文願首先指出，民國二十六年，政府奮起對日抗戰，是此一時代的大標誌。由抗戰迄今的中國政局，乃是逸脫了歷史發展常態的非常變局。對此一變局，可以從各個角度，提出各種不同的看法，導出各種不同的結論。本文的目的，則在從我個人所感受到的直接印象，略述中國知識份子在此非常變局中悲劇的命運。我的話，是表示我在個人的良知良識所及的範圍之內所能得到的對時代的感觸。因此，這是對我自己的良心負責。假定我所說的有什麼錯誤，乃是出於我的感觸和認識能力的不够。

傳統的、很嚴正的中國知識份子，在人生上總是採取「憂以天下，樂以天下」的態度。齊家、治國、平天下，在中國知識份子的人生觀中，認爲這是修身所要達到的目的；亦即是認爲家、國、天下與自己之一身，有不可分的關係，因而對之負有連帶的責任感。這種情形，若暫時不從理想方面去看，而只從現實方面去看，即可了解中國的知識份子，特別與政治有膠固而不可解的關係。加以古代宗教，就今日文獻可以考見的情形來推論，一開始便不像其他民族一樣，似乎沒有獨立的僧侶階級，和獨立的傳教組織。到了春秋時代，古代遺留下來的僧侶（在中國古代，則稱之爲巫祝），已逐漸向社會知識份子演變，更完全沒有與政治權力相抗衡的地位。僧侶階級從某一角度講，可以說是最早出現的知識份子的集團。中國古代沒有獨立性的僧侶階級，以及此一階級的迅速沒落，這在文化發展上，雖然可使理性的光輝容易得到發揮；但另一面，却更把知識份子與政治的關係，緊緊地束縛在一起。大約以孔子作起點，發展爲戰國時代的遊士，是偏重在政治方面的。兩漢整個知識份子的趨向，更都是政治性的。東漢末年有黨錮之禍，接着是曹氏與漢室的政治鬪爭，司馬氏與魏室的政治鬪爭，更繼之以八王之亂，知識份子在現實政治中的打擊，受得太慘重了。於是紛紛趨向玄學，以求逃避現實；但他們的「門第」基礎，還是政治性的。佛教開始流行於東漢之末，至六朝而始盛，至隋唐而極隆，其中吸收了許多有智慧的知識份子。再加上自春秋末以來的一部份山林枯槁寂寞之士，這都含有從政治中求解脫的眞實意味在內。但在歷史中，此種新因素的介入，決不曾緩和知識份子對政治依附的趨勢。

其次，從文化理想上塑造中國知識份子性格的，很粗略的說，有兩大重要因素：一是儒道兩家「爲人民而政治」的政治思想。由此一思想所建立的政治主權的理想，其歸結必然是「天下爲公」。二是儒家有「大衆實踐性」的「中庸」思想，道家則有避免與大衆衝突的「恬淡」思想；二者後來常互相結合，以形成知識份子處人處世的人生觀。某一個知識份子，因其自身有某種程度的自覺，而呈現出上述的理想時，假使是儒家思想居於主導地位，則必將趨向積極的一面。假使是接受道家思想的影響較深，則多趨向於消極的一面。儒家有關政治主權問題的思想，到了秦代，開始受到以法家思想爲主幹的專制政治的壓迫。但由「呂氏春秋」所代表的政治思想，依然是由儒道兩家所和合的「公天下」的理想。呂不韋之被殺，對於當時現實政治性格的塑造而言，有決定性的意義。首先與專制政治妥協的，是西漢初年的道家。爾後道家思想在政治中變質爲陰柔苟且之術，成爲官僚典型的塑造者；但元道士鄧牧，猶能遠承天下爲公的墜緒。稟承儒家思想的人，在西漢兩百零五年間，一直還以各種形態，守住「天下爲公」的大原則；後來，許多人上書擁護王莽做皇帝，並不是如後人所說的，這是出於他們的「無恥」；乃是他們認爲漢德既衰，在道理上便應當把天下讓給有德者去作；而王莽當時之謙恭下士，及通過「周官」所表現的政治理想，大家認爲是可以做皇帝的。天下爲公的政治理想，以班彪的「王命論」爲大轉換點。後來，除了邵康節、朱元晦、陸象山、黃黎洲等十幾位大儒能深切體會到此問題以外，一般的知識份子，從東漢起，早已把它放棄了，轉而承認專制爲唯一的合理政體。這是中國歷史悲劇的總根源。但是在長久的專制的歷史大流中，中國稍有自覺的知識份子，在政治上一直還堅持三個比較低級的原則，不稍放鬆：一認爲天下縱可私之於一家一姓，但實際治天下的官吏，還須以天下共同承認的「賢」與「不肖」的標準，公之於天下的知識份子。凡僅以言詞、顏色取悅於皇帝一人，以取得政治地位，有如今日之所謂 Yes man 者，在偉大的史學家司馬遷的「史記」中，特爲其安設一「佞幸傳」的位置。中國稍微自愛的知識份子，對於歷史中此一系列之人，視其品格之卑汚，還遠在權奸盜竊之下。二認爲政治的基本任務，乃在於「愛民」，而爲了達到愛民的目的，人君的聽言納諫，乃其最基本的責任，是判斷人君賢否之不可動搖的準繩。三認爲他們希望朝廷的賞罰，能合於是非的標準；但決不曾以朝廷賞罰的自身，無條件的當做評判是非的標準；而努力樹立、追求在政治地位以外的人生價值。西漢人尊孔子爲「素王」，這即意味著當時的知識份子認定他們的「王」是一位布衣的孔子，而不是由叔孫通的朝儀所裝扮出來的劉邦之流。宋人有一首送人受了朝廷貶謫的詩，其中兩句是：「同遊英俊顏何厚？未死奸諛骨已寒」。這把朝廷的貶謫，很明顯的指出是一種犯罪的行爲；若在今日的大陸，可能會出大亂子；但當時紛紛傳誦，不以爲怪。蘇東坡在獄中，「作二詩授獄卒梁成，以遺子由」，此即傳誦一時的「柏臺霜氣夜凄臺」的二詩。當時決無卑鄙的小人，以此呈報皇帝，要把梁成加以懲責，因而加强蘇東坡在獄中的管教。楊繼盛就死刑的詩，是「豈願同聲稱義士，可憐無術悟君王」。這樣的詩，在今日大陸看來，是死有餘辜的；而在君主專制時代，一直傳誦得有聲有色，連最無恥的宦官，也不曾加以檢舉。所以，韓愈「琴操」中的「天王明聖，臣罪當誅」的觀念，不是中國知識份子心理正常的觀念。有自覺的知識份子，縱然他生活上依賴了政治，有如黃山谷所說的「食貧自以官爲業」；但有些人只想在事功上建立人生價值；決無人承認「官」的本身，乃至朝廷的賞罰，能代表人生的價值；更不會有人想把自己的權勢變成自己的學問。

廣義的另一「中庸」的性格，在道家思想影響較大時，便是退避、鄉愿；在儒家思想影響較大時，則成爲大衆性，與實踐性的融和、擴大。譬如在宗教方面，南北朝時便發生有三教同源的思想。這在西方的僧侶階級看來，簡直是不可想像的；而在中國人看來，宗教是人生價值實踐中的一部份；凡是有價值的，都是人生所需要的。爲了爭各人信仰的神乃至儀式而長期流血；爲了「辯神」而來一個水火不容；就中國人的觀點來說，那才是離開了宗教所含的人生價值的意氣之爭，才眞是頂著神換飯吃的不可想像的事。又如財產上的貧富觀念，西方中世紀把財富貶斥爲罪惡之源。及十六世紀以後，又把財富的價值捧得至高無上。而中國則對於合理的窮與富，始終保持一種中庸的看法。「貧而樂」，貧也有價值；「富而好禮」，富也有價值。對知識份子而言，則要求「無恒產而有恒心」；對一般人民大衆而言，則要求先衣食足而後治禮義。尤其是對整個的政治、社會而言，可以用「禮記」禮運篇上的一段話作代表：

「大道之行也，天下爲公，選賢與（擧）能……，故人不獨親其親，不獨子其子；……貨惡其棄於地也，不必藏於己；力惡其不出於身也，不必爲己……」

在上面的一段話中，除了「天下爲公」的意義不須再說明外，應首先注意前一句話的「不獨」兩字，「不獨」是「不僅僅」的意思。在這句話中，是認爲人應當「親其親」，「子其子」；但不僅僅是親其親，子其子，而應對自己家族與家族以外的社會，關連在一起，負連帶的責任。下一句中的「不必」，是「不一定」的意思。貨不一定藏於己，力不一定是爲己；這裡面的意思，沒有完全否定私有財產制度，也沒有視私有財產制度爲神聖，而是想把私有財產制度，限制於某一範圍之內，要求各人更能爲社會的福利而作獻身的努力。這豈不是一種中庸之道？在自由與秩序方面，也是採取中庸的融和態度。重視「禮」，是重視群體生活中的秩序；重視「義」，並且主張「舍生取義」，這是重視個人的尊嚴，自由，因爲義指的是個人意志的合理判斷。宋明儒家一致主張「存天理，去人欲」。天理是人人所共有之理，因而是代表共同利益的；人欲是知識份子由其特殊身份所要求的特殊利益。這兩句話，一面含有社會主義的精神在裡面；同時，當然也有要求守住人人所應共守的秩序（天理）的意思在裡面。但他們同時强調心的「主宰性」，强調人的「主宰」的地位，這即是非常重視意志的自由。而他們認爲爲人作主宰的心，自然會存天理而去人欲，即是認爲在每一個人的眞正自由中，同時即涵蘊了大多數人的利益，及群體生活的秩序。在中國中庸的理念中，永遠是把個體與全體看作是互相涵攝、互相成就的每一個人的德性的兩面；而決不像西方文化，自古以來，始終在個體與全體的兩極中，互排互拒，顛來倒去。若完全站在政治社會的立場，用現代的語言來表達中庸之道，則中庸的理念，應當是走的一條「民主的社會主義」的道路；即是在民主政體之下，走向個人與社會，既有自由，又有共同福利的道路。

二　知識份子向現實深淵的下墜及民族的鄉愁

在上述的現實面與理想面的歷史條件中，一般知識份子，多是在二者之間，搖擺不定。即是有的爲了現實而拋棄理想；亦有的因理想而犧牲現實，或者想改變現實。不過自隋唐科舉制度出現後，知識份子集團的由現實中下墜，直下墮到只知有個人的功名利祿，不復知有人格，不復知有學問，不復知有社會國家的「人欲的深淵」裡去了。所以，唐薛光謙認實行科舉的結果，是「夫徇己之心切，則至公之理乖；貪任之性彰，則廉潔之風薄」。而宋朱元晦對科舉的評議是：「今日上之人，分明以盜賊遇士，士亦分明以盜賊自處」（詳見拙文「中國知識份子的歷史性格及其歷史的命運」）。順着科舉向八股文演進的歷史，是中國知識份子在現實中作無底的墮落的歷史。從某一角度講，宋明理學是由反科擧而反知識份子墮落的運動。他們希望從講學方面能另開出一條與政治保持一種距離的知識份子的活路。清代考據是順着科學精神所發出的反宋明理學的一種畸形的學術活動；他們以宋明講學是「爲害於國家」（見「漢學商兌」序例）；而其開宗大師閻若璩，在六十九歲時，因想求得「御書」之榮，特進京住在皇子府裡等機會，一直等到病重倉皇抬到北京城外而死；這種精神狀態，完全是由科擧所養成的「擧子」心理狀態而來，決非宋明理學家所能忍受的。所以，鴉片戰爭以後所引起的知識份子的自救運動，在學術上必修正乾嘉時代餖飣考據的學風；在制度上必反科擧、反八股；而集結此一自救運動之大成的，是孫中山先生。他在「上李鴻章書」中，主張了學校制度；在民族主義中，重新提出了中國的道統；在民權主義中，接受了民主主義（考試在今日只能成爲行政中的一種技術，中山先生却把它提高爲五權之一，是不必要的）；在民生主義中，接受了社會主義。我可以這樣說：中山先生的三民主義，僅從政治、社會方面來說，他實際繼承並發展了中國傳統知識份子的理想，而開出了以世界爲規模的中庸之道。

但科擧遺毒，深中於中國知識份子的心髓；其最顯著的形態是：㈠不擇手段以爭取個人升官發財的私利，而毫不顧惜公是公非。口頭上可以講各種學說，但在私人利害上決不相信任何學說。㈡除個人、家庭享受外，對文化、政治、經濟等等，只有破壞，而無半絲半毫的建設性。這種「遺毒」，於不知不覺之中，傳播上了以三民主義爲號召的國民黨中的許多黨員，使其在主義與遺毒之間，不斷的搖擺不定，而發生不斷的鬪爭、分裂。每經過一次鬪爭，分裂、總是助長了遺毒的聲勢、氣燄。更因爲這種遺毒的自身是反建設的，不但使中山先生建國的理想落了空；並且因爲大家不知在各種建設中安心立命，而只想在升官發財上安心立命，於是在「革命」的口號之下，運用了科擧時代所意想不到的組織性、技巧性、與勇氣，一層一層的拼命向上擠。這更使社會的中層與下層，一天空虛一天，政治的金字塔尖，常常被擠得失掉了眞正的均衡與安定。

正因爲國民黨中許多黨員失掉了理想的「中庸」性格，一步一步地向歷史的另一極端——「人欲」演進，便激起了另一極端的勢力——共產黨的崛起。共產黨的性格，正可用當時流行的「過激黨」的「過激」兩字作說明。它對中國而言，是由歷史的黑暗面，及西方帝國主義對我們無情的侵略等情形激蕩之下，受到蘇聯的支持而出現的；其不合於傳統的中庸的理想，更不待論。他們在中國文化上的背景，以「五四」運動爲中心，要徹底打倒中國文化，連把語言文字也句括在內。魯迅有一句話是「漢字不亡，中國必亡」；這並不僅僅代表魯迅個人的意見。在此一背景之下，他們認爲只有以背反性格出現的馬克斯主義，才是萬寶靈丹。他們保留了「五四」時代的賽先生（科學）的口號，却以無產階級專政代替了德先生（民主）的口號。這也不足爲怪，因爲五四時代偏激的文化精神，是與他們自己所提出的德先生，在本質上不能相容的。

但不論如何，中國已置身於現代世界之林；在政治社會的閉鎖狀態中，依然有其開放的裂口。加以理想方面的深厚傳統，在人的自覺中固可發生影響，即在人的不自覺中，也可發生某程度的影響。尤其是當局勢稍稍平靜，知識份子的心理恢復了正常的時代，極端褊急之見，自然要受到淘汰。在民國二十年左右，「五四」運動在文化上，對傳統文化的極端破壞性已成過去，全盤西化論，只當作是一種笑談；馮友蘭以新實在論爲基底的「中國哲學史」，亦即是被胡適稱爲正統的中國哲學史，很輕易的取代了胡適的「中國古代哲學史」；潘光旦、費孝通、何炳松這一般研究西方學問的人，無形的走向中西文化融和之路，亦即是走向了中國傳統中庸之道的「道並行而不相悖」的道路。

從政治方面看，國民黨逐漸完成了國家需要的統一；但在努力統一的過程中，却又不斷的發生分裂。在這種分裂中，有的是來自軍閥割據的野心，有的是來自政客的縱橫故技，也有的是來自藉口於民主，把統一認爲不是出自國家的理想，而是滿足個人的支配欲。另一極端，與國民黨勢不兩立的共產黨，他對統一的破壞，更不待論。政治的分裂，自然隨著有知識份子自身的分裂。而在這些分裂中，最值得注意的，是一部份知識份子，很意識的要從兩極端之間，走出一條第三的道路。此一傾向，在其本質上，是中山先生原始教義的道路，也是中國傳統的中庸之道。當時國民黨掌握有政權，共產黨也有國際性的組織及一部分武力；而抱着上述中庸之道的少數知識份子，則是一無所有。所以，他們的意念，可以說是太天眞、太純樸；在現實中四面受逼，也四面受騙，因而常常發生流動、搖擺不定的情形。正因爲這是天眞的、純樸的，是一無權力作憑藉的，則不管代表此一傾向的少數人，在現實上如何脆弱，而他們的呼聲，却正代表了我們民族在現代的眞正鄉愁；是千千萬萬的人，縕結在內心深處，却自己無法表達出來的胎息。這兩年被臺灣某刋物提出清算對象的「閩變」，正是野心軍人利用此一鄉愁所作的冒險行動。此一冒險行動的無知與失敗，並不意味著此一鄉愁的無知與消失。

三　由抗戰而來的團結與分裂

民國二十六年的對日抗戰，這是以「弱」抗「强」的救亡聖戰。此聖戰的另一意義，是全國知識份子空前的大團結。共產黨發表了實行三民主義，擁護政府的宣言，軍隊接受了政府所給予的番號。過去因內戰，因思想等分歧而四分五裂的個人、團體，都響應政府的號召，向領導中心集中。迫近戰區的學校、工廠、教員、學生、工人、技師，都走上漫漫的崎嶇道路，冒著轟炸、突擊、飢寒、死亡的危險，堅韌的移向作戰的準備位置。幾千年民族所蓄積的精靈，顯現爲前方的血肉與後方的血汗。這是民族非常艱苦的時代，也正是民族亘古未有的偉大而輝煌的時代。而其眞正的內容，則是知識份子的大團結。當初所成立的第一屆國民參政會，雖不能完全代表此一內容，但較之以後之所謂民意機關，實更有社會上政治上的代表意義。

知識份子所以能拋棄成見而歸於團結，追溯到底，還是宋明儒所說的「存天理、去人欲」的再現。在精神上能保證這種團結於持久不墜的，依然是要大家「存天理、去人欲」，不因緣抗戰以爲利。而在現實上，也只有實行政治與社會的改革，以實現由中山先生所代表的中庸之道，滿足十五年以後，大家或者意識到，或者意識不到的鄉愁。只有中庸之道，才是廣大團結的現實基礎，才有把國共兩黨拉在一起的可能。但自民國十五年以來，代表中庸之道的少數人，有了沉摯的呼聲，却沒有一點可以自立的力量。於是此一道路的實現，只能期之於有現實力量的國共兩黨。

在抗戰期間，共產黨在自己所佔領的區域內，很計劃精密地實行各種預定的清算鬬爭，其實行的程度，與其佔領之時間，常成一正比例。並在這種基礎上，作一切可能性的武力擴充，使它的勢力徹底建立於全面武裝及農村流氓地痞與貧農之上。而在其勢力未及之地，或初佔領之地，他們却在三民主義所允許的範圍之內，提出各種中庸性的口號。他們唱導民主自由，公私兼顧，勞資兩利，加强團結，一切爲了抗戰等等，而絕不提共產主義，更不提階級鬬爭。於是許多純樸的青年，大量奔向延安及蘇北，並一步一步的在各大學中擴大影響。而許多純良的無黨無派的人士，也把共產黨當作一個進步的象徵。總而言之，共產黨是在其控制範圍之內，以眞正階級鬬爭的方式，建立並擴大其武裝勢力的基礎；而在其控制範圍以外，則以中庸路線的口號和面貌，建立並擴大其政治的影響與聲勢，以削弱、孤立它的政敵——國民黨。

國民黨面對此一情勢，必須作若干政權的開放，有一番政治的改革，才可把剛剛團結起來的愛國知識份子，領導在自己的周圍。但這需要有兩個前提條件：㈠是國民黨必須深入社會之中，不是僅靠政令去統治社會，而是與社會中大多數的人民，及最富於前進性的份子，和協在一起。在代表他們的利益中，集中、提煉他們的意見；以他們的意見領導他們，重建國民黨的社會基礎。沒有這一努力，而只靠著政權自上而下的統治以圖生存，便會感到政權開放一分，自己的生存即受到一分威脅，甚至是連起碼的政權開放也不敢實現。然則叫有能力而又有政治興趣的許多黨外人士，怎樣會俯首貼耳下來呢？㈡是居於國民黨中統治階層的各個人，應當有犧牲個人利益以成就團體利益的覺悟；否則，國民黨的每一向團結方面的努力，向進步方面的努力，都會被視爲與某些有特權的個人「過不去」，而隨處受到阻擾，以至找不出團結的主體。

民國二十七年冬，武漢陷落，政治的重心移向重慶。二十八年以後，敵人直指後方的攻勢，因太平洋戰爭的準備與發動而告鈍滯；於是以重慶爲中心的大後方，稍稍得到了喘息的機會。因抗戰而暫時剋服下去的「人欲」，在許多份子中，又很快的復活過來。在二十八、九年的重要時機，發生了下述的重要事件：汪精衞帶着一批人叛國投敵；這是中國歷史中知識份子最可恥的行徑。物價大波動，使公教人員的生活陷於苦境。徵兵在非常不合理的情況下進行，壯丁逃亡及在徵送途中因飢餓而倒斃的，大量出現。這根本削弱了政府軍隊的組成力量。而帶兵官吃空額的風氣，又一天猛烈一天。徵兵情勢及士兵待遇的稍稍改善，是從組織遠征軍才開始。爲了抗戰而團結在一起的知識份子，其中政治意識較强的，開始組成了民主同盟。他們原意是想在國共之間，形成一種第三勢力，以發生制衡的作用；但事實上的演變，他們與共產黨的友誼，遠超過對國民黨的友誼；並發展成爲對國民黨完全對立的形勢。這種發展傾向，對國民黨的存亡，有絕大的關係；因爲這代表了國民黨以外的許多知識份子的傾向。但國民黨當時，只以「共黨外圍」四字，簡單的加以處理。接著事實證明，連不須開放政權即可以從事改革，而這種改革，對國民黨自身是絕對有利的建議，因極不相干的私人利害，也無實行之可能。這種傾向，使在國民黨之外，以西南聯大爲中心的知識份子，對國民黨在情緒上是憤恨，在理智上是絕望，因而一步一步走向另一極端去。順此傾向，演變至極，而有重慶校場口的武劇；以後再有聞一多、李公樸之死。就我所能了解的，兩人之死，不是出於國民黨高階層有領導有計劃的行動。當時陳布雷先生知道此事，和我商談時，心情的憂忿，與我們一般無二。由此可以證明：由抗戰所開始的知識份子的團結，因共黨整個的陰謀，與國民黨若干人的愚蠢，未能凝結成爲一條中庸的路線，致使這一團結已完全歸於幻滅；而國民黨面對有異見的知識份子，已完全失掉了涵容與討論的精神力量。蔣先生以堅強無比的意志，貫徹了八年艱鉅的抗戰工作，卒獲最後勝利。這種歷史上的功勳，是誰也不能抹煞的。但此一功勳，終無補於他所領導的政府與黨的完全失敗，這是後來歷史家所難解釋的問題。

在抗戰期間，絕對大多數的國民黨員，都和人民一樣，過着茹苦含辛的生活；並在民族大義之下，爲最後勝利而未稍萌墮退之心。只因若干上層的份子，多是順着各人的「人欲」而活動，且不敢正視社會，不能面向知識；使歷史的遺毒，日積月累的浸透於各人精髓之中，致令廣大的國民黨員，除了當一名機械性的公務人員，每天上下班而外，再也發揮不出一點眞正的活力。民國三十二年，我因一偶然機會，由軍令部派赴延安當連絡參謀，在延安大概住了五個月，回到重慶後，我和當時負有較重要責任的人談天，認爲國民黨若不改建爲代表社會大衆利益的黨，共產黨即會奪取整個政權；而對付共產黨，決非如一般人所想像的，只是鬬爭的技術問題。當時聽我這種話的人，都以爲我是神經過敏，危言聳聽，有一位先生還和我大吵一架。所以，我幾次提出的改造計劃，都不能發生半點影響。後來，我對政府實際的情況明瞭得漸多，知道這是當然的結果。因爲在統治階層佔得太久了的人，決不相信從每一個人內心所發的精神狀態，及不能完全用語言表達出來的民心，會有推動乃至改變社會的鉅大力量；更不能了解只有先服從社會大衆的意見，才能領導社會大衆。尤其重要的，是以不合理的手段，取得了特權利益的人，每一改革，都與他的特權發生衝突；他們寧願只保持今天的特權，決不想到明天的死活。所以，自民國三十四年夏季以後，我再絕口不談國民黨的改良改造等問題了！因爲這也不能僅怪國民黨的自身，而只能怪歷史的遺毒過於深重。等到三十四年八月，突然勝利到來，這些遺毒更有充分發揮的機會。於是把「接收」工作，變成「刼收」工作；把敵人所剩下的一點點工業基礎，破壞得乾乾淨淨。接着三十六、七年的選舉，暴露出的廉恥喪盡的可怕情形，可說是邁越了往古。此種情勢，引發了包括國民黨許多知識份子在內的對當時政府的總背棄。少數了解共產黨的知識份子，很想爲政府撐支危局；但凡是站到政府方面來的知識份子，立刻變得毫無氣力。胡適當時擔任北京大學校長，發動一部份在學問上有相當成就的教授，組織講演會，却找不到聽衆。我曾經想結合一部份黨內平日忠貞自愛之士，作勤王之師。但每隔一天，大家的心理即向相反的方向轉變一天，最後只有完全撒手。平日視稍有異見，稍有獨立精神的知識份子如糞土、如草芥，積忿所至，一到有機可乘，即橫決於一旦，純至棄是非利害於不顧。情勢演變至此，而仍望能保留住經八年抗戰、刼收、選舉以後的千瘡百孔的統治權，則歷史上黃巾之亂，黃巢之亂，張獻忠，李自成之亂，將作何解釋呢？老實說，我痛恨共產黨對人民的殘暴，我痛恨它們在精神奴隸的狀態之下，却以組織技巧，自高自大的玩弄天眞純潔的人民大衆於股掌之上的狠毒行爲。但從歷史發展的徑路看，則共產黨所加於知識份子身上的鬪爭清洗工作，站在某一部份知識份子的本身說，總多少會有幾分內疚的。而從當時整個的局勢看，先有絕對多數知識份子的背棄，才有整個軍事機能的瓦解。寃寃相結，同歸於盡。大家一起挖掘自己的墳墓，誰爲爲之?! 孰令致之?!

四　絶望中的期望

清代乾嘉學派及其末流，反對宋明儒對知識份子自身所作的「存天理、去人欲」的呼籲；更不承認知識份子應當「變化氣質」，以承當爲大家所共同需要的「天理」。於是共產黨乃以有組織的暴力，强迫知識份子「存階級的偏理」，「去歷史包袱之大欲」，「洗封建之腦」，這未嘗不可以解釋爲從此一極端，彈向另一極端的物理反應。尤其是共產黨的統治，雖然多少有些物質的建設能力；但這種建設能力，是在只有未來，沒有現在；只有由共產黨所代表的全體，沒有人民的個人；只有犧牲，沒有休息等殘暴情形之下進行的。那種「人民是爲了建設」，而「建設不是爲了人民」的極端構想，及無休無盡的清算鬪爭的極端手段，太遠離了中國傳統所要求的中庸之道了！宋明儒的「存天理」，是存人性所同然之理，以保障人民的共同利益；「去人欲」，是去知識份子高出於人民以上之欲，以成全人民的合理欲望。共產黨則去人性之天理，而存階級的「偏理」；去人民生存之欲，以成就共黨自身之大欲。他們甘心當乾嘉學派末流的尾巴，以反宋明理學，那是當然的。這種過激的偏理之足以殺人，遠過於過去的專制，也是勢所必至。於是在共黨所設計的百花齊放，百家爭鳴的騙局之下，大陸知識份子又發出了內心的呼聲。這些呼聲，我可以粗略的作這樣的推測：他們在鳴放中的言論，決不是回頭走向另一極端的遺毒方面去，而是希望把共產黨的極端，作某些程度的修正，以使其稍稍接近於中庸之道。殊不知毛澤東是要用這種陷阱，把隱藏在許多知識份子內心的中庸思想騙了出來，加以連根拔盡，以為進一步的極端工作開路，即是為了建立「人民公社」的工作開路。鳴放後的反右派鬪爭，實際是反中庸之道的最後鬪爭。一般知識份子，早在共黨的手掌心裡，當然沒有絲毫反抗力量。鬪爭的結果，便是「人民公社」的出現。「人民公社」才完全拔掉了中國歷史社會的根，使中國今後不再出現有中庸之道的社會基礎。中國知識份子傳統中的理想性的一面，最低限度在目前的大陸，是暫時絕種了。共產黨堅持對史達林的崇拜，正是此一事實所反映出來的必然的象徵和結論。

國民黨到了臺灣以後，實行改造，這是理所當然的。改造的方向，關係於如何去認取大陸失敗的經驗教訓。改造的成效如何？迄今亦已十有三年，從臺灣各種角度看，皆彰彰在人耳目，無待我的縷述。其中有值得一提的，是臺灣的土地改革。但我可以坦率地說一句：國民黨的許多黨員，並不曾把自己的精神與此一改革融鑄在一起；當然更不會把自己立基於此一土改的社會基礎之上，以改造自己的意識與作法。難道北平的故宮春夢，和上海的十里洋場，將永遠決定國民黨員的意識形態嗎？不過我得另外特別提出一件小事，即是民國三十八年出現了兩個刊物：一是香港的「民主評論」，一是臺北的「自由中國」，這都是由當時國民黨所支持的刊物。這兩個刊物，代表了當時若干知識份子對時局的一些看法，亦即是表現了一部份知識份子對時代的動向。它們有其共同之點，即是在民主自由的大前提之下，要重建反共的精神與合理的制度。但也有不同的地方：「民主評論」開始是多寄希望於國民黨內部的反省、革新，「自由中國」則多寄希望於社會一般人士的奮起、團結。「民主評論」是側重在使民主自由建立在中國文化基礎之上，不認爲自由即是純個人主義的自由，也不一概排斥社會主義。「自由中國」則側重在「民權清單」，守住純個人主義的傳統，更徹底排斥社會主義的觀念。「民主評論」希望由中國文化的反省、澄清，以把握其精神及長短之所在，開中西文化融通之路。「自由中國」則徹底反對中國文化，反對西方文化中的理性主義，堅持經驗論的立場。「民主評論」重視道德的意義，「自由中國」則有些人否認有所謂道德問題。「自由中國」的實際負責人曾費了很大的氣力，想達成國民黨以外的政治大團結，並想推戴胡適爲領袖，曾經想促成胡適和張君勱在美國交換一次意見，但胡適很難忘懷於科玄之爭，更因政府借重他當中央研究院院長，此一希望遂未曾實現。最後則由「新時代」取代了「自由中國」。這一支知識份子的活力，便完全抹掉了。「民主評論」在政治方面的願望，大概在民國四十一、二年之間，已告破滅。此後便只談文化問題。今日正由唐君毅、牟宗三先生以忍辱波羅密的精神，苦苦撐持，想爲中國文化保留一個講話的園地。現也正面臨隨時可宣告結束的命運。（按已於五十五年結束）可以說，由這兩個刊物所代表的若干知識份子對國家時代的願望，都已在現實中消失了！

　　此外，以香港爲中心地點的海外人士，一度曾有第三勢力的活動。所謂第三勢力，實即繼承民國十五年以後，希望在國共之間，建立一條中庸之道的運動。但是海外的知識份子，不能在社會生上根，而只能仰賴美國的援助，這便缺乏由根而發的柢力。烏合之勢，一遇美援停止，即自然瓦解。並且知識份子傳統的遺毒，並不因其流亡在海外而即會消失。他們中的許多人，弄來弄去，依然脫不掉以破壞共同理想，達到個人人欲的老路；惟有一點，我應當指出的：第三勢力口號的提出，依然是極少數的心理正常、心地良善、有意無意之間，在中國理想性的傳統下，要爲民族生存開闢出一條中庸之道的鄉愁的曇花一現。儘管他們對於這一點是出於不自覺的；正因爲是如此，所以他們才瓦解得特別快。病菌是在人的不自覺中傳入的，許多營養也常是爲人不自覺的吸收。中庸之道，常常是在中國知識份子的不自覺中，給他們以各式各樣的影響。因爲這才是大衆的、實踐的生存發展之路。

總結以上的觀察，中國知識份子，在這二十五年的短短歷史中，他們所應當傳承的政治上、社會上、文化上的中庸之道的理想，曾因緣抗戰的機會而有短短的一場春夢。以後便成爲兩極化中的，身不自主的，被人擺弄的工具。最後，則由中庸之道的徹底破滅，中國的知識份子，可以借莊子的話說：『臣之質亡矣』。因此，這二十五年的歷史，站在根據知識作獨立判斷的知識份子而言，是遇到亘古未有的絕望的悲劇歷史。國家的命運以外，沒有知識份子的命運；有建設性的中庸之道的復甦，這將是國家命運的復甦，也是中國知識份子命運的復甦。這種復甦，十年出現？二十年出現？五十年、一百年出現？沒有人能斷定；但其必有出現之一日，則是可以斷定的。因爲中華民族是不可能被消滅掉；而中庸之道，乃出於人心之所同然。在創鉅痛深，心理漸漸恢復正常的情形之下，此種理想，是從過剩的人欲方面復活起來？是從過激的偏理方面復活起來？也無人能加以斷定。其可以斷定的，是它必會以世界的規模復活起來。這是我們在絕望中的期望。即使那時我的墓木已拱，也將以當一個中國的知識份子而自豪自慰於地下。

按寫此文時，還不知道大陸上在當時已經大規模地發生了修正主義。所謂修正主義，即是從極端修正向中庸。雖然步驟很慢，但此一在中國文化傳統下的伏流、潛力，不是毛澤東的文化革命暴力所能消滅的。因此我益信中國必會由中庸之道而獲得解決。

五六、十一、廿一、補誌

附錄四　明代內閣制度與張江陵（居正）的權、奸問題

民國四十一年十一月，錢穆先生出有「中國歷代政治得失」一書，中謂張江陵是權臣奸臣。萬武樵先生看到後，深爲難過，要我寫一文爲張江陵昭雪。張江陵的相業，雖經當時童昏之主，及虛浮不實的士人，曾極力加以誣衊；但至崇禎時代，由土崩瓦解的形勢所引起的反省，明代的君臣，對他已加以昭雪了。錢先生的私人意見，本不必重視。但錢先生是以制度爲立論的根據，這裏面含有在專制政治下的一大悲劇問題，須稍加清理。所以我便由武樵先生的激勵，寫成此文。此文寫成後，先寄錢先生過目，錢先生寫一跋語作答，原擬在民主評論上同時發表。後來我因爲某種顧慮，把兩文一起壓下了。今歲四月，錢江潮先生兩次來信，謂江陵縣在臺人士，將以餐會崇鄉誼，邀我屆時對張江陵的平生作即席講演；我因張懷九先生及江潮之尊大人錢納水先生，皆耆年碩學，對張江陵的了解，實非我所能企及，故未敢應命。然重違江潮雅意，答應將此文淸出發表，藉請江陵在臺人士加以教正。課務結束後，在抽屜中尋出此文時，首尾兩段，因外面未加封套，已經殘缺不全；有關劉臺的一段考證文章，也在殘缺之列；當時用何標題，亦不復記憶；連藍墨水也褪了色，字跡都變成模糊不清。而錢先生的跋語，因裝在一厚信封內，却完好如故。乃把原文首段剩下之百餘字，完全刪去，以原第二段爲首段；另添若干材料，重新寫作末段，以現標題刊出。錢先生在跋語中認爲「歷史應就歷史之客觀講；……若針切在時代，那又是談時代，不是談歷史。」此意甚好，亦甚難。因對歷史的了解，常有待於時代經驗、意識的啓發；所以克羅齊便說只有「現代史」。而我國傳統中的「史論」，十之八九，即是時論；也正是這種原因。錢先生以爲自己在這裏所講的是客觀歷史；但他說「此刻，我們要提倡法治，却又推尊張居正，

正爲不了解明代政治制度」；可見講客觀歷史，而不針對時代，確是不容易。並且也不必故意去避忌的。大陸目前的大整肅，也正起因於大陸上許多人曾經「以古諷今」的原故。

錢先生又提出「歷史意見」的問題。歷史中，一時謬誤的意見，常能在歷史的經過中得到澄清、糾正；中國過去之所以特別重視歷史，正因爲歷史能提供是非的判斷以保證，可以盡到宗教中因果報應所能盡的責任。張江陵的情形，正是一個顯著的例子。是非之所以不明，常常爲當事者利害好惡之私所遮蔽。理學家常要求人當下能脫出私人的利害好惡，以把握是非之公；這是爲了救當下的人，救當下的事，救當下的時代。歷史則在時間之流中，也能使人脫出過去的是非好惡，以看出過去的是非得失之公。在這種地方，理學家與史學家，常於不知不覺之中，有其會歸之點。但歷史家若缺乏時代意識，則不僅他對歷史是非的判斷，無補於當時；並且因缺乏打開歷史的鑰匙，對歷史上的是非，因之也無從把握。章實齋對史學家特提出一個德字敬字，可知史學家依然要有理學家的若干基底；這在今日更是無從談起的。

五五、七、五、夜，記於東海大學

一

錢穆先生在他的大著「中國歷代政治得失」中認爲張江陵是明代的內閣大學士，不是宰相；但以「相體自居」，這是「不應該攬的權而攬，此是權臣，並不是大臣」；「是奸臣，是權臣，這是違反國法的，也是違反政治上傳統道德的」。「現在我們不了解這情形，總認爲張居正是一大政治家，他能講法治。其實他本身就違法，而且違反了當時的大本大法。」「此刻我們要提倡法治，卻又推尊張居正，正爲不了解明代政治制度。」（以上均見原著八三——八四頁）又歸結的說，「張居正第一不應有權徑下政府最高的命令；第二不應要人報皇帝的公事也報他一份」。錢先生要推翻張江陵歷史上的地位，純是就當時政治制度上的法制立言，所以我這裏也就此點加以討論。

錢先生的話，依我的判斷，是根據當時御史劉臺劾張江陵的奏疏的。劉臺是張江陵的門生；他當御史巡按遼東時，坐誤奏捷，奉旨譙責，他便深恨江陵，才有劾江陵的奏疏。劉臺此一奏疏，盡傾陷之能事。我現在先把劉的奏疏與錢先生論證有關的部份引在下面。

「高皇帝鑒前代之失，不設丞相……文皇帝始置內閣，參預機務；其時官階未峻，無專肆之萌。二百年來，尚惴惴然避宰相之名而不敢居，以祖宗之法在也。乃大學士張居正，偃然以相自處。……祖宗朝一切政事，臺省奏陳，部院題覆，撫按奉行。未聞閣臣有舉劾也。居正定令，撫按考成章奏，每具二册，一送內閣，一送六科。……閣臣銜列翰林，止備顧問，從容論思而已。居正創爲是說，欲脅制科臣，拱手聽令」。明史卷二百二十九劉臺傳。

首先，我應說明「法」是產生于政治主權之所在。主權所在的地方可以立法，也可以改法廢法。所以法愈近于主權所在的地方，其安定性愈小。民主政治，主權在民。民非一二人，故立法改法，都要經過認爲可以代表民意的機關、程序去實行，因此才可保持法的合理性與安定性。然眞正民主國家，依然是人民的自由，大于政府官吏的自由。因爲人民是「法原」所在。專制的主權在君，君的意志隨時影響到法。君的意志之所在，幾乎法即隨之。宰相地位不僅與皇帝最接近，而且它本是幫助乃至是代替皇帝總攬一切的。人君在事實上須要這樣一個幫助的人；但在心理上却又害怕這樣的人，如果有了正式的法理地位，便會感到這是一種莫大的威脅。所以中國歷史上宰相的地位，在上述矛盾之下，很少平正的安頓過。錢先生認爲中國歷史中的政權早開放給讀書人，也就是開放給天下了，所以沒有主權的問題。我認爲中國過去之所以沒有主權問題，只是一般人認爲主權在皇帝，是天經地義，所以不感覺這是一個問題；好像過去一個人花錢買了田地，田地自然是他的，沒有人對之發生疑問一樣。及土地改革之說興，于是土地國有？公有？地主有？耕者有？便成爲問題了。明代專制太酷，在黃黎洲的明夷待訪錄「原君」一篇中，也正式提出了主權問題。至於過去的選擧考試等制度，實等于今日的大公司，大機關之登報招考職員；這比之貴族政治是開放了；但這並不是開放了主權，不是大家和皇室有平等的地位，作政治的競爭。故與今日之所謂政治開放的意義，大不相同。這一大前提不澄清，對於中國歷史的了解，便都會走上牽强傅會之路。

秦悼武王二年始置丞相。漢承秦制，亦設丞相。漢書百官公卿年表說「丞相掌丞天子，助理萬機」。應劭曰，「丞者承也。相者助也」。陳平在漢文初爲左丞相；但答文帝決獄、錢穀之問時，自稱「宰相」，是丞相即宰相。秦始皇尊呂不韋爲相國；韓信誅後，漢高亦尊蕭何爲相國；相國比丞相的地位，更爲尊貴，然實際依然是宰相。宰相是秉承皇帝的意思來幫助皇帝的。這在大一統的專制政治之下，站在人君的立場來說，宰相一職，在事實上既不可少，但在事勢上又必須提防；于是歷史上不外想出下列幾種提防的方法：一是多設幾位以分其權。一是有宰相之名而不與以宰相之實；一是與以宰相之實，而不與以宰相之名；必使其名實之間，有所牽制。所以我覺得宰相在中國歷史上的地位，最爲蹩扭。名實相符的宰相很少。于是宰相在法的地位，常是習慣法而不是成文法。即是，無宰相之名，而負宰相之實的，時日稍久，人即以宰相視之，史家亦以宰相稱之，這是中國歷史上的慣例。在官制上言，其間變換甚多；但有一基本線索不變；即是，凡與皇帝最易接近的，不論其官階之高下，常即居宰相之實。換言之，宰相的實質，常決定於與皇帝的關係，而非決定於官制，此係專制政治的本質使然。言中國政治制度者不了解這一點，便不能眞正得到要領。

丞相制度到了武帝便出了毛病。自公孫弘死後，由李蔡到劉屈，換了六個宰相，自殺者二，下獄死者二，腰斬者一。這段慘史，正說明在專制中宰相地位的困難。尙書令屬於少府，官不過六百石，武帝開始以宦官充任。及他臨死時要托孤與霍光，于是一面以光爲大司馬大將軍；一面以光領尙書事；使光既掌兵權，又掌內朝機要。宰相的權，在制度上已經開始動搖了。(漢時故事，「諸上書者，皆爲二封。署其一曰副，領尚書者先發之」）宣帝時張安世以大司馬車騎將軍領尚書事，魏相丙吉爲相，大政由安世在尚書辦公的地方決定好了，再裝病出外。及見之詔令，乃派人到丞相府去假打聽消息。所以馬端臨說，「丞相府乃宣行尚書所議之政令耳。」魏相丙吉，號稱賢相；而實際他所做的是假宰相；小小的尚書，才是眞宰相。東漢以三公爲宰相。尚書令的地位提高到千石，外放時也只能當縣令。太平御覽二百十二引漢官儀所記東漢明帝詔謂「尚書蓋古之納言，出納朕命。機事不密則害成，可不愼歟」。這在今日，乃是一個機要秘書兼內收發的地位。但據「通典」說「後漢衆務，悉歸尚書，三公但受成事而已。尚書令主贊奏事，總領紀綱，無所不統」。並且在朝會時，它可以「專席而坐」。這小小的千石之秩，更成了眞正的宰相。此時尚書無宰相之名者，因爲還有一個空頭宰相三公的招牌存在。

漢獻帝時，曹操過了名實俱符的丞相的癮。「魏晉以後，或置或否。居之者多非尋常人臣之職」。齊、梁、陳，則僅作贈官而無實職。魏、晉以後，始以中書侍中爲宰相。宋文帝時，劉湛爲侍中，與其他的侍中同爲宰相，湛嘗謂「今代宰相何難，此正可當我南陽郡漢代功曹耳」。宰相等於郡守的功曹，實說破了宰相一職，根本無制度可言。唐代門下，侍中，中書令是眞宰相；尚書左僕射（太宗爲秦王時曾爲尚書令，故闕不復置）加平章事方爲宰相。其以他官參掌者無定員，「但加同中書門下三品」。尚書左僕射爲從二品，而門下侍中及中書令均爲正三品。在「法」的立場說，他們皆不是宰相，而實際做的是宰相的事。因中書獨取旨，尤爲相權之所在。可是又不像以前另外有一個空頭宰相的招牌，故即認他們爲眞宰相。宋雖承唐舊，以三省長官爲宰相，但旋「以其秩高，不輕授人……乃以尚書令貳（尚書令是尚書省的長官，貳是其副手，等于今日的次長）左右僕射爲宰相。而左僕射兼門下侍郎，以行侍中之職；右僕射兼中書侍郎，以行中書令之職」（葉夢得語）。把尚書令的副手來當作宰相，這更于法無據。所謂「同平章事」，是共同商量政事，這是給它的一種任務，而不是官職。但這任務是宰相的任務，故即以宰相稱之而不疑，並不發生「法」的問題。這是「習慣法」。此種習慣法的所以得到一般的承認，因爲後面有作爲「法原」的皇帝意志。

南宋恢復了宰相的名稱，因爲這才是名實相符，在「法」上說得通一點。明初所以有宰相，是繼承此一線索來的。但太祖秉性特爲猜忌；洪武十三年胡惟庸之變，大肆誅戮，並廢止宰相，設「四輔官」來幫他看公事。後又覺得四輔官的地位高了一點，不很妥當，遂於十五年仿宋制置殿閣大學士。宋朝的學士「資望極峻，無吏守，無職事，惟出入侍從，備顧問而已」。馬端臨謂宋的「學士直閣，尊卑不同，故難槩稱」。其中觀文，資政兩大學士，非拜過相的人不能當。明太祖取其「僅備顧問」，而抑其官秩爲五品。此時是以翰林春坊幫他看公事，出主意。那等於現時的侍從秘書。所以劉臺對殿閣學士職位的論斷，就始設的時候說，那是正當的。但明史職官志及續通志的職官略，列殿閣學士於六部之前。而對大學士的職位說「掌獻替可否，奉陳規誨，點檢題奏，票擬批答，以平允庶政。以其授餐大內，常侍天子殿閣之下，避宰相之名，故名內閣」。這和宋制大學士之「僅備顧問」，完全是兩樣；他們所行使的可以說完全是宰相的職權，乃是實質的宰相。何以要「避宰相之名」，因爲明太祖有一道敕諭，禁止後世設宰相。「臣下有奏請設立者，論以極刑」。明以大學士爲宰相，與隋唐宋之以三省長官爲宰相者，在法理上說，完全相同；都是由演變的事實而來的。所不同者，明代既不同於東漢之另外有一掛名宰相；而較之唐宋，又多了明太祖的一道敕諭。但所謂「避宰相之名」者。也只是表面文章而已。當時的人，以及後世的史家，無不以宰相稱大學士。並且這種演變，是在張居正以前早就完成了的。

二

明代大學士職位的演變，大抵可分爲四個階段。成祖即位，特選擇解縉、胡廣、楊榮等直文淵閣參機務，「閣臣之預機務自此始」。這是第一階段的演變。但這時，「入內閣者皆編檢講讀之官，不置官屬，不得專制諸司。諸司奏事，亦不得相關白」。所以沒有演變到宰相的職位。仁宗因楊士奇、楊榮、楊溥等爲東宮舊臣，以侍郎太常卿等官兼大學士，地位漸增重要。其後士奇等皆遷尚書，且累加至三孤（少師、少傅、少保，從一品），內閣地位便水漲船高起來。到了宣宗，「內柄無大小，悉下大學士楊士奇等參可否。雖吏部蹇義，戶部夏原吉，時召見，得預各部事，然希濶不敵士奇等親，自是內閣權日重。即有一二吏兵之長（尚書）與執持是非，輒以敗」。這是第二階段的演變。在此一演變開始時，楊士奇與尚書呂震討論問題，呂震「當面厲聲叱之」。對於士奇的意見，仁宗因尚書們認爲士奇無參政資格，所以不敢直接接受。但到宣宗時，時人以楊榮比姚崇，即係以宰相視大學士。而明史三楊傳贊曰「明稱賢相，必首推三楊」。大學士之演變爲實質的宰相，至此已經確定。而其演變的過程亦表現得最爲清楚。憲章類編謂，「洪武中，懲胡惟庸之專權生亂，……嚴爲禁革，俾永不得設丞相。……內閣置大學士以備顧問，官僅五品，不預政柄。……自三楊入閣，乃以少師尚書兼大學士，官尊於六卿。而口啣天憲，自是無丞相之名，而有丞相之實矣，故中外皆稱之曰宰相云。」正指的此一階段。

景泰中，「王文以左都御史進吏部尚書入內閣，自後誥敕房俱設中書舍人，六部承奉意志，靡所不領」（續通志職官略）。這是第三階段的演變。在此演變中，大學士有了正式辦事的機構，而大學士之成爲實質宰相的機能至此始具備。到了「嘉靖以後，朝位班次，俱列六部之上」。（同上）這是第四階段的演變；而大學士成爲實質宰相，已得到朝廷正式的承認。假定朝位班次，應算一種制度，這也可以說至此而得到制度上的承認。接著很著名的大學士是夏言，嚴嵩，明史職官志稱他兩人「赫然爲眞宰相」。嚴嵩是奸臣，夏言並非奸臣。明書亦未將夏言列入權臣傳。修纂明史的人，決不以大學士成爲眞宰相，而目之爲權臣，奸臣。因爲這在當時已經承認了，這是「歷史事實」；客觀的史學家不能任意加以抹煞。再接著是華庭徐階。他寫三句話在「直廬」牆上說「以威福還主上，以政務還諸司，以用舍刑賞還公論」，這是鑑於嚴嵩的專橫自肆，處危疑之地，以謙抑自勉。但這三句話只是說明了徐階爲相之量，而並不是否定自己的相位。所以明史說「論者翕然，推爲名相」。再接著爲首輔的是高拱。神宗沖年即位以後，拱「每慷慨收宮府權曰：有傳奉中旨，所司按法覆奏，白老臣折衷之，以復百官總己之義」（明史本傳）。這是要把宦官經手的皇帝「聖旨」，由他審核一番；他認爲這是他當宰相的職責。高拱即因此被宦官所逐。而劉臺劾張居正的原因之一，是認張居正有參加逐高拱的嫌疑，因而要爲高拱打不平的。若照劉臺的大學士不得以宰相自居的理論，則高拱是應該被逐，他何必爲其打不平呢？張居正在穆宗時，以禮部右侍郎入閣，又遷吏部左侍郎兼東閣大學士，進禮部尚書兼武英殿大學士，加少保。一年多的時間，由學士五品升至尚書的正二品，少保的從一品。明史本傳稱「時徐階以宿老居首輔，與李春芳皆折節禮士。居正最後入，獨引相禮，倨見九卿。人以是憚之，重於他相」；可見當時大學士以相體自居，已視爲當然。神宗即位後，他代高拱爲首輔，「慨然以天下自任」。因爲他不僅是神宗的老師，而且是受了顧托之重。慈聖太后（神宗的生母）要他特別多負責任說；「先生有師保之責，與諸臣異」。歷史上凡是受命托孤的人，一面是保育皇帝，一面也可以說是代理皇帝；除非是太后自己垂簾聽政。居正後由吏部尚書而進太師（明文臣無生而進太師者，居正是一個例外），官正一品，在六部尚書之上。神宗賜居正札稱「元輔張少師先生」；當時的皇帝，皇太后，都以「元輔」稱他，在明史本傳中，班班可考。這即是「歷史事實」。史學家有什麼方法去否定這種歷史事實呢？他當政後，主要政策之一是守祖法，尊主權，屢次要神宗多御朝，親萬機，並建議增加閣員人數。此在明史及江陵集（江陵集出於張家殘敗之後，危疑未解之時，其中決不敢有飾辭）中記載至爲明瞭。權臣、奸臣有一共同特點，便是不願皇帝多問事。而居正則惟恐皇帝不問事。他指揮政治，除私人書札外，都是敕制詔令，這在法理上是皇帝的而不是居正個人的。憑什麼可以說他是權臣、奸臣？至於說他「不應要人報皇帝的公事也報他一份」，這更是一種誤解。如前所述，在西漢時，各方奏報，即須以副本送尙書令。假使明代大學士等於漢代尙書令，則多要一份公事也是理所當然。何況此時大學士已演變爲實質宰相，報皇帝的事，沒有不經過大學士之手的。也即是對張居正而言，沒有多報一份的必要。劉臺原劾疏對此事說「居正定令，撫按考成章奏，每具二冊，一送內閣，一送六科。撫按延遲，則部臣糾之。六部隱蔽，則科臣糾之。六科隱蔽，則內閣糾之。」可見居正是爲了增加行政效率，使能互相循環考核，以對治當時散慢疲玩欺瞞之蔽。明書張傳說「前是，六部都察院有覆奏，而行撫按勘者，度事之不易行……則稽緩之，至數十年不決。居正下所司，以大小緩急爲限行之。」這正是對治此病的一種辦法，乃是一種行政措施，是宰相應有的措施。這與西漢上奏事者以副本送尙書的情形也不相同。劉臺只認爲「閣臣銜列翰林，止備顧問，從容論思」，站在此一立場，才算是違法的。可是閣臣之成爲事實宰相，已經百年；劉臺說的只是百年前的掌故而已。當時攻擊張居正最力的如傅應楨，以王安石比居正，王安石是宰相。王用汲劾居正疏中，指居正爲「輔臣」，「宰臣」，「相」，「大臣」。艾穆劾居正疏中稱之爲「元輔大臣」。在居正的政敵心目中，並未否認他宰相的地位。且劉臺既攻擊居正不應以大學士冒充宰相，但在同一疏中，對於居正推荐張四維張瀚入閣爲大學士一事，則稱「祖宗朝，用內閣冢宰，必由廷推。今居正私荐用張四維張瀚云云」，可見劉臺自己也承認大學士爲冢宰。冢宰當然是宰相。由其疏中之自相矛盾，即可見他的話不能引作歷史的論證。假定說張居正的「獨引相體」（此獨字係對徐階等之折節下士而言）爲違法，這是中國歷史千百年中許多宰相的共同違法，是張居正百多年以來的先輩的共同違法；是中國歷史中共同承認，中國史學家共同承認的違法。錢先生說「試問當時何嘗有一道正式命令叫張居正代理皇帝呢」？宰相代理皇帝，是制度決定的。宰相制度沒落後，是出於事實要求，而由皇帝承認的。這在明代，在宣宗時代，已正式有此要求和承認，決不始於張居正。張居正和旁人不同的，到眞是「有道命令叫他代理皇帝」；因爲他受命托孤的時候，神宗只有十歲；他不代理皇帝，便只有由宦官代理。神宗曾降勅謂「卿受遺輔政，有安社稷之功。」又「賜大字凡五，曰元輔，曰良臣，曰爾惟鹽梅，曰汝作舟楫，曰宅揆保衡」。當江陵要回籍奔父喪時，神宗一則謂「天降先生，非尋常者比，親承先帝付托，輔朕沖幼……」再則謂「但今朕當十齡，皇考見背，丁寧以朕囑卿……」；這類的話，不一而足。

三

張居正有許多缺點。熊師十力說他的思想有道家底子，明書上也曾提到。道家多半是有「機心」的。熊先生又責他不應干涉講學，有統制思想之嫌。此外，也是當時引人最不滿的，是他接受批評的雅量不够，這是政治家的大忌。但雖然如此，他依然是一個大政治家。第一，中國承認皇帝還要有「先生」，這正是中國政治思想與制度的偉大處。可是實際做到的很少。居正對皇帝以師道自居，進「帝鑑圖說」及「列聖寶訓實錄」，眞正盡了「爲王者師」的責任，這只有大政治家才得有此。第二，中國歷史上談政治的，多半是談一人一事；以一人一事爲對象。有幾個人能像張居正樣，把當代整個政治問題，本末精粗，一齊含攝住，作有系統的說出來，以構成一個結實的政治大體製，而以毅力貫徹之。可以說，周秦而後，只有王安石有此氣魄。江陵一集，氣剛理密，風采儼然，雖與日月爭光可也。他取怨的原因，就明史本傳所載，一是痛折御史在外凌辱撫臣。因爲他知道政治的基礎在地方。二是執法嚴，省冗官，覈驛遞，得罪了不少紹興司爺。三是減少縣學生名額，大邑士子難於進取。四是治盜太認眞，奉行不便者相率爲怨言。五是江南豪貴，恃勢與猾吏勾結，隱瞞賦稅，居正遣大吏精悍者嚴行督責，國富而豪猾皆怨。當時對他攻擊最力的公開理由是「奪情」。而其身後之禍，根本原因有二。一爲對神宗要求太嚴，使神宗受不了；又得罪了宦官外戚。宋學洙在「張文忠公遺事」中，對此詳加考訂後，歸結的說「確然見造冰者外戚也。換日者中官也。閃爍其間者鳳盤（王四維）二三公。彼吸吸者只鷹犬耳。故兩宮聖母，不聞傳矜宥之旨。神宗宿三十七年之怨。非惟新鄭（高拱）無此黨，縉紳寧有此力量哉」。說得再明白也沒有。二還是種毒於劉臺劾疏中的另幾句話：「蓋居正之貪，不在文吏而在武官，不在內地而在邊郡。」這是影射毒惡的幾句話。大家知道居正治邊很勤而又很有成效的。劉臺若說居正在文吏和內地這一方面貪汚，是馬上可以查驗的。他說是在武臣邊地這一方面貪汚，便遠無對證；而且那又是當時花錢最多的一方面。這幾句話說入了神宗的心，所以「疑居正多蓄，益心豔之」（明史本傳），遂籍沒居正家。當籍沒時，侍講于愼行寫了一封信給擔當籍沒任務的邱橓，中有謂「江陵殫精畢智，勤勞於國家。陰禍機深，結怨於上下。當其柄政，舉朝爭頌其功，而不敢言其過。今日既敗，舉朝爭索其罪，而不敢言其功；皆非情實也。且江陵平生，以法繩天下，而間結以恩，此其所入有限矣。彼以蓋世之功自豪，固不甘爲汚鄙。而以傳世之業期其子，又不使濫有交遊，其所入又有限矣。若欲根究株連，稱塞上命，全楚公私，重受其困……」于愼行的信，是在舉朝構陷正急的時候寫的，當然不敢稍有阿私之詞。但邱橓沒有接受于氏的意見。當時籍沒的情形，明本傳謂：

「帝命司禮張誠及侍郎邱橓……籍居正家。誠等將至荊州，守令先期錄人口，錮其門，子女多遯避空屋中。比門啓，餓死者十餘輩。誠等盡發其諸子兄弟藏，得黃金萬兩，白金十餘萬兩。其長子禮部主事敬修不勝刑，自誣服寄三十萬兩金於省吾篆及傅作舟等，尋自縊死。」

張敬修在縊死前寫有血書，略謂：

「……其當事噂沓之形，與吏卒咆哮之景，皆平生所未經受者。而況體關三木，首戴幪巾乎？在敬修固不足惜。獨是屈坐先公以二百萬銀數；不知先公自歷官以來，清介之聲，傳播海內；不惟變產竭資不能完，即粉身碎骨亦難免者。且又要誣報曾確庵寄銀十五萬兩，王少方寄銀十萬，傅大川寄銀五萬。云：『從則已，不從則奉天命行事』……他如先公……惟思顧命之重，以身殉國，不能先幾遠禍，以至於斯。而其功罪與今日遼藩誣奏事，自有天下後世公論在，敬修不必辯。獨其虛坐本家之銀，與三家之寄，非一時可了之案，則何敢欺天罔人，以爲脫禍求生之計？不得已而託之片楮，嚙指以明剖心……」

江陵身後受如此慘禍，但其第五子允修，於甲申正月十日，以八十之年，縱火自焚，殉流寇張獻忠之難。他的曾孫張同敞，與瞿式耜同死難於桂林；「同敞尸植立，首墜躍而前者三，人皆辟易」。江陵張氏，可算無負於明室吧！假使歷史上的權臣奸臣，皆如江陵張氏，何至亡國圮族相次呢！我國專制政治，到明代而發展到了高峯。錢先生的高論，實質上是認爲明代的專制還不够。然則中國的歷史，到底要走向何處？

四

張居正身後之禍，幾乎可說是專制政制下，想爲國家眞正負一番責任的大臣所必然要受的禍。這在張居正自己也知道得很清楚。他在萬曆元年答吳堯山書謂「二十年前曾有一宏願，願以其身爲蓐薦，使人寢處其上，溲溺垢穢之，吾無間焉。有欲割吾耳鼻者，吾亦歡喜施與」。答張操江書謂「受重托之重，誼當以死報國。遠嫌避怨，心有不忍。惟不敢以一毫已私與焉耳」。答李漸庵書謂「草茅孤介，擁十齡幼主，立於天下臣民之上；國威未振，人有侮心；僕受恩深重，當以死報國。宋時宰相，卑主立名，違道干譽之事，眞僕之所薄而不爲。」又答李漸庵論驛遞書謂「天下事非一手一足之力。僕不難破家沉族，以殉公家之務。而一時士大夫，乃不爲分謗任怨，以圖共濟，將奈何哉？計獨有力竭而死已矣」。在萬曆六年答林按院書謂「既已忘家殉國，遑恤其他。雖機穽滿前，衆鏃攢體，不之畏也。如是，稍有建立耳」。萬曆八年答李學院書謂「不穀棄家忘軀，以殉國家之事，而議者猶或非之。然不穀持之愈力，略不少回。故得失毀譽關頭，若打不破，天下事無可爲者。」他在「被言（被劉臺的彈劾）乞休疏」中，也說得痛切：

「念臣受先帝重托，既矢以死報矣……。今皇上聖學尚未大成，諸凡嘉禮尚未克舉，朝廷庶事尚未盡康……臣豈敢言去？……皇上寵臣以賓師不名之禮……即其恩款之深洽，亦自有不能解其心者，又何忍言去。然而臣之必以去爲請者非得已也。蓋臣之所處者危地也。所理者皇上之事也。所代者皇上之言也。今言者方以臣爲擅作威福，而臣之所以代王行政者，非威則福也……今讒邪之黨，實繁有徒；背公行私，積習已久。臣一日不去，則此輩一日不便……若取臣之所行者，即其近似而議之，則事事皆可以爲作威，事事皆可以爲作福。睊睊之讒，日譁於耳；雖皇上聖明，萬萬不爲之投抒；而使臣常負疑謗於其身，豈亦臣節之所宜有乎」？

他的兒子張懋修事後曾慘痛地說：

「夫人必回顧，然後周慮足以庇後。必好名，然後完美足以保功。未有見先公專行一意，但知報主，禍機毀怨身後名，都置之不顧者。明知其且破家而不卹，明知庸庸多厚福而不爲，難乎免其後矣……」

鄒元標是因攻擊張居正「奪情」而受了廷杖的人。但籍沒事起，却上疏援救，說他「功在社稷，過在身家」。海瑞說他「工於謀國，拙於謀身」。這都可與張懋修的話相印證。江陵若非五十八歲便死掉，一定會及身而受到慘戮。不過當時攻擊江陵的人雖多，但從政治制度上攻擊江陵的，恐怕在當時只有劉臺，在以後便只有錢先生了。

錢塘林鹿庵有「江陵救時之相論」，以爲「逐新鄭，廢遼王，奪情起復，三者罪之大者也」。關於江陵與新鄭（高拱）的關係，宋學洙（順治丁亥翰林）在「張文忠公遺事」中考之甚詳。他與新鄭的相違，是爲了保全他的館師徐文貞（階）。但新鄭卒賴江陵得以保全。王大成挾刃入後宮案，王大成在初訊時謂「自戚繼光及高拱所來」；江陵但以欄入罪誅之，不使其牽連構成大獄。遼王憲櫛以淫酗被廢，時人誣江陵羨其府第壯麗，攘以爲宅。而不知遼王故第已賜廣元王（以上見張同奎上六部稟帖）；由此可知以廢遼王罪江陵，實出於當時腐儒謬守「親親」之義，又從而僞造事實，以誣衊江陵的政治動機。至奪情一事，爲當時不滿江陵者最大的藉口。袁枚答洪稚存書謂「古名臣如漢之趙憙、耿恭，唐之房、杜、褚遂良、張九齡，俱有奪情之事」，意謂不應以此責江陵。林鹿庵在上文中又說：

「其（江陵）進「直解」，進「大寶箴」，進「帝鑑圖」，欲天子進學。進「皇陵碑」，進「寶訓」，進「御札」，欲天子法祖。裁進奉，諫營造，欲天子節儉。引見賢能，欲天子知吏治。圖百官於御屏，欲天子體群臣。請大閱，欲天子念邊防。蠲逋賦，欲天子子庶民。絕饋遺，戒請托，欲天子知大臣法，則小臣廉。……彼（江陵）親見貴溪（夏言）分宜（嚴嵩）交相齕齮，而邊備廢弛……一旦柄國，輔十齡天子，綢繆牖戶……以奠安中夏者十年。至江陵沒而享其餘威以固吾圉者，又二十年。……方其柄國時，惓惓致書賢者，辨明心曲，以爲吾非不知府天下之怨，旣已肩其任矣，吾欲貽冲聖以安，不專，必不一；不斷，必不成。十年之間，兩宮冲聖享其逸……六曹大臣蔭其逸，猶曰侵官。乃委瑣齷齪者畏之，有才無膽者妬之，淸正拘牽者非之，畏難者怨之，迎合者憚之，深文排詆者疑之。蜚語喧騰，而欲虛心衡斷其是非功罪也，胡可得哉？……以忠君愛國之心，而雜以一切吐棄之意，此則太史公責淮陰不能學道謙讓，不矜不伐者也。」

上面的話，可謂說得痛切允當。至於有人說江陵的相權太重，代皇帝做了事；林氏在上文中則以爲「宰相重，則朝廷尊，百務舉。宰相輕，則朝廷卑，百事雜。自江陵沒後，而詆江陵者非惟自輕，而卒以誤國；而國不可爲矣……」

明史本傳引尚書李日宣下面的一段話，以作對江陵的斷案：

「故輔居正，受遺輔政，事皇祖者十年，肩勞任怨，擧廢飭弛，弼成萬曆初年之治。其時中外乂安，海內殷阜，綱紀法度，莫不修明，功在社稷。日久論定，人益追思」。

其次，則錢牧齋在「少保梁公鄖忠錄序」裏面的話，也值得深省。

「紹述江陵者，以陰柔爲和平，以憒眊爲老成，盡反其政以媚天下。江陵所用之人，一切抑沒。其精强幹辦之才略，奄然無復存於世。……夫江陵所用之人，良馬也。江陵以後所用之人，雄狐也，黠鼠也。江陵，能御良馬者也。江陵以後，能豢狐鼠而已耳。國家之事，與狐鼠謀之，良馬必將遷延負轅，長鳴而不食……公與江陵，立談數語而弭兩浙之亂。向令今日公在本兵，江陵在政府，豈以奴寇遺君父哉。……念江陵之遺事，不勝其慨然也……」。

尤可異者，變節和尚道忞「北游錄」中，載道忞在清世祖前譏張居正爲攬權；世祖謂「老和尚罪居正攬權，悞矣。彼時主少國疑，使居正不朝綱獨握，則道傍築室，誰秉其成。亦未可以攬權罪居正矣。」江陵在明史中稍得昭雪，與此一故事有甚大關係。身受江陵輔翼之功的神宗，因眞信江陵有二百萬兩銀，使江陵受殘家之慘禍；而易世外夷專制之主，却不以江陵爲攬權，認定其爲歷史中的賢相；興亡之機，豈非表現得太清楚嗎？權臣奸臣之論，恐怕太昧於史實了。顧梁汾曾謂「先文端（疑應作「端文」）在郎署時，立論頗不直張相國。後與史太常王池書有云，『梅長公致思於江陵，其言可痛』。蓋久而論定也。又相國言，有明一代，艱鉅之事，衆所不敢承者，率楚人當之。異時如熊（廷弼）如楊（漣），可爲一嘆」。有清一代，楚人才氣，已大不如明。而今人聰明伶俐，更誰會蹈江陵的覆轍呢？這一點是錢先生可以放心的。

民主評論五五、八、十七卷八期

徐復觀教授著作表

1. 學術與政治之間（甲集）／一九五六年／中央書局（絕版）。
2. 學術與政治之間（乙集）／一九五七年／中央書局（絕版）。
3. 學術與政治之間（甲、乙集合刊）／一九八〇年／學生書局。
4. 中國思想史論集／一九五九年／中央書局（絕版）。
5. 中國思想史論集／一九六七年／學生書局。
6. 中國人性論史／先秦篇，一九六三年／中央書局（絕版）。
7. 中國人性論史／先秦篇／商務印書館。
8. 中國藝術精神／一九六六年／中央書局（絕版）。
9. 中國藝術精神／學生書局。
10. 公孫龍子講疏／一九六六年／學生書局。
11. 石濤之一研究／一九六八年／學生書局。
12. 徐復觀文錄（四冊）／一九七一年／環宇書局（絕版）。
13. 徐復觀文錄選粹／一九八〇年（係由四冊《文錄》中精選彙輯）／學生書局。
14. 徐復觀文存（收錄四冊《文錄》未選入《選粹》的文稿）一九九一年／學生書局新版。

15. 黃大癡兩山水長卷的眞僞問題／一九七七年／學生書局。
16. 中國文學論集／一九七四年／學生書局。
17. 兩漢思想史／卷一／一九七二年初版／香港新亞研究所出版，原書名《周秦漢政治社會結構之研究》／三版改名／一九七四年臺一版／學生書局。
18. 兩漢思想史／卷二／一九七六年／學生書局。
19. 兩漢思想史／卷三／一九七九年初版／學生書局。
20. 儒家政治思想與民主自由人權／一九七九年「八〇年代」初版，一九八八年學生書局收回刊行初版。
21. 周官成立之時代及其思想性格／一九八〇年初版／學生書局。
22. 徐復觀雜文集①論中共②看世局③記所思④憶往事（四册）／一九八〇年四月初版　／時報公司。
23. 徐復觀雜文集・續集／一九八一年初版／時報公司。
24. 中國文學論集續篇／一九八一年初版／學生書局。
25. 中國思想史論集・續篇／一九八二年初版／時報公司。
26. 中國經學史的基礎／一九八二年初版／學生書局。
27. 論戰與譯述／一九八二年初版／志文出版社新潮文庫。
28. 徐復觀最後雜文集／一九八四年／時報公司。
29. 徐復觀教授紀念文集／一九八四年／時報公司。

30. 徐復觀先生紀念論文集／一九八六年／學生書局。

31. 徐復觀最後日記—無慚尺布裹頭歸／一九八七年／允晨叢刊。

32. 徐復觀家書精選／一九九三年／學生書局。

翻譯兩種

(一)詩的原理（萩原朔太朗原著）一九八八年／學生書局新版。

(二)中國人之思維方法（中村元著）一九九〇年／學生書局新版。

註：此為徐復觀教授最完整的著作年表。以上各書皆不斷有新版問世，可分別向印行書局、出版社購買。另有徐師書簡已着手編輯，不久當可付梓。至此，徐師著作大體賅備矣。

受業生

蕭欣義
陳淑女　謹識
曹永洋

一九九二年七月一日編訂

國家圖書館出版品預行編目資料

中國思想史論集

徐復觀著. – 初版. – 臺北市：臺灣學生，2022 印刷
面；公分

ISBN 978-957-15-0561-9(平裝)

1. 哲學 – 論文，講詞等 – 中國

112.07 82006415

中國思想史論集

著作者 徐復觀
出版者 臺灣學生書局有限公司
發行人 楊雲龍
發行所 臺灣學生書局有限公司
地址 臺北市和平東路一段 75 巷 11 號
劃撥帳號 00024668
電話 (02)23928185
傳真 (02)23928105
E-mail student.book@msa.hinet.net
網址 www.studentbook.com.tw
登記證字號 行政院新聞局局版北市業字第玖捌壹號
定價 新臺幣四〇〇元

一九五九年十月初版
二〇二二年六月初版十一刷

11205
有著作權・侵害必究
ISBN 978-957-15-0561-9 (平裝)